BIOGRAPHIE

DES

REPRÉSENTANTS

A L'ASSEMBLÉE NATIONALE

PAR

FÉLIX RIBEYRE

PARIS

LACHAUD, place du Théâtre
français, 4.

VERSAILLES

Rue de la Pompe, 42.

ANGERS

Chez l'Auteur, rue Milton,
maison Lusseau.

A LA LIBRAIRIE

Lachèse, Belleuvre et Dolbeau

BIOGRAPHIE

DES

REPRÉSENTANTS

ANGERS, IMPRIMERIE P. LACHÈSE, BELLEUVRE ET DOLBEAU.

BIOGRAPHIE

DES

REPRÉSENTANTS

A L'ASSEMBLÉE NATIONALE

PAR

FÉLIX RIBEYRE

—◆—

PREMIÈRE ÉDITION

—◆—

ANGERS

AUX BUREAUX DE LA PUBLICATION, RUE MILTON (MAISON LUSSEAU)

ET CHEZ LES PRINCIPAUX LIBRAIRES

—

AVANT-PROPOS

CECI n'est pas un livre de discussion, ni de polémique.

C'est un livre de renseignements et de faits, un simple recueil biographique, aussi exact et aussi impartial que possible.

Un honorable député nous écrivait récemment : « Une des difficultés qu'ont rencontrées et que rencontrent encore MM. les Représentants à l'Assemblée, c'est de se connaître. Sous ce rapport, votre ouvrage sera pour tous d'une sérieuse utilité. »

Utile aux députés, la *Biographie des Représentants* ne sera pas sans intérêt pour les lecteurs de journaux et tous ceux qui suivent les débats de l'Assemblée. En rappelant le passé, les œuvres et les antécédents politiques de chaque représentant, elle permettra de mieux apprécier la portée des discours et des votes. C'est le commentaire explicatif du compte-rendu des séances.

Aussi toutes les assemblées politiques, en commençant par les Etats généraux, ont fait le sujet d'un travail biographique spécial. La Chambre des Députés, sous Louis-Philippe, a eu ses biographes aussi bien que l'Assemblée des 900 représentants du peuple, en 1848, et nous avons nous-même publié, en 1863, la *Biographie du Corps législatif* qui a atteint rapidement trois éditions.

Rien n'a été négligé pour que la *Biographie des Représentants à l'Assemblée nationale de 1871* fût aussi sympathiquement accueillie.

Nos renseignements ont été puisés aux sources les plus sûres. Ils ont été contrôlés par des informations multiples, et si l'ouvrage renferme quelques inexactitudes — qui disparaîtront du reste dans les éditions suivantes — nous pouvons nous rendre cette justice que la faute n'en est pas précisément à l'auteur.

En fait de biographie, il ne suffit pas toujours de chercher pour trouver, et il y a des portes qui s'ouvrent difficilement.

En revanche, nous devons remercier cordialement les personnes de bonne volonté, nos confrères de la presse et les collaborateurs bienveillants qui nous ont fourni des matériaux spéciaux. Grâce à leur concours et à celui de nos excellents auxiliaires MM. Adolphe Lecq et Edgard Grangé, nous avons pu mener à bonne fin une œuvre laborieuse, qui sera — nous l'espérons — une œuvre utile.

FÉLIX RIBEYRE.

Angers, le 20 mai 1871.

BIOGRAPHIE

REPRÉSENTANTS

A L'ASSEMBLÉE NATIONALE.

A

ABBADIE DE BARRAU (Bernard-Gabriel-Xavier comte d') — *Gers* — est né à Dax (Landes) le 12 mars 1820. Grand propriétaire dans le Bas-Armagnac, M. le comte d'Abbadie de Barrau est vice-président de la Société d'Agriculture du Gers et on lui doit d'importantes innovations réalisées sur le domaine qui entoure son château de Castex. Il a fait partie du Conseil général du Gers et a pris place à la Chambre, dans les rangs de la droite. Il a été décoré du titre de comte de Carrion de Calatrava.

M. le comte d'Abbadie de Barrau a voté pour le traité de paix, pour le projet de loi sur les élections municipales et pour la loi relative à l'état de siége. Il a voté contre le transfert de l'Assemblée à Versailles.

ABBATUCCI (Paul-Séverin) — *Corse* — né à Zicavo le

21 juin 1821, appartient à cette illustre famille Corse qui
donna à la France un vaillant général, le héros d'Huningue
et à l'empire un éminent garde des sceaux, M. Jacques-Pierre-
Charles Abbatucci, mort en 1857. M Séverin Abbatucci est le
petit neveu du général de la république et le second fils du
ministre. Il a fait partie de toutes les législatures depuis
1852 et a été secrétaire du bureau du Corps législatif. A
l'exemple de tous les enfants de la Corse, M. Séverin Abbatucci prend avec zèle la défense des intérêts de cette île si
intimement attachée à la Mère-Patrie et c'est à ses efforts et à
ceux de son ancien collègue M. Sampiero Gavini que fut dûe
l'abrogation de la loi qui interdisait le port d'armes aux
habitants de la Corse. Dans la profession de foi qu'il a adressée
à ses compatriotes, comme candidat à l'Assemblée nationale,
M. Abbatucci a loyalement affirmé ses sentiments bonapar-
tistes et naturellement il a voté à Bordeaux contre la déchéance
de l'Empereur. Il a été longtemps vice-président du Conseil
général de la Corse et maire de Zicavo, sa ville natale.

ABOVILLE (**Auguste-Ernest vicomte d'**) — *Loiret*
— né le 4 décembre 1819 à Paris, est le 2ᵉ fils du comte
d'Aboville, pair de France et maréchal de camp d'artillerie.
Sa mère est fille de M. Drouin de Rocheplatte, maire d'Orléans
et député du Loiret.

M. le vicomte d'Aboville, lauréat de la Sorbonne en 1833
entra, en 1839, à l'École polytechnique et, en 1840, à l'École
d'application de Metz. L'année suivante, il sortit chef de promotion dans l'artillerie.

Il se maria quelques années plus tard et quitta alors le
service militaire où il avait le grade de lieutenant au 1ᵉʳ régiment d'artillerie. L'aînée de ses filles a épousé M. Arthur
de Boissieu, le spirituel rédacteur de la *Gazette de France.*
Son second fils, lieutenant d'état-major, a fait la campagne
de 1870 dans l'armée de Metz et a été prisonnier en Allemagne.

Propriétaire au château de Rouville, commune de Malesherbes (Loiret), M. le comte d'Aboville s'est occupé de questions agricoles et forestières et, à ce titre, a été élu président du Comice agricole de Pithiviers et secrétaire de la Société forestière de France. On lui doit divers articles remarqués dans les *Annales forestières*, dans l'*Annuaire de la Société des Agriculteurs de France*, et dans l'*Illustration*.

Maire de Glux (Nièvre) de 1858 à 1861, M. le vicomte d'Aboville donna sa démission pour protester contre la politique française dans la question italienne. Il fut également l'un des premiers à s'élever dans les journaux contre le décret de M. de Persigny, hostile à la Société de Saint-Vincent-de-Paule.

ACLOCQUE (Paul-Léon) — *Ariège* — est né à Montdidier (Somme) le 19 janvier 1834. Ancien élève des Écoles militaires de Saint-Cyr et d'application d'état-major, il donna, à la fin de 1857, sa démission d'officier d'état-major pour entrer dans l'industrie. C'est ainsi qu'il devint l'un des fondateurs des établissements métallurgiques de l'Ariège.

Lieutenant-colonel d'état-major de la Garde nationale de la Seine au moment où éclata la guerre contre la Prusse, M. Aclocque fut chargé d'organiser l'un des bataillons de mobiles de l'Ariège. Nommé plus tard colonel du 69e régiment de mobiles, il fit à la tête des Ariégeois les campagnes de la Loire et des Vosges. Sa brillante conduite à la bataille de Coulmiers lui valut la croix de la Légion d'honneur.

En 1869, M. Aclocque a publié un ouvrage intéressant sur l'origine et la composition du globe terrestre. Nommé député de l'Ariège, il fait partie de la réunion Féray qui a adopté le programme suivant : « Organisation du pays par des institutions libérales et sous la forme républicaine actuelle, *la constitution définitive à donner à la France étant réservée.* »

ADAM (Hercule-Charles-Achille) — *Pas-de-Calais* — est né à Boulogne-sur-Mer le 29 novembre 1829. Comme banquier à Boulogne-sur-Mer (associé de la maison Adam et C^le^), comme membre du Conseil général du Pas-de-Calais et juge au Tribunal de commerce de cette ville, M. Achille Adam a révélé un esprit sagement progressif, une intelligence d'une grande lucidité, suffisant aux travaux les plus longs et les plus difficiles, un financier instruit et positif. Adversaire décidé de toutes les utopies irréalisables, il appartient à l'opinion conservatrice libérale.

M. Achille Adam remplit à Boulogne-sur-Mer les fonctions de consul de Belgique.

Il a été élu représentant à l'Assemblée nationale le quatrième sur la liste des quinze députés du Pas-de-Calais. Il a obtenu près de 141,000 suffrages.

ADAM (**Edmond**) — *Seine* — est né dans le département de l'Eure. On assure qu'il a fait autrefois du journalisme. Ce qu'il y a de certain, c'est qu'en 1848 il devint secrétaire de M. Garnier-Pagès et ensuite adjoint au maire de Paris. Il fut plus tard l'un des quarante membres désignés par l'Assemblée constituante pour former le Conseil d'État dans lequel il siégea avec quelques-uns de ses collègues actuels à l'Assemblée, tels que MM. Jules Simon, Rivet, Gauthier de Rumilly, etc.

Après le 2 décembre, M. Edmond Adam se tint à l'écart de la politique et devint secrétaire général du Comptoir d'escompte.

C'est un républicain sincère et d'un caractère modéré, que la révolution du 4 septembre rendit à la politique militante. Le 12 octobre, le gouvernement de la Défense nationale lui confia le poste difficile de préfet de police en remplacement de M. de Kératry qui venait d'être chargé d'une mission en Espagne.

M. Edmond Adam ne fit pas un long séjour à la préfecture de police. La tentative de Flourens et des partisans de la Commune survint à la fin d'octobre et il donna sa démission.

Nommé représentant de l'Assemblée nationale, il prit

rang dans le groupe de la gauche radicale, mais sans tomber dans les exagérations violentes de quelques-uns de ses membres.

Nous avons dit que M. Edmond Adam était d'origine normande ; son long séjour à Paris ne lui a pas fait oublier ses compatriotes, et pendant le siége il était président de la Société fraternelle des Normands pour secours aux blessés.

ADNET (Eugène) — *Hautes-Pyrénées.* — M. Eugène Adnet figure le second sur la liste des cinq députés élus par les Hautes-Pyrénées. Nous avons peu de renseignements sur cet honorable représentant. Sa personnalité a été principalement mise en relief lors de la discussion relative à une pétition de M. Bonadoux à Avignon, protestant contre la nomination et le maintien du général Bordone en raison de ses antécédents judiciaires. M. Adnet avait été chargé du rapport sur cette pétition qui souleva un débat assez vif auquel prit une part ardente M. le comte de La Rochethulon.

M. Adnet a voté la loi municipale et vote ordinairement avec la majorité. Il a pris l'initiative d'une excellente proposition relative à l'affranchissement des lettres et mandats de poste pour les militaires en campagne.

AIGLE (comte de l') — *Oise* — appartient au groupe que l'on désigne sous le nom de réunion Feray parce que M. Feray-d'Essonnes en est le président; et dont il importe de rappeler le programme qui est ainsi conçu : « La réunion a pour but la réorganisation du pays par des institutions libérales et sous la forme républicaine actuelle, *la constitution définitive à donner au pays étant réservée.* »

M. le comte de l'Aigle a voté en faveur du traité de paix. Il a voté également pour la loi municipale, pour le transfert de l'Assemblée à Versailles et pour le projet de loi tendant à déclarer inaliénables les propriétés publiques ou privées, saisies ou soustraites à Paris depuis le 18 mars dernier.

ALEXANDRE (Charles) — *Saône-et-Loire.* — Propriétaire et secrétaire de M. de Lamartine de 1849 à 1852 et son ami intime jusqu'à sa mort, M. Alexandre naquit à Morlaix (Finistère) le 23 août 1821. Journaliste distingué, il publia un nombre considérable d'articles dans l'*Evénement*, le *Pays* et dans d'autres journaux de Paris et de province. Nous lui devons en outre deux biographies historiques, l'une de Charles Cornic, marin héroïque de la Bretagne, et l'autre de Daumesnil, administrateur rempli de capacités. Un volume de poésies, intitulé *Les Espérances* et dû à la plume de M. Alexandre, parut en 1852 sans nom d'auteur. Il publia en 1860 un autre livre sous ce titre : *Les grands maîtres*, qui fut apprécié longuement et en termes fort élogieux dans un des *Entretiens familiers* de M. de Lamartine.

M. Alexandre est redevable de sa popularité non-seulement à son talent et à ses hautes relations, mais encore à la bienveillance de son caractère. En 1848, époque où son nom était encore inconnu dans le monde des lettres, elle lui fit obtenir 17,000 voix aux élections qui eurent lieu pour l'Assemblée Constituante.

ALLENOU — *Côtes-du-Nord.* — M. Allenou n'a pas, croyons-nous, d'antécédents politiques. Jusqu'à ce moment, c'est surtout dans les Commissions qu'il s'est montré. Ainsi il a fait partie de la Commission ayant pour objet d'éclairer l'Assemblée sur l'état des communications postales et télégraphiques.

M. Allenou vote ordinairement avec la majorité. Il s'est opposé au projet relatif au transfert de l'Assemblée à Versailles.

AMAT — *Bouches-du-Rhône* — fait partie de la gauche républicaine. C'est un des hommes politiques qui, dans ces dernières années, se sont mis le plus en relief dans les rangs de la démocratie modérée des Bouches-du-Rhône.

Il a voté pour le traité de paix, pour le transfert de l'As-

semblée à Versailles et pour la loi municipale. Il a voté aussi
en faveur du projet de loi tendant à déclarer inaliénables les
propriétés publiques ou privées, saisies ou soustraites à Paris
depuis le 18 mars.

AMY — *Cher.* — Il est né à Saincoins (Cher) le 17 janvier 1813. Il a exercé pendant onze ans la profession de
notaire dans cette localité. En 1848 il fut nommé maire de
Saincoins et membre du Conseil général du Cher. Il a occupé
jusqu'aujourd'hui ce poste d'honneur et il y a rempli pendant 12 ans les fonctions de secrétaire.

M. Amy avait été nommé juge de paix de son canton en
1849, mais les fonctions de juge de paix étant incompatibles
avec le mandat de député, il fut obligé de s'en démettre pour
poser sa candidature aux dernières élections.

L'honorable député du Cher est membre de la Légion
d'honneur.

ANCEL (Daniel-Edouard-Jules) — *Seine-Inférieure* —
né au Hâvre en 1812, est un ancien lauréat du collège Sta-
nislas. Après de brillantes études, il se consacra aux entreprises commerciales, suivant ainsi l'exemple de son père.
M. Ancel a occupé au Hâvre les postes les plus enviables. Il
a été président de la Chambre de commerce, l'une des plus
importantes de France, maire de la ville et membre du Conseil général. Trois fois nommé membre du Corps législatif,
en 1852, en 1857 et en 1863, il faisait autorité à la Chambre
dans toutes les questions commerciales et maritimes. Sous
des allures modestes, il cache beaucoup de savoir, d'expérience et de sens politique. C'est un homme d'ordre, essentiellement anti-révolutionnaire. Aux élections de 1869, la
candidature de M. Ancel échoua et il fut remplacé, dans la
deuxième circonscription de la Seine-Inférieure, par M. Le-
cesne que M. Gambetta devait placer plus tard à la tête de la
commission d'armement. En revanche, M. Ancel a été nommé
représentant à l'Assemblée nationale et il vient d'être désigné

pour présider une des sous-commissions de la commission
d'enquête nommée par l'Assemblée nationale pour examiner
les nombreux marchés passés à l'occasion de la guerre.
M. Ancel est à la tête de la 5ᵉ sous-commission qui com-
prend le génie, les baraquements et les travaux. Nul n'était
plus apte à occuper ce poste.

ANCELON (Etienne-Auguste) — *Meurthe.* — Il est né
à Nancy le 19 mai 1806. Reçu docteur en 1828, il alla se
fixer à Dieuze où, tout en se livrant aux travaux de sa profession, il écrivit de nombreux articles sur la médecine qui
furent insérés pour la plupart dans la *Gazette des Hôpitaux.*
Il a fait paraître aussi une brochure qui traite des moyens à
employer pour améliorer les cultures par le chlorure de
sodium. Cette brochure imprimée en 1847 a pour titre :
Mémoire sur l'état de la végétation dans les terrains salifères.

On doit encore à la plume du docteur Ancelon d'autres
publications étrangères à l'agriculture et à la médecine et
des travaux sur l'histoire de la Lorraine et de la France.

ANDELARRE (Jules, marquis d') — *Haute-Saône.* —
Il est né à Dijon (Côte-d'Or) le 25 octobre 1803. Il commença
sa carrière en acceptant dans la magistrature les fonctions de
substitut du procureur du roi dans sa ville natale, fonctions
dont il se démit en 1830. A partir de cette époque il devint
maire d'Andelarre (Haute-Saône) et en 1837 membre du Conseil général de ce département. Dans ces postes honorables il
mit ses lumières et son activité au service des intérêts de la
Haute-Saône. A partir de 1851, il livra successivement à la
publicité plusieurs brochures importantes traitant principalement d'économie politique. Ses capacités et les services
rendus à son département lui méritèrent la sympathie des
populations du pays qu'il habitait. Aussi, lorsqu'il posa sa
candidature pour la députation en 1852, obtint-il facilement
une forte majorité. Il acquit, grâce à ses lumières et à ses
travaux, autant d'influence au Corps législatif qu'il en avait

exercé au sein du Conseil général de la Haute-Saône. Décoré de la Légion d'honneur en 1842, il fut promu officier le 14 août 1869.

ANISSON-DUPERRON — *Seine-Inférieure.* — C'est le fils de l'ancien député du même nom dans la Seine-Inférieure, qui devint pair de France sous Louis-Philippe. Le député actuel est né à Paris en 1829. Propriétaire dans l'arrondissement d'Yvetot, il y fut élu conseiller d'arrondissement en juin 1870. C'était un acheminement vers la députation dont les services rendus autrefois par son père, joints à son influence personnelle, devaient lui rendre l'accès facile.

M. Anisson-Duperron a écrit dans le *Correspondant*. Il a aussi publié des articles dans d'autres journaux de la même nuance politique et religieuse que celui-ci.

ARAGO (**Emmanuel**) — *Pyrénées-Orientales.* — Il naquit à Paris le 6 août 1812. C'est le fils du célèbre Arago de l'Académie des sciences; mais ses aspirations se portèrent plutôt, dès sa jeunesse, vers les lettres. Il fit paraître à vingt ans un volume de poésies; il abandonna tout à coup la littérature pour se livrer à l'étude du droit. Il avait alors vingt-cinq ans. Reçu avocat, il ne tarda pas à se distinguer dans cette carrière. Sa défense de Martin Bernard et de Barbès, chefs d'une émeute qui fit grand bruit, établirent sa réputation. Lorsque la révolution de 1848 éclata, il fut l'un des principaux acteurs des événements de février et fixa par conséquent l'attention du gouvernement de la République. On l'envoya d'abord comme commissaire général à Lyon où il fit preuve de beaucoup de sagesse. Elu représentant du peuple, il fut ensuite nommé ambassadeur à Berlin. Après l'élection du 10 décembre, il donna sa démission et revint à Paris. Il reprit son siége à l'Assemblée législative sur les bancs de la Montagne, puis redevint simple avocat lors du coup d'Etat. C'est lui qui en 1867 plaida pour Berezowski poursuivi pour attentat à la vie de l'empereur de Russie. En 1869 on le porta de nouveau aux élections dans les Pyrénées-Orientales et dans le Var, mais il échoua des deux côtés et fut élu trois mois plus tard député de Paris. Il a fait partie du gouvernement de la Défense nationale après le 4 septembre.

ARBEL — *Loire.* — Il est âgé de quarante-quatre ans. Ancien élève de l'Ecole centrale de Paris, il se lança dans l'industrie métallurgique. Maître de forges à Rive-de-Gier, il a fait preuve de grandes capacités dans cette position où il a amassé une fortune considérable.

M. Arbel est membre de la Chambre de commerce de Saint-Etienne depuis un grand nombre d'années et il a fait en outre partie du Conseil d'administration de beaucoup de compagnies industrielles. Son élection au Corps législatif avait été précédée de sa nomination au grade de Colonel de la garde nationale de Rive-de-Gier, après le 4 septembre.

ARFEUILLÈRES (d') — *Corrèze.* — M. d'Arfeuillères, nouveau venu dans nos assemblées, vote avec la droite. Il a fait partie de plusieurs Commissions importantes, entr'autres de celle qui avait pour objet d'éclairer l'Assemblée sur l'état des communications postales et télégraphiques. La discussion de la loi municipale lui a fourni une occasion d'aborder avec succès la tribune. Il s'agissait de décider si les juges de paix et les magistrats des tribunaux de première instance devaient être écartés des Conseils municipaux des communes comprises dans leur ressort. M. d'Arfeuillères s'est prononcé contre l'exclusion de ces fonctionnaires. On sait que l'Assemblée a pris une décision intermédiaire en excluant des Conseils municipaux seulement les juges de paix, titulaires dans les cantons où ils exercent leurs fonctions et les membres amovibles des tribunaux de première instance.

ARNAUD de l'Ariége (**Frédéric**) — *Seine.* — Ancien représentant du peuple, M. Arnaud est né à Saint-Girons (Ariège) le 8 avril 1819. Il exerçait à Paris la profession d'avocat lorsque la révolution de 1848 éclata. Il posa sa candidature aux élections législatives et fut nommé député dans son département. Ses efforts constants à la Chambre tendirent à concilier deux partis qui ont toujours passé pour être diamétralement opposés : le parti du clergé et celui de la démocratie. Pour certains amendements il vota avec la droite, pour d'autres il vota avec la gauche, preuve que l'honorable député règle sa ligne de conduite sur ses principes et marche d'après ses convictions. Il fut nommé une seconde fois député aux nouvelles élections. Il rentra dans la vie privée après le coup d'État et posa de nouveau sa candidature en 1869, mais il échoua.

M. Arnaud, qu'on appelle *Arnaud de l'Ariége*, pour le distinguer de deux autres personnages politiques du même nom, est connu, non-seulement par les discours qu'il a prononcés à la tribune, mais encore par ses écrits politiques. Il a publié d'abord, en 1849, *son programme à ses concitoyens de l'Ariége*, et depuis cette époque : l'*Indépendance du pape et les droits des peuples ; la Papauté temporelle et la nationalité italienne ; l'Italie ; la Révolution et l'Église.*

AUBERJON (d') — *Haute-Garonne.* — Nous avons peu de chose à dire sur M. d'Auberjon. Il fut élu le sixième sur la liste des dix députés de la Haute-Garonne et a recueilli plus de 78,000 suffrages. Il ne fait partie ni de la réunion Feray ni de la gauche républicaine et n'a pas encore abordé la tribune dans des circonstances importantes. M. d'Auberjon vote avec la majorité.

AUBRY — *Vosges* — appartient à la majorité modérée. Il n'a pas pris part au vote relatif au traité de paix. C'est lui qui est l'auteur de la proposition de loi sur la constatation du domicile en matière électorale. M. Aubry a fait en outre partie de plusieurs Commissions importantes.

AUDIFFRET-PASQUIER (duc d') — *Orne.* — M. le duc d'Audiffret-Pasquier est appelé à jouer un rôle important dans nos assemblées. Depuis l'ouverture de la session il s'est distingué par son activité dans les Commissions et il a été écouté avec une grande attention lorsqu'il a pris la parole. Il a figuré dernièrement parmi les candidats proposés pour remplir les fonctions de vice-président à l'Assemblée. Quant à ses opinions ce sont celles de cette majorité éclairée qui veut le bien du pays se développant au milieu d'institutions libérales.

AUDREN DE KERDREL — *Morbihan.* — Il ne faut pas confondre cet honorable député avec le député du même nom qui a été représentant d'Ille-et-Vilaine de 1848 au coup d'État. Tous les deux partagent du reste la même opinion. Egalement conservateurs et appartenant, par conséquent, à la majorité contre-révolutionnaire, leurs votes sont naturellement ceux de la droite.

M. Audren de Kerdrel est un catholique ardent que l'attitude de la gauche ne réussira jamais à intimider. Lorsqu'il prend la parole à la tribune, il s'exprime avec une franchise qui doit imposer le respect à ses adversaires.

Un instant M. de Kerdrel a été considéré à la Chambre comme le chef d'un groupe politique. Il est certain qu'il a autour de lui des amis dont il exprime les opinions, mais lors de l'interpellation si inopportune de M. Mortimer-Ternaux à l'adresse de M. Thiers, M. de Kerdrel protesta lui-même contre le rôle de chef de parti que quelques journaux et entr'autres le *Gaulois*, lui avaient attribué. Avec un esprit de meilleur aloi et une plus grande autorité, M. Audren de Kerdrel n'est pas sans avoir quelque ressemblance avec son compatriote M. Glais-Bizoin qui, lui aussi, prenait fréquemment la parole et passait pour un ardent interrupteur.

AUMALE (Henri-Eugène-Philippe-Louis d'Orléans, duc d') — *Oise.* — Ce prince est né à Paris le 16 janvier

1822. Il est le quatrième fils de feu Louis-Philippe. Il fit avec distinction ses études universitaires au collège Henri IV et entra dans l'armée à dix-sept ans. Ses débuts dans la carrière militaire furent remarquables. On l'envoya en Afrique où il obtint rapidement le grade de lieutenant-colonel. En rentrant à Paris le 13 septembre 1841, il faillit être victime d'une tentative d'assassinat au moment où la foule lui faisait des ovations.

Après avoir complété son instruction militaire à Courbevoie, le duc d'Aumale retourna en Algérie avec le titre de maréchal de camp. Il avait alors vingt ans. Les premières années qu'il passa dans notre colonie africaine furent marquées par des actes d'habileté et de bravoure militaire. Aussi devint-il successivement lieutenant-général puis commandant supérieur de la province de Constantine. Il se maria en 1844 à la princesse napolitaine Marie-Caroline de Bourbon, fille du prince Léopold de Salerne. Au mois de septembre 1847, il succéda au maréchal Bugeaud en qualité de gouverneur général de l'Algérie. Lorsque la révolution de 1848 éclata, il engagea la colonie à attendre avec calme les ordres de la métropole, remit ses pouvoirs aux mains du général Cavaignac, et partit pour l'Angleterre où il a habité jusqu'aujourd'hui une propriété située à Twickenham, à quelques milles de Londres.

Héritier des princes de Condé, le duc d'Aumale possède une fortune considérable.

Écrivain distingué, les articles qu'il a publiés dans la *Revue des Deux-Mondes* ont été remarqués. Sa *Lettre sur l'histoire de France*, critique amère du gouvernement impérial, eut beaucoup de retentissement et valut à l'éditeur et à l'imprimeur de sévères condamnations. L'un de ses ouvrages les plus considérables, l'*Histoire des princes de Condé,* fut saisi avant l'impression. Mais après des réclamations judiciaires de la part du prince, il put être enfin livré à la publicité.

M. le duc d'Aumale a eu deux fils. L'aîné, le prince de Condé, est mort de la fièvre typhoïde en Australie, au mois de septembre 1866. Le second, le duc de Guise, est âgé de dix-sept ans.

L'élection du duc d'Aumale et celle de son frère, le prince de Joinville, n'ont pas encore été validées. On sait que cette validation a été ajournée.

AURELLES DE PALADINES (le général d') — *Allier*.
— Cet officier supérieur est dans sa soixante-septième année. Après avoir fini ses études à l'Ecole militaire il entra dans l'armée où il obtint un avancement rapide. Il fit la guerre de Crimée, d'abord en qualité de général de brigade, puis comme général de division et fut placé à la tête d'une des meilleures parties de l'infanterie employée au siége de Sébastopol. Deux ans avant sa mise au cadre de réserve pour limite d'âge, il eut un commandement dans l'Est et obtint en récompense de ses services la dignité de grand'croix de la Légion d'honneur.

Dans le courant de la guerre entre la France et la Prusse, le général de Paladines quitta sa retraite pour se mettre à la disposition du gouvernement. Nommé par M. Gambetta général en chef de l'armée de la Loire, il obtint d'abord des succès devant Orléans et remporta à Coulmiers une grande victoire ; mais, après la reprise d'Orléans par les Prussiens, M. Gambetta crut devoir lui donner un successeur. Le brave général rentra alors dans sa retraite bien convaincu qu'il avait fait son devoir sur les champs de bataille. Après le transfert à Versailles de l'Assemblée nationale, M. d'Aurelles de Paladines fut nommé par M. Thiers général en chef des gardes nationales de la Seine. Il n'a conservé ces hautes fonctions que fort peu de temps, l'émeute de Paris ayant forcé le gouvernement à se retirer à Versailles.

AUXAIS (d') — *Manche*. — Riche propriétaire, M. d'Auxais appartient à l'une des plus anciennes familles de son département. Nouveau venu dans la vie politique, il a été précédemment conseiller d'arrondissement à Coutances. Il est actuellement maire de Saint-Aubin-du-Perron où il s'est fait remarquer par ses principes d'ordre, de libéralisme dans la meilleure acception du mot, et par sa compétence dans les questions administratives. Ce sont ces qualités et l'influence personnelle que lui vaut sa position sociale, qui ont appelé sur le nom de M. d'Auxais les suffrages d'un grand nombre de ses concitoyens.

AYMÉ DE LA CHEVRELIÈRE — *Deux-Sèvres.* — C'est un homme doué d'un libéralisme éclairé. Nous l'avons vu donner son assentiment aux propositions tendant à améliorer la situation délicate dans laquelle nous sommes placés depuis quelques mois. Il a voté pour la paix, le transfert de l'Assemblée à Versailles et a donné son approbation à la proposition de M. de Cazenove de Pradine et de plusieurs de ses collègues, ayant pour objet de demander des prières publiques dans toute la France.

B

BABIN-CHEVAYE — *Loire-Inférieure.* — A eu l'honneur d'être nommé le premier sur la liste des douze députés de la Loire-Inférieure. Il a obtenu plus de 71,000 suffrages.

Il n'a pas encore fait partie de nos assemblées politiques. M. Babin-Chevaye vote avec la majorité.

BAGNEUX (comte de) — *Seine-Inférieure.* — Propriétaire au château de Lymesy dans l'arrondissement de Rouen, il a fait partie du Conseil général de la Seine-Inférieure. M. le comte de Bagneux a voté en faveur des préliminaires du traité de paix. Il s'est uni à la droite dans la plupart de ses votes.

BALLEROY (de) — *Calvados.* — M. de Balleroy, propriétaire au château de Balleroy, dans l'arrondissement de Bayeux, a été maire de ce chef-lieu de canton et membre du Conseil général du Calvados. C'est un homme de bon sens,

d'une loyauté et d'une franchise reconnues. Les électeurs du
Calvados l'ont jugé ainsi lorsqu'ils l'ont placé le premier sur
la liste des candidats nommés à l'Assemblée nationale. Il a
obtenu plus de 75,000 suffrages. Il fait partie de la majorité.

BALSAN (**Auguste**) — *Indre.* — M. Balsan dirige à
Châteauroux l'importante manufacture de draps du château
du Parc. Il a été membre du tribunal de commerce de cette
ville. Élu le premier sur la liste des députés de l'Indre,
M. Balsan compte parmi les membres de la réunion Féray. Il
a fait partie de commissions importantes.

BAMBERGER (**Édouard-Adrien**) — *Moselle.* — Il est né
à Strasbourg, le 25 septembre 1825. Reçu docteur en médecine à la faculté de cette ville, il s'établit à Metz en 1858.
Israélite de naissance, M. Bamberger est, dans toute l'acception du mot, un libre-penseur. Vice-président du cercle Messin
de la ligue de l'enseignement, il fit de nombreuses conférences
à l'hôtel-de-ville de Metz dans le but de répandre l'instruction
parmi le peuple. Ses conférences ont roulé notamment sur
l'hygiène, les sciences physiques et naturelles, la philosophie,
etc., etc. Il a publié aussi dans la presse libérale beaucoup
d'articles intéressants où il a successivement traité d'importantes questions sociales. Partisan de l'instruction obligatoire,
des droits de la femme, de l'abolition de la peine de mort, de
la liberté absolue du commerce, etc., sa plume a naturellement abondé dans ce sens, dans les pages qu'il a écrites sur
ces questions. C'est en 1867 qu'il a commencé à s'occuper de
politique : ses opinions sont essentiellement républicaines. Il
appartient à la nuance de MM. Jules Simon, Arago, etc. Dans
une allocution qu'il prononça le 1er mars, il conjura l'Assemblée
de repousser les préliminaires de paix. Son vote a été favorable au projet présenté relativement à la loi municipale.

Lauréat de l'Institut, qui lui a décerné plusieurs médailles,
M. Bamberger, est membre de la Société des Sciences Médicales dans le département de la Moselle.

BARAGNON (Pierre) — *Gard* — est un des journalistes que les élections de 1871 ont fait entrer dans nos assemblées parlementaires. M. Baragnon, quoique jeune, appartient depuis longtemps à la presse militante. Il a dirigé pendant plusieurs années le *Journal de Constantinople*. Rentré en France, il devint l'un des principaux rédacteurs politiques de la *Presse* que M. Jules Mirès venait d'acquérir et dont M. Cucheval-Clarigny était rédacteur en chef.

En quittant la *Presse*, M. Baragnon fonda un organe qui s'appelait le *Courrier international* et qui avait une édition française et une édition étrangère.

Après les élections de 1869, et au moment où les groupes politiques se formèrent à la Chambre, il fonda un journal qui s'appelait le *Centre gauche*, organe de ce parti.

Après le 4 septembre, M. Baragnon fut nommé à la préfecture de Nice, mais lorsque M. Gambetta vint exercer à Tours un pouvoir dictatorial, il dut se retirer et fut remplacé par M. Marc-Dufraisse qui avait outre le titre de préfet des Alpes-Maritimes, celui de commissaire général dans les départements du Var, de l'Hérault, de la Savoie et de la Haute-Savoie.

A l'Assemblée, M. Baragnon est un des députés les plus actifs. Il prend fréquemment la parole.

BARANTE (Prosper-Claude-Brugière, baron de) — *Puy-de-Dôme* — né à Paris, le 27 août 1816. C'est le fils du baron de Barante, préfet sous le premier Empire, conseiller d'Etat sous la Restauration, ambassadeur et pair de France sous Louis-Philippe, membre de l'Académie française et l'illustre auteur de l'*Histoire des ducs de Bourgogne*.

Attaché d'abord à l'ambassade de son père en 1837, puis au cabinet de M. de Salvandy, ministre de l'instruction publique, il entra ensuite dans l'administration en qualité de sous-préfet de Boussac (Creuse), puis d'Autun en 1842, où il a laissé les meilleurs souvenirs. Nommé en 1845 préfet de l'Ardèche, M. de Barante resta à ce poste jusqu'à la révo-

lution de 1848, et donna sa démission au Gouvernement provisoire dès le 25 février. Rentré dans la vie privée, M. le
baron de Barante se retira dans le Puy-de-Dôme, berceau de
sa famille, et se consacra à l'étude des intérêts sociaux et
agricoles de ce département. Il est président honoraire de la
Société de secours mutuels de Thiers, fondée par son père.

Entré au Conseil général du Puy-de-Dôme en 1863, M. de
Barante a été nommé député en 1869, malgré la très-vive
opposition de l'administration. Il siégea au centre gauche et
fut l'un des promoteurs de l'interpellation des 116.

M. le baron de Barante est chevalier de la Légion d'honneur depuis 1843. Il a fait partie, comme membre du Corps
législatif, de la grande commission de décentralisation extra-
parlementaire de 1870. A l'Assemblée nationale il a été
membre de la commission du recrutement et de l'organisation de l'armée, et président du douzième bureau.

Cet honorable député appartient à l'opinion monarchique
libérale et constitutionnelle.

BARASCUD (**Hippolyte**) — *Aveyron*. — Il est né en 1820.
Ancien avocat au barreau de Montpellier, il est maire depuis
cinq ans de la ville de Saint-Affrique et conseiller général de
l'Aveyron. Il a été élu le premier sur la liste des députés de
ce département. C'est le petit-fils d'un ancien législateur.

M. Barascud a construit dans l'arrondissement de Saint-
Affrique de grands canaux d'arrosage qui ont donné un grand
essor à l'agriculture du pays et accru de six millions la valeur
du sol de nombreuses communes. Le jury agricole du concours régional de 1868, dans l'Aveyron, l'avait proposé pour
la décoration de la Légion d'honneur; mais le ministère refusa de lui accorder la récompense qu'il avait si bien méritée.

Aux élections générales de 1869, M. Barascud brigua les
suffrages des électeurs de la deuxième circonscription de
l'Aveyron et combattit énergiquement jusque dans les bureaux de la Chambre, la candidature officielle de M. Calvet-
Rogniat.

En 1871, les électeurs de l'Aveyron voulant récompenser en M. Barascud les immenses services qu'il a rendus à son pays et honorer la loyauté et l'indépendance de son caractère, l'ont appelé, à la presque unanimité des suffrages, à représenter ce département.

M. Barascud, fidèle aux antécédents de sa famille et de sa vie entière, profondément dévoué à l'ordre et à la liberté, a pris place au centre gauche.

Ses concitoyens sont assurés de trouver en lui un représentant honnête et un défenseur ardent des véritables intérêts du pays.

BARDOUX (**Agénor**) — *Puy-de-Dôme* — né à Clermont-Ferrand, est âgé de quarante ans. Encore jeune, M. Bardoux, par son talent, son caractère sympathique et son sincère libéralisme, s'est conquis au barreau de sa ville natale une véritable réputation et est devenu bâtonnier de l'ordre. Le premier, dans le Puy-de-Dôme, il a défendu sous l'Empire la liberté de la presse à propos de la souscription Baudin et après le 4 septembre, en qualité de premier conseiller municipal, il a rempli avec beaucoup d'intelligence et de sollicitude les fonctions de maire de Clermont-Ferrand. Doué d'un véritable talent oratoire, M. Bardoux est encore un écrivain distingué, soigneux de la forme et d'une élégante sobriété. Il a collaboré à diverses revues et a publié notamment de nombreux travaux historiques dans la *Revue du droit français et étranger*, fondée par M. Laboulaye. Nous avons de lui d'excellentes études dans le *Recueil des travaux de l'Académie des sciences, arts et belles-lettres de Clermont*.

Nommé représentant à l'Assemblée nationale, M. Bardoux n'a pas tardé à faire apprécier son aptitude aux affaires. Il appartient à la gauche républicaine et fait également partie de la réunion des défenseurs de la liberté commerciale.

BARTHE (**Marcel**) — *Basses-Pyrénées*. — Il est né à Pau en 1813. Fils d'un maître ouvrier arrivé à la fortune, il put aller suivre à Paris les cours de droit. Son penchant naturel l'entraîna vers la littérature. Il écrivit dans l'*Artiste* et dans le *Temps*. De retour à Pau, il se fit inscrire au tableau des avocats du barreau de cette ville. Les loisirs que lui laissait sa profession furent employés à l'étude des questions politiques et sociales. Elle lui procura une occasion de s'initier aux doctrines du phalanstère. Républicain modéré sous Louis-Philippe, il fut constamment en opposition avec l'administration préfectorale et entra au Conseil municipal de Pau avec l'appui des radicaux.

En 1848 il salua avec joie l'avénement de la République. Nommé à l'Assemblée, on le vit mêlé ordinairement au parti Cavaignac.

M. Barthe figure aujourd'hui sur la liste républicaine libérale. Il a voté pour la paix, le transfert de l'Assemblée et pour la loi municipale. Homme droit, honnête et devoué à son pays, on ne le verra jamais éprouver de sympathie pour le parti socialiste.

L'honorable député des Basses-Pyrénées est l'auteur de la brochure qui a paru en 1850 sous ce titre : *Du Crédit foncier.*

BARTHÉLEMY-SAINT-HILAIRE (Jules) — *Seine-et-Oise.* — Philosophe, savant distingué et membre de l'Institut, il naquit à Paris le 19 août 1805. Lorsqu'il eut terminé ses études, il entra au ministère des finances où il resta jusqu'en 1838. D'abord attaché au journal le *Globe,* il contribua ensuite à la fondation du *Bon sens* et collabora plus tard au *National* et à d'autres feuilles de l'opposition. Une traduction complète des œuvres d'Aristote qu'il publia en 1838, lui fit obtenir la chaire de philosophie grecque et latine au Collége de France et un siége à l'Académie des sciences morales et politiques. M. Cousin devenu ministre, l'appela auprès de lui en 1840 au ministère de l'instruction publique. Il resta quatre mois dans ce poste à titre de chef de cabinet. Il retourna alors à ses travaux littéraires et scientifiques.

M. Barthélemy-Saint-Hilaire a publié, outre sa traduction

d'Aristote : *De l'École d'Alexandrie; De la Philosophie morale et politique de Platon et d'Aristote, avec les doctrines des plus grands philosophes modernes; des Védas; du Boudhisme; Lettres sur l'Égypte; Philosophie des deux Ampère, etc.*

En politique, M. Barthélemy-Saint-Hilaire s'était fait connaître dès 1830, en signant le 28 juillet la protestation des journalistes. En 1848 il s'attacha au parti modéré et devint chef du secrétariat du gouvernement provisoire. Il fit preuve dans ces fonctions de beaucoup de zèle, de prudence et de fermeté. Élu à la Constituante, on le vit d'abord voter avec la droite, puis se rapprocher de la gauche. Il ne voulut point prêter serment au gouvernement qui suivit le coup d'État et perdit la chaire qu'il occupait au Collège de France. Il fait preuve dans la session actuelle d'un libéralisme éclairé. Il a voté pour la paix et le transfert de l'Assemblée. Son nom ne figure pas parmi les représentants qui ont pris part au scrutin lors de l'adoption de la loi municipale.

Ce serait une importante omission que de ne point signaler la part active prise par l'honorable député dans le percement de l'isthme de Suez. Il a publié dans le *Journal des Débats,* le récit intéressant de l'exploration faite avant l'entreprise de ce grand ouvrage par les membres de la commission instituée par M. de Lesseps.

BASTARD (Octave, comte de) — *Lot-et-Garonne* — chef d'escadron d'état-major. Il est membre du Conseil général de Lot-et-Garonne où il a été élu deux fois à l'unanimité des voix des votants de son canton. Sorti de l'école militaire de Saint-Cyr en 1851, il fut d'abord envoyé à Rome, puis fut attaché à l'état-major général du maréchal Baraguay-d'Hilliers durant la campagne d'Italie et décoré à Solferino. Il a quitté le maréchal Baraguay-d'Hilliers pour servir dans l'armée du Rhin, comme chef d'escadron à l'état-major général du maréchal Mac-Mahon et fut nommé officier de la Légion d'honneur à Reichschoffen. A la bataille de Sédan, il a été grièvement blessé peu de moments après le maréchal.

M. de Bastard est neveu du comte de Bastard d'Estang, l'un des vice-présidents de l'ancienne Chambre des pairs, mort en 1844 et de M. le vicomte de Bastard, ancien député de Marmande et membre du Conseil général de Lot-et-Garonne. — Il est âgé de 39 ans.

Ajoutons que M. Octave de Bastard est vice-président du Comice agricole de Marmande et que depuis longtemps, comme secrétaire du Conseil général de Lot-et-Garonne, il a été chargé tous les ans du travail et des rapports sur les routes et voies vicinales de son département. Il est décoré des ordres militaires de Savoie et de Saint-Grégoire-le-Grand.

BASTID (Raymond) — *Cantal.* — A appartenu ainsi que ses collègues de la députation du Cantal, MM. Murat-Sistrière et Paulin Durieu à nos anciennes assemblées. Il a été élu le premier sur la liste de ce département et a obtenu 35,297 suffrages. M. Bastid a voté ordinairement avec la droite. Il a donné son adhésion au traité de paix signé à Versailles, à la loi municipale et au projet de loi relatif à l'état de siége.

BATBIE (Anselme) — *Gers.* — Jurisconsulte éminent, il est né à Seissan (Gers) où son père était notaire. Travailleur laborieux, il fit de brillantes études à l'école de droit et fut reçu docteur en 1849, puis auditeur au Conseil d'État, dont il a fait partie jusqu'aux affaires du 2 décembre. Après cette époque, il obtint au concours le titre d'agrégé des écoles de droit et fut attaché comme professeur à la Faculté de Toulouse. Il fut appelé au même titre à la Faculté de Paris, en 1857, et il y professa l'enseignement du droit administratif et l'économie politique.

Le savant professeur a publié d'excellents travaux sur ces matières. L'Académie des sciences morales et politiques lui a décerné des récompenses pour ses *Mémoires sur Turgot*, sur l'*Impôt et le prêt à intérêt*. Il est l'auteur de la publication qui a pour titre : *Le Crédit populaire* et qui a obtenu le grand prix Beaujour. Il a aussi livré à l'impression des ouvrages juridiques importants et entr'autres un *Traité théorique et pratique du droit public et administratif* (6 vol.), qui jouit d'un grand crédit auprès des hommes compétents. Sa réputation de jurisconsulte éminent lui a valu l'honneur de faire partie des quinze membres élus par l'Assemblée de Bordeaux, pour accompagner à Versailles MM. Thiers et Jules Favre lors des négociations ouvertes au sujet du traité de paix.

M. Batbie fut un républicain assez avancé en 1848. Il a voté en février pour le transfert de l'Assemblée à Versailles et pour la paix. Son nom ne figure pas sur la liste des représentants qui ont pris part au vote émis au sujet des élections municipales.

BAUCARNE-LEROUX (**Louis**) — *Nord* — est né à Roubaix le 17 janvier 1817. C'est près de cette ville, à Croix, qu'il vint plus tard habiter pour s'y livrer à l'agriculture. Sa position de fortune et ses capacités administratives fixèrent bientôt sur lui l'attention des habitants de cette localité. Il fut élu aux élections communales et nommé maire le 22 juin 1853. Le comice agricole de l'arrondissement de Lille ne tarda pas à l'appeler dans son sein et il en devint le président en 1863 et en 1864. L'année suivante, cette fonction passa en d'autres mains, mais il fut réélu président en 1869. M. Baucarne-Leroux occupe depuis cette époque ce poste d'honneur. Secrétaire de la chambre d'agriculture, il a publié divers ouvrages agronomiques, et notamment la *Flandre française, Abattage des arbres nuisibles à l'agriculture, Notices sur les engrais, sur la Culture du tabac, etc.*

M. Baucarne-Leroux est chevalier de la Légion d'honneur.

BAZE (**Jean-Didier**) — *Lot-et-Garonne*. — Il est né à Agen le 8 janvier 1800. Fils d'un percepteur, il étudia le droit et prit place parmi les avocats appartenant au barreau de sa ville natale. Il a été élu deux fois bâtonnier de l'ordre. Son talent l'éleva à une haute réputation et il devint célèbre dans son département.

M. Baze a été nommé adjoint au maire d'Agen en 1830, puis commandant de la garde nationale. Ses opinions libérales lui firent quitter le Conseil municipal dès qu'il vit des tendances royalistes se manifester chez un grand nombre d'hommes qu'il avait connus dévoués à la république. Devenu par son mariage avec une parente du préfet d'Agen, l'allié de ce fonctionnaire, on l'accusa à son tour d'être monarchiste. Il resta toujours ce qu'il avait été, un républicain modéré. On le vit en 1848 s'occuper activement des élections et devenir représentant à la Constituante. Il vota à cette époque en faveur de la fameuse proposition qui avait pour objet de dissoudre la Constituante avant la rédaction des lois organiques qu'elle s'était réservé de voter et d'accélérer la convocation de l'Assemblée législative, afin de dissoudre l'opposition que le pouvoir exécutif rencontrait dans la majorité républicaine.

Adversaire de la politique napoléonienne, M. Baze fut enfermé à Mazas, puis exilé. Il revint en France après l'amnistie et prit place au barreau de Paris. C'est un homme à idées, doué en même temps d'une grande facilité d'élocution. Aussi est-il appelé à jouer un rôle important dans l'Assemblée. C'est lui qui a provoqué les déclarations énergiques de la chambre et du gouvernement contre l'illégalité du congrès qui devait se réunir à Bordeaux.

L'honorable député de Lot-et-Garonne avait échoué aux élections de 1869. Élu en février par 57,107 voix, il a voté avec les membres de la gauche républicaine modérée, pour la paix, le transfert de l'Assemblée et la loi municipale.

Il est l'un des trois questeurs de l'Assemblée.

BEAU (**Amédée**) —.*Orne.* — Originaire du département de l'Orne, exerce à Paris la profession de notaire et il représentait au Conseil général le canton de l'Aigle. M. Beau n'avait pas encore fait partie de nos assemblées parlementaires. Il a trouvé dans la réunion Féray des collègues qui partagent sur la situation sa manière de voir.

BEAUVILLÉ (**Cauvel de**) — *Somme*. — Membre du Conseil général de la Somme pour le canton de Rosières. Appartient à la majorité.

BELCASTEL (**Gabriel de**) — *Haute-Garonne*. — A déjà fait partie de plusieurs commissions importantes ; il prend quelquefois la parole et s'associe généralement par ses votes aux membres de la majorité.

Les principes de M. de Belcastel sont sincèrement libéraux et conformes aux idées d'ordre et de modération ; il est l'ennemi acharné des principes anarchiques que quelques-uns de ses collègues du Midi supposent être les seuls fondements de la république.

Du reste, dans une lettre qu'il vient d'adresser à l'*Univers*, M. de Belcastel a pris soin d'indiquer lui-même sa véritable manière d'être : « Je suis, dit-il, le seul, si je ne me trompe, qui aie voté contre le décret de l'Assemblée nationale du 17 février, déclarant M. Thiers chef du pouvoir exécutif de la république française. Je ne voulais pas, même pour un jour, l'étiquette républicaine, et je voulais, dans le ministère, au point de vue catholique, de plus complètes garanties. »

Fidèle à cette manière de voir, M. de Belcastel s'est abstenu de voter le 11 mai, l'ordre du jour par lequel la Chambre manifestait sa pleine confiance dans la ligne de conduite du chef du pouvoir exécutif.

BENOIST D'AZY (**Denys, comte**) — *Nièvre* — fils du comte Benoist, ancien ministre d'État et député de Maine-et-Loire.

Appelé par son âge à présider l'Assemblée nationale au moment où elle s'est constituée le 12 février dernier, le comte Benoist d'Azy est né à Paris le 3 janvier 1796.

Sous la Restauration, il fut attaché d'abord au ministère des affaires étrangères et ensuite à l'administration des finances. Il devint, sous M. de Villèle, inspecteur général des finances, et plus tard, directeur de la dette inscrite.

A la révolution de 1830, il donna sa démission, et depuis lors, il n'exerça plus aucune fonction publique. Il se retira pour quelques années dans le département de la Nièvre et ne s'occupa plus que d'agriculture et d'industrie.

En 1836, il entreprit de remettre en activité les forges d'Alais, dans le Gard, et est parvenu à en faire un des établissements les plus importants de France.

En 1840, il fut nommé député de la Nièvre pour l'arrondissement de Château-Chinon ; il y fut renommé encore en 1842 et 1846.

En 1849, il fut nommé à l'Assemblée législative par le département du Gard. Vice-président de cette Assemblée, il donna souvent des preuves d'une habitude éclairée des affaires et d'une grande fermeté politique. Ce fut lui qui présida la réunion des représentants rassemblés à la mairie du dixième arrondissement pour protester contre le coup d'Etat. A partir de cette époque, il rentra dans la vie privée, mais en s'occupant d'affaires industrielles et d'agriculture. Il a concouru à la fondation des plus grandes compagnies de chemins de fer et aussi à celle du Crédit foncier.

Aux dernières élections, il a été nommé dans le Gard et dans la Nièvre ; il a opté pour ce dernier département.

Après avoir présidé, comme président d'âge, les premières séances de l'Assemblée à Bordeaux, il a été élu vice-président de l'Assemblée lors de la constitution définitive du bureau.

BENOIT (Charles) — *Meuse.* — Membre du Conseil général et maire de Verdun, il a fait preuve de beaucoup d'énergie et de patriotisme durant le siége de cette ville. Il ne faut pas confondre cet honorable représentant avec M. le baron de Benoist ancien député au Corps législatif et son collègue au Conseil général de la Meuse.

M. Charles Benoit a voté pour le traité de paix, quelque douloureuses qu'en fussent les conditions.

BENOIT DU BUIS — *Haute-Vienne.* — M. Benoit du Buis a été élu le cinquième sur la liste des sept députés de la Haute-Vienne. Il appartient à la fraction modére et conservatrice de l'Assemblée.

BÉRENGER (René) — *Drôme* — est né à Valence le 22 avril 1830. Son père, magistrat et criminaliste éminent, fut président à la cour de Cassation, député de la Drôme, pair de France, membre de l'Institut et grand officier de la Légion d'honneur. M. Bérenger fit son droit à Paris et fut reçu avocat en 1850 et docteur en droit en 1853. Il entra dans la magistrature, devint substitut à Évreux, fut nommé procureur impérial à Bernay, puis à Neufchâtel. Il passa substitut du procureur général à Dijon et en 1862, fut nommé avocat général à Grenoble. Dans ces divers postes M. Bérenger ne dissimula jamais l'indépendance de son caractère et plus tard nommé avocat général à Lyon, il se signala par un discours de rentrée sur les vices de notre organisation judiciaire, qui lui valut les éloges de la presse libérale.

Après le 4 septembre, au milieu des troubles qui agitèrent la ville de Lyon, le Procureur général fut arrêté et incarcéré par ordre de la Commune. M. Bérenger se rendit courageusement devant le Comité de salut public et réclama la liberté de son chef. Il fut repoussé et bientôt après arrêté lui-même. Il resta douze jours en prison et ne recouvra la liberté que grâce au courage et au zèle du nouveau procureur général M. Le Royer. Libre, il ne voulut pas quitter Lyon, se fit inscrire au barreau et prit place dans les rangs de la garde nationale.

M. Bérenger aimait l'ordre et le respect de la loi. Décidé à les défendre énergiquement contre les énergumènes qui sans cesse fomentaient des troubles, il sollicita et obtint une distribution de cartouches pour les bataillons de la garde nationale les plus fidèles à l'ordre. Cette distribution de cartouches lui fut imputée à crime. On le traduisit devant un juge d'instruction sans toutefois l'arrêter de nouveau, grâce à la résistance du procureur général et du maire

M. Hénon. Une ordonnance de non-lieu fut rendue en sa faveur.

Marié et père de famille, il s'engagea comme volontaire dans une légion des mobilisés du Rhône et prit part le 18 décembre à la bataille de Nuits où il fut blessé. A peine remis, il allait reprendre le fusil lorsqu'il connut la convocation des électeurs et presque en même temps sa nomination à Lyon et à Valence. Le Rhône l'envoyait à l'assemblée nationale avec 72,000 voix, la Drôme avec 50,000 suffrages. Il a opté pour le département de la Drôme.

BERGONDI (Constantin) — *Alpes-Maritimes.* — Membre du Conseil général pour le canton de Saint-Sauveur, il a été élu le premier après le général Garibaldi qui, comme on le sait, a donné sa démission et qui, du reste, en sa qualité d'italien, ne pouvait siéger dans une assemblée française.

M. Bergondi est un avocat distingué du barreau de Nice. Il est à remarquer que, Garibaldi ayant donné sa démission et que M. Marc-Dufraisse ayant vu son élection invalidée, en sa qualité de préfet, les trois députés actuels des Alpes-Maritimes sont trois avocats.

BERLET (Edmond) — *Meurthe.* — Docteur en droit et avocat au barreau de Nancy, fait partie de la gauche républicaine. Il a voté contre les préliminaires du traité de paix. C'est un de nos plus jeunes représentants; il est âgé de trente-trois ans.

BERMOND (de) — *Tarn.* — Lorsque M. Germonière fit le rapport sur les élections du Tarn, il hésita à faire valider l'élection de M. de Bermond, quoiqu'il eût obtenu 1,400 voix de plus que l'amiral Jaurès. Mais on n'avait pas encore connaissance des votes d'environ 4,000 mobiles du Tarn enfermés dans Paris. On ajourna donc son élection. M. de Bermond fut assez heureux pour être maintenu sur la liste des représentants du Tarn et fait partie à l'Assemblée de la fraction modérée.

BERNARD (Charles) — *Ain.* — C'est un homme nouveau dans la politique. Il n'a pas encore pris la parole dans des questions importantes, mais on le signale comme étant très-actif dans les travaux qui s'élaborent au sein des commissions.

BERNARD (Martin) — *Seine* — est comme Barbès, son ami, un vétéran des révolutions, un champion des idées républicaines. Son père, lisons-nous dans la *Biographie des neuf cents représentants à l'Assemblée nationale* de 1848, par M. Lesaulnier, était imprimeur-libraire à Montbrison. Il le quitta pour venir à Paris, en 1826, exercer la profession de compositeur d'imprimerie. La révolution de 1830 le jeta dans la vie politique. Il commença à s'occuper des idées socialistes qui commençaient à se produire alors. Il fut un des défenseurs des accusés d'avril 1834, rédigea plusieurs articles dans la *Revue républicaine*, et enfin, jusqu'en 1839, prit part à presque toutes les conspirations qui eurent lieu contre le gouvernement de Juillet. Il était l'un des trois chefs de l'affaire du 12 mai 1839 ; il fut pris quelque temps après, condamné à la déportation et envoyé au Mont-Saint-Michel, puis à Doullens, où il resta neuf ans. La Révolution de 1848 vint ouvrir les portes de sa prison.

Non content d'avoir rendu à la liberté M. Martin Bernard, le gouvernement de février en fit un commissaire de la République dans les départements de la Loire, du Rhône, de l'Ardèche et de la Haute-Loire. Le département de la Loire le nomma représentant à l'Assemblée nationale. Paris vient à son tour de le choisir pour l'un de ses députés. Naturellement il siége à l'extrême gauche radicale.

BERNARD-DUTREIL (Jules) — *Sarthe.* — Il est né à Laval (Mayenne), le 8 mai 1804. Entré en 1824 à l'École polytechnique, il fut admis deux ans après à l'École d'application de Metz. Il fut nommé officier dans le génie, mais ne tarda pas à donner sa démission et devint plus tard conseiller de préfecture de la Mayenne, puis représentant du peuple à l'Assemblée constituante de 1848. Il échoua aux élections qui eurent lieu après le 10 décembre. Sa position sociale, ses lumières et la loyauté de son caractère devaient le faire rentrer dans la vie politique aux dernières élections.

M. Bernard-Dutreil possède un grand nombre de propriétés foncières. Il exerçait les fonctions de maire de Saint-Denis-d'Arques et de membre du conseil général de la Sarthe lorsqu'il fut nommé député. Il avait fait partie du comité de l'instruction publique après les événements de 1848.

BERTAULD (**Charles-Alfred**) — *Calvados* — est né à Verson (Calvados) en 1812. Toute la vie de M. Bertaud s'est passée dans le pays qui vient de le choisir pour représentant. C'est à Caen qu'il s'est fait recevoir docteur en droit ; c'est là qu'il fut nommé au concours, professeur suppléant à la faculté de droit et plus tard professeur titulaire de procédure civile et de législation criminelle. Il a été élu deux fois bâtonnier de l'ordre. M. Bertaud a publié des travaux estimés sur le droit et la jurisprudence. L'un de ses derniers ouvrages est une étude critique sur les publicistes contemporains sous ce titre : *la Liberté civile.*

Élu représentant à l'Assemblée nationale par plus de 52,000 suffrages, M. Bertaud vote ordinairement avec la majorité.

BESNARD (**Henri**) — *Eure* — est né à Pontchartrain (Seine-et-Oise) le 12 septembre 1833. Ancien élève de l'institut agronomique de Versailles et de l'école de Grignon, il s'est adonné tout entier à l'agriculture, où il a acquis des titres sérieux à l'estime publique. On lira avec intérêt les rapports qu'il a été chargé de faire et qu'il a publiés sur la prime d'honneur de la Sarthe en 1865 ; sur la prime d'honneur de la Manche en 1866 ; sur celle du Morbihan en 1867 et sur la prime d'honneur de l'Eure-et-Loir en 1869. Un autre rapport de lui sur la propriété de Karn-er-Houët, et aussi remarquable que les précédents, a paru en 1867.

Pour récompenser les services rendus à l'agriculture par M. Besnard, le gouvernement le nomma en 1869 chevalier de la Légion d'honneur. Il fut proclamé l'année suivante lauréat de la prime d'honneur du département de l'Eure.

BESSON (Paul) — *Jura* — est né à Lons-le-Saulnier (Jura) le 5 juin 1831. Après avoir terminé ses cours de droit à la Faculté de Paris et obtenu le grade de docteur, M. Besson embrassa la carrière du barreau. C'est dans la capitale qu'il débuta et il s'y fit bientôt remarquer par ses brillantes qualités d'avocat au Conseil d'État et à la Cour de Cassation. Un procès célèbre devait surtout le mettre en évidence. Un des frères du Père Lacordaire avait formé un pourvoi en cassation, au sujet de sept maisons conventuelles, contre les Dominicains de France. Ceux-ci confièrent leur cause à M. Besson et le procès fut gagné par les religieux le 30 mai 1870. La réputation d'honnêteté politique et religieuse qui s'attache à son nom et à celui de sa famille valut à M. Besson l'honneur d'obtenir dans le Jura, aux dernières élections, le plus grand nombre de suffrages après M. Grévy, président du Corps législatif.

BETHMONT (Paul) — *Charente-Inférieure.* — C'est le fils d'un ministre distingué sous la République, et décédé à Paris en 1860. Il est né dans cette cité le 15 octobre 1833 et entra pour la première fois dans les assemblées législatives à l'âge de vingt-huit ans. Il y acquit rapidement l'expérience des affaires. On le vit, grâce au sérieux de ses discussions, à la facilité de son élocution, occuper une place importante dans les rangs de la gauche, dont il avait été en province l'un des premiers représentants. Député d'une région voisine de la mer, il s'est attaché plus particulièrement aux questions relatives aux intérêts maritimes.

M. Paul Bethmont n'abandonna pas la capitale lorsque les armées prussiennes s'avancèrent pour l'investir. Le jeune député oublia ses propriétés de la Charente-Inférieure pour

attendre dans Paris les envahisseurs. Et on a pu constater
que, dans divers combats, sous le costume de garde national
mobilisé, il s'est comporté avec une grande bravoure. Aujourd'hui il occupe à la chambre le poste de premier secrétaire. Esprit conciliant, sincèrement libéral et ami de l'ordre,
il vote sans parti pris. La translation de l'Assemblée à
Versailles lui a paru une mesure opportune à laquelle il
s'est empressé de donner son assentiment. Le projet relatif
à la loi municipale a été par lui accueilli favorablement. Il
avait voté *oui* précédemment lorsqu'on ouvrait le scrutin relativement aux préliminaires de paix. Il estimait que le succès
était impossible dans les circonstances où nous nous trou-
vions.

M. Bethmont a rempli longtemps les fonctions de conseiller
général dans son département.

BÉTHUNE (comte de) — *Ardennes*. — M. le comte de
Béthune possède de grandes propriétés dans le département
qui l'a élu. Il appartient par les traditions de sa famille à la
majorité conservatrice et a voté avec elle dans les questions
importantes : le transfert de l'Assemblée, le traité de paix, la
loi municipale, etc.

BEULÉ (Charles-Ernest) — *Maine-et-Loire* — archéologue
distingué et membre de l'Institut. Il naquit à Saumur le 29
juin 1826. Devenu agrégé pour les classes supérieures des lettres, après trois ans d'étude à l'École Normale, il alla à Moulins comme professeur de rhétorique. Son séjour dans cette
ville ne fut pas de longue durée. Le ministère de l'instruction
publique l'appela à faire partie de l'École Française d'Athènes.
Dans cette cité célèbre il sentit se développer sa passion
pour l'archéologie, et les découvertes précieuses qu'il fit dans
ses fouilles commencèrent sa réputation. M. Beulé revint en
France en 1853, obtint le grade de docteur et devint au bout
d'un an professeur d'archéologie à la Bibliothèque impériale.

Après la mort de Ch. Lenormant, arrivée en 1860, il le remplaça comme membre de l'académie des inscriptions et belles-lettres. Il fut élu deux ans après secrétaire perpétuel de l'académie des beaux-arts. Le procès que, de concert avec elle, M. Beulé intenta à un décret impérial devant le Conseil d'État, et la défense des statues des Plantagenets promises à l'Angleterre, signalèrent son entrée en scène dans l'arène politique.

Le savant archéologue a publié des études ayant trait à la Grèce et à l'antiquité, dont quelques-unes ont paru dans le *Bulletin des Sociétés savantes* ou dans la *Gazette des Beaux-Arts*, avant d'être réunies en volumes. Il est aussi l'auteur de trois livres in-8° qui ont pour titre : *Eloge de M. Horace Vernet*, *Éloge de Meyerbeer* et *Eloge d'Hippolyte Flandrin.* Divers autres livres dus à sa plume, sont intitulés : l'*Acropole d'Athènes*; *Fouilles à Carthage*; *Phidias*, dramatique; le *Procès des Césars*, ouvrage en quatre volumes, comprenant : *Auguste et sa famille*; *Tibère*; *le Sang de Germanicus*; *Titus et sa dynastie.*

En ces derniers temps, M. Beulé a fait preuve d'un grand patriotisme en se dévouant tout entier à l'organisation des ambulances, comme délégué de la Société internationale de secours aux blessés pour la région de l'Ouest. Son zèle plein d'abnégation et son habileté ont été admirables.

A la chambre il occupe une place honorable parmi les députés de la majorité. Il a été rapporteur pour la proposition relative au transfert de l'Assemblée à Versailles, a voté pour le projet de loi relatif aux élections municipales et a fait partie de la commisssion permanente de décentralisation.

BEURGES (comte de) — *Haute-Marne.* — M. le comte de Beurges habite le château d'Ecot dans le canton d'Andelot. C'est ce canton qu'il représentait au Conseil général de la Haute-Marne. M. le comte de Beurges a voté pour le traité de paix et le transfert de l'Assemblée à Versailles. En un mot, il fait partie de la majorité. Il n'avait pas encore siégé dans nos assemblées politiques.

BIDARD (Théophile) — *Ille-et-Vilaine.* — Il est né à Rennes en 1804. Après avoir terminé ses études de droit, il devint professeur de procédure dans sa ville natale. Son attitude dans ses fonctions lui attira de la part du ministère de l'instruction publique des avertissements qui furent loin de paralyser son indépendance. Il fut élu député en 1848 et, atteint d'une maladie douloureuse, il donna sa démission après l'élection du 10 décembre. Il réoccupa alors son poste de professeur et, après avoir été élevé à la dignité de doyen, fut nommé chevalier de la Légion d'honneur, en 1863.

L'esprit d'indépendance dont M. Bidard avait fait preuve sous le gouvernement de Louis-Philippe se manifesta encore en 1867, au sujet des élections au conseil général. Porté comme candidat, il publia une circulaire dans laquelle il protestait contre les candidatures officielles. Elle excita un vif mécontentement dans les sphères gouvernementales, et le doyen de la Faculté de Rennes fut mis à la retraite.

Après le 4 septembre, M. Bidard présida pendant quelque temps la commission municipale du chef-lieu d'Ille-et-Vilaine. Il rentra dans la retraite au mois de janvier, en attendant que les élections lui fissent obtenir 90,000 voix et un siége à l'Assemblée nationale.

Le député de Rennes appartient à la majorité. Il a voté pour le transfert de la chambre à Versailles; il a été favorable aux propositions relatives aux préliminaires de paix et au projet de loi municipale.

BIENVENÜE — *Finistère.* — Élu le troisième sur la liste des treize députés du Finistère, M. Bienvenüe est un avoué fort estimé de Morlaix. Il siégeait déjà au Conseil général du Finistère. Il vote souvent avec la droite. Dans la discussion du projet de loi sur les loyers, le 19 avril, M. Bienvenüe a présenté un amendement qui a été adopté.

BIGOT — *Mayenne.* — M. Bigot, n'a que quarante ans. Il est né à Couptrain, le 18 janvier 1831.

Entré dans la magistrature, M. Bigot franchit rapidement les postes intermédiaires, et fut nommé avocat général à la Cour d'Angers. Quelques jours après le 4 septembre, il donna sa démission et reprit les fonctions d'avocat au barreau de cette ville.

On a de lui entr'autres travaux, deux remarquables discours prononcés à la rentrée de la Cour d'Angers. Le premier était consacré à l'éloge de Prévot, professeur de droit et avocat général au Présidial d'Angers. Le second avait pour titre : *Essai sur l'histoire du droit en Anjou.*

BILLOT (**général**) — *Corrèze.* — Le général Billot est dans les rangs de la gauche républicaine. Après avoir pris une part active à la campagne contre la Prusse, à l'exemple de plusieurs autres généraux, MM. Chanzy, Loysel et Mazure, il a voté contre les préliminaires du traité de paix, signés à Versailles le 26 février 1871. Lors de la discussion sur le transfert de l'Assemblée, il a voté pour Versailles.

BILLY — *Meuse.* — A été élu le troisième sur la liste des six députés de la Meuse. Il appartient à la gauche républicaine et il est le seul des représentants de ce département qui figure dans cette réunion. Il a voté contre le traité de paix et pour le transfert de l'Assemblée à Versailles.

BLANC (**Louis**) — *Seine.* — Le célèbre député de Paris est né à Madrid vers 1814, d'une famille française. Son père remplissait dans cette capitale, où gouvernait alors Joseph Bonaparte, les fonctions d'inspecteur général des finances. De Rodez, où il venait de terminer ses études, M. Louis Blanc se rendit dans ce Paris qui devait un jour l'appeler à l'honneur de siéger à la chambre, mais où il débuta sans fortune, en qualité de professeur et de clerc d'avoué. Il vécut ensuite pendant deux ans à Arras, chez un grand industriel de cette ville pour y surveiller l'éducation de ses enfants. Le

Propagateur du Pas-de-Calais lui ouvrit ses colonnes, et il y publia divers articles politiques et littéraires. Sa réputation commença lorsqu'il fit paraître son écrit sur l'*Organisation du travail*. Son *Histoire de dix ans* eut un succès remarquable. Les brillants systèmes, disons mieux, les utopies, qu'il développa avant 1848, en faveur des classes ouvrières, le rendirent populaire. Aussi, lorsque la révolution éclata fut-il acclamé membre du gouvernement provisoire par la foule, maîtresse de l'Hôtel-de-Ville.

Il fit établir au palais du Luxembourg la *Commission du gouvernement pour les travailleurs* et en devint même le président. Nommé aux élections d'avril 1848, le 29e sur 34, il siégea très-peu de temps à l'Assemblée constituante. M. Louis Blanc dut se dérober aux poursuites intentées contre lui après les sanglantes journées de juin. Quoiqu'il n'eût point de preuves en main, le gouvernement l'en rendit responsable. Mais il parvint à gagner la Belgique sans inconvénient, et retiré ensuite en Angleterre, il y continua ses travaux de publiciste. Plusieurs journaux, et notamment *le Temps*, ont inséré dans leurs colonnes des lettres remarquables émanant de la plume de cet écrivain. Son *Histoire de la Révolution*, dont le douzième et dernier volume a paru en 1862, est une œuvre capitale qui l'a placé au rang des premiers historiens de notre époque. A la Chambre, où il siége naturellement au sein de la gauche radicale, il est appelé à jouer un grand rôle dans les discussions. Comme la plupart des députés dont il partage les opinions, il était partisan de la guerre à outrance ou d'un traité de paix qui laissât intact notre territoire.

M. Louis Blanc s'est marié à Brighton, où il a épousé une Anglaise, le 25 octobre 1865.

BLAVOYER (Joseph-Arsène) — *Aube* — est né à Troyes en 1815. Il fit ses études classiques au collége de sa ville natale et suivit à Paris les cours de l'école de droit, puis revint dans sa famille, pour se livrer comme elle à l'agriculture dans ses propriétés de Bourguignon-Faulx. En 1848, M. Blavoyer fut nommé représentant à l'Assemblée par 26,674 voix. En 1871, ses compatriotes l'ont également choisi pour représentant par 27,675 suffrages. Dès 1848, M. Lesaulnier, dans sa *Biographie des 900 députés*, portait sur M. Blavoyer le jugement suivant : « Homme de bien et d'intelligence, il a toujours apporté dans la vie privée les sages et utiles exemples qu'il est appelé aujourd'hui à reproduire dans sa carrière politique. Doué d'un vrai libéralisme, qui lui avait conquis les sympathies de ses concitoyens, républicain modéré mais consciencieux, exempt d'ambition (car il n'a jamais brigué les honneurs et les emplois), ayant fait de ses idées une application constante, comprenant par conséquent les besoins des classes moyennes, il justifiera merveilleusement le choix et la confiance de ses concitoyens. » M. Blavoyer vote ordinairement avec la droite. C'est ainsi qu'il s'est prononcé récemment en faveur de la loi relative à l'état de siége.

BLIN DE BOURDON (Le vicomte) — *Somme.* — Petit-fils de l'ancien député du même nom, le vicomte Blin de Bourdon n'a que trente-trois ans. Il parcourt dès sa jeunesse toute l'Europe, une partie de l'Asie, de l'Afrique et de l'Amérique du Nord. Il se dirige en 1867 vers l'Amérique du Sud, et après avoir franchi deux fois la chaîne des Andes, dans le Pérou et la Colombie, il pénètre au milieu des forêts vierges et des peuplades Indiennes du Brésil, et explore toute la vallée des Amazones.

Volontaire dans les gardes mobiles, lors de nos premiers désastres, il fut nommé capitaine dans le bataillon de Doullens.

Il a pris part aux différents combats de l'armée du Nord, sous le général Faidherbe, et a été blessé d'un coup de feu, le 12 octobre.

BOCHER — *Calvados* — est dans sa soixantième année. Il fut d'abord préfet du Gers. En 1840, des troubles étant survenus à Toulouse, il fut chargé d'aller les calmer et s'acquitta parfaitement de cette mission délicate. Son tact administratif lui conquit une grande popularité dans le Calvados pendant les six années, 1842 à 1848, qu'il y remplit les fonctions de préfet. Aussi fut-il nommé député par ce département en 1849. Il se distingua au sein du Corps législatif comme rapporteur et fixa l'attention de la chambre par ses importantes discussions. C'est M. Bocher qui fut choisi par Louis-Philippe pour administrer les biens de la famille d'Orléans.

BODUIN — *Nord* — est né à Valenciennes. Ancien notaire, et chargé pendant longtemps des intérêts de la grande compagnie d'Anzin, M. Boduin est entré dans la vie politique aux dernières élections au Corps législatif. Il eut pour concurrent d'abord M. d'Havrincourt ; puis, au scrutin de ballotage, M. Félix Dehaynin. M. Boduin l'emporta. Ami de M. Thiers et de M. Lambrecht, tous les deux administrateurs des mines d'Anzin, M. Boduin siège à la droite de l'Assemblée.

BOIS-BOISSEL (Anne-Marie-Hyacinthe, comte de) — *Côtes-du-Nord.* — Ancien élève de la célèbre école de Sorèze, le comte de Bois-Boissel est né de parents bretons à Alby (Tarn), où son père remplissait les fonctions d'ingénieur en chef du cadastre. L'honorable député des Côtes-du-Nord a cinquante et un ans. Il a rempli d'abord les fonctions de juge suppléant à Sainte-Ménehould, puis de juge d'instruction à Chinon. Nommé juge d'instruction à Guingamp (Côtes-du-Nord), il fait partie depuis vingt ans du conseil municipal de cette ville et était en outre conseiller général des Côtes-du-Nord, lorsque le grand nombre de voix qu'il obtint dans ce département le firent nommer député aux dernières élections.

BOISSE (**Adolphe**) — *Aveyron* — est né le 16 septembre 1810 à Rodez, où son père, son aïeul et son bisaïeul avaient rempli les fonctions de procureur du roi.

Il est ingénieur civil, membre fondateur et président de la Société des lettres, sciences et arts de l'Aveyron, vice-secrétaire de la Société centrale d'agriculture de ce département, membre de l'Institut des provinces, de la Société géologique de France et de la Société parisienne d'histoire et d'archéologie.

Admis à l'École royale des mines en 1832, il en sortit en 1835 et remplit les fonctions de directeur des mines de Carmaux, de 1836 à 1853. Il y a joint, de 1853 à 1857, les fonctions de directeur général des chemins de fer de Carmaux à Alby. Les années 1857 à 1865 ont été remplies par divers travaux scientifiques et des missions en France et à l'étranger.

Les travaux scientifiques de M. Boisse lui ont valu des distinctions et des récompenses. Ils se divisent en travaux écrits : Mémoires, descriptions, comptes-rendus ; et en inventions.

BOMPART — *Meuse.* — M. Bompart a occupé, dans les jours difficiles de l'invasion, le poste de maire de Bar-le-Duc. Il est président de la chambre de commerce de cette ville. Les électeurs de la Meuse ne pouvaient remettre en de meilleures mains le mandat de représentant ; et l'estime dont il jouit l'a fait nommer le premier sur la liste des six députés de la Meuse. — M. Bompart a voté pour les préliminaires du traité de paix ; mais il n'a pas cru devoir approuver l'échange de territoire proposé dans le traité définitif, signé à Francfort.

BONALD (**le vicomte de**) — *Aveyron.* — M. le vicomte de Bonald habite le château du Monna, dans l'arrondissement de Milhau (Aveyron). Il appartient à la célèbre famille de Bonald, également originaire de l'Aveyron. Le représentant à l'Assemblée a été nommé le troisième sur la liste des huit députés de l'Aveyron. Il a obtenu 59,563 voix. — M. le vicomte de Bonald vote avec la majorité.

BONDY (**François-Marie Taillepied comte de**) — *Indre*. — Ancien préfet, ancien pair de France, est né à Paris le 23 avril 1802. Il est le fils du comte de Bondy, ancien préfet de la Seine.

Reçu à l'Ecole polytechnique en 1822, le comte de Bondy entra dans l'artillerie, mais il ne tarda pas à donner sa démission. Nommé en 1830 préfet de la Corrèze et en 1833 préfet de l'Yonne, il a fait aussi partie du Conseil d'État. En 1841 il fut élevé à la pairie et siégea au Luxembourg jusqu'à la révolution de 1848. M. le comte de Bondy possède aux environs du Blanc une grande propriété. C'est un esprit sage et modéré. Il a fait partie du Conseil général. Ses deux fils ont pris une part honorable à la guerre contre la Prusse ; ils ont été décorés pour leur belle conduite.

Le département de l'Indre l'a nommé, le second sur la liste, représentant à l'Assemblée nationale.

BONNET (**Adrien**) — *Gironde* — né à Bordeaux le 29 août 1820. Président de la Société d'agriculture de la Gironde, de 1862 à 1868. Président de la Société des amis des arts. — Nouveau venu dans une assemblée parlementaire, M. Adrien Bonnet est un esprit libéral et conservateur.

BOREAU-LAJANADIE — *Charente*. — Conseiller à la cour de Bordeaux, M. Boreau-Lajanadie a fait partie du conseil général de la Charente pour le canton Sud de Confolens. Lors des dernières élections, il figura le second sur la liste, avec 52,521 suffrages. — Il fait partie de la réunion Féray, qui forme dans l'Assemblée actuelle une espèce de tiers-parti.

BOTTARD (**Alphonse**) — *Indre* — est âgé d'environ cinquante ans. Ancien avoué à Châteauroux et aujourd'hui avocat distingué au barreau de cette ville, M. Bottard est un homme nouveau en politique. Il a voté en faveur du projet de loi relatif aux préliminaires de paix et fait partie des membres de la réunion Feray. C'est un esprit libéral.

BOTTIEAU (**Emile**) — *Nord.* — M. Bottieau, qui siége avec distinction à la cour de Douai, en qualité de conseiller, n'a encore fait partie d'aucune assemblée parlementaire. Il est né le 29 septembre 1822. Les éminents services qu'il a déjà rendus comme magistrat donnent l'assurance que l'honorable député du Nord pourra prêter un très-utile concours à la chambre dans les circonstances difficiles où elle est appelée à délibérer.

M. Bottieau vote avec la majorité.

BOUCHER (**H.**) — *Morbihan* — est né à Rostrenen (Côtes-du-Nord) le 4 septembre 1827. Cet honorable député exerce la profession de banquier à Pontivy (Morbihan), où il a rempli en outre les fonctions de maire depuis le mois de juillet 1869.

BOUILLÉ (**comte de**) — *Nièvre.* — M. le comte de Bouillé, officier de la Légion d'honneur, vice-président de la Société des agriculteurs de France, est un de nos agronomes les plus renommés. Grand lauréat des concours généraux et universels de France et d'Angleterre, il a puissamment contribué au progrès agricole. Il est frère du général de Bouillé et cousin du marquis de Bouillé, ambassadeur près la cour d'Espagne.

M. de Bouillé fait partie de la majorité et a toujours été favorable aux diverses propositions tendant à ramener au sein du pays le calme et la prospérité.

BOULLIER DE BRANCHE — *Mayenne.* — Quoique M. Boullier de Branche figure le dernier sur la liste des sept représentants de la Mayenne, il a obtenu presque autant de suffrages que M. de Vauguyon, à qui les électeurs de la Mayenne ont accordé 62,974 voix. M. Boullier de Branche en a obtenu 60,751. Il est du reste à ses débuts dans nos Assemblées, et il y représentera, nous en avons l'intime conviction, les principes d'ordre s'appuyant sur un libéralisme éclairé. Les votes émis jusqu'aujourd'hui par M. Boullier de Branche sont tout à fait dans ce sens.

BOUISSON (**Étienne-Frédéric**) — *Hérault* — est né à Mauguio (Hérault) le 14 juin 1813. Après avoir terminé ses études de médecine, il débuta dans l'enseignement, à la suite d'un concours, comme professeur de physiologie à Strasbourg. Devenu professeur de chirurgie à Montpellier en 1840, il succéda au docteur Lallemand comme chirurgien en chef des hôpitaux de cette ville.

Auteur de plusieurs ouvrages renommés et de traités remarquables sur la médecine, dont un fut couronné par l'Institut, M. Bouisson fonda à Montpellier le *Journal de la Société de médecine pratique* et le *Montpellier médical*. Choisi comme correspondant de l'Institut (Académie des sciences) et associé national de l'Académie de médecine de Paris, il fut élu dans la ville qu'il habite membre du Conseil municipal en 1860, 1865 et 1870.

M. Bouisson est officier de la Légion d'honneur et chevalier de l'ordre de Charles III d'Espagne.

BOULLIER (**Auguste**) — *Loire.* — Fils d'un ancien maire de Roanne qui était aussi conseiller général de la Loire, M. Auguste Boullier est né dans cette ville en 1833. C'est tout à la fois un riche propriétaire et un publiciste distingué. Ses nombreux voyages dans les différentes parties de l'Europe et en Asie, ses divers séjours en Italie, en Allemagne et en Angleterre lui ont fourni la matière d'ouvrages importants qu'il a écrits en homme qui possède la sûreté du coup d'œil dans les appréciations et l'élégance du style. Il a en outre publié des articles dans divers journaux, entr'autres le *Correspondant* de Paris et fait paraître un grand nombre de brochures sur les intérêts financiers et économiques de son département. L'*Histoire des ducs de Bourbon* lui valut le deuxième prix Gobert à l'Académie, au concours 1869-1870.

Son talent joint à son influence locale et à celle de sa famille devaient naturellement fixer l'attention des électeurs de l'arrondissement de Roanne. Aussi M. Boullier a-t-il été élu à une très-forte majorité.

BOURGEOIS — *Vendée.* — Médecin et membre du conseil général de la Vendée, M. Bourgeois est né en 1827. Il habite la Verrie où il exerce les fonctions de maire. C'est un homme très-estimé dans son arrondissement à cause de son caractère et de ses opinions. Il a obtenu près de 60,000 voix aux élections. Il a voté avec la droite depuis l'ouverture de la session législative.

BOYER (Ferdinand) — *Gard* — âgé de quarante-cinq ans. Il est le fils du célèbre avocat Boyer, une des lumières du barreau de Nîmes, et l'un des chefs les plus dévoués du parti légitimiste.

M. Ferdinand Boyer est un homme de talent. Il a été bâtonnier de l'ordre des avocats de la cour de Nîmes et assistait, en cette qualité, au convoi de Berryer. Avant de faire partie de l'Assemblée, il a prouvé souvent par les articles qu'il a insérés dans les journaux de sa localité, et spécialement dans la *Gazette de Nîmes*, qu'il sait penser et écrire.

M. Boyer est légitimiste comme M. Benoist d'Azy, son honorable collègue du Gard ; il vote par conséquent avec la majorité ; il prend part en outre aux délibérations qui ont lieu à la réunion de la rue des Réservoirs.

BOZÉRIAN (Jules-François-Jeannotte) — *Loir-et-Cher.* — A la fois publiciste et avocat distingué, c'est un des membres de l'Assemblée dont les lumières et les principes rendront le plus de services à la France dans les circonstances actuelles.

M. Bozérian est âgé de quarante-cinq ans. Il est né à Paris où il fut d'abord avocat à la Cour. Il est aujourd'hui avocat au Conseil d'État et à la Cour de cassation. Sa réputation au barreau est de notoriété publique. C'est lui qui a soutenu la plupart des pourvois dans les affaires célèbres en ces dernières années, et notamment ceux de Lapommeraye et de Tropmann. C'est lui encore qui fut choisi comme défenseur de la famille Lesurques lors de la demande en révision portée devant la Cour suprême.

Dans les loisirs que lui laissait sa profession d'avocat, M. Bozérian s'est occupé de travaux juridiques sur les questions de propriété industrielle, de brevets d'invention et sur les questions de Bourse. Il a publié en 1860, à l'occasion du procès des agents de change de Paris contre les coulissiers, un livre fort intéressant et qui a eu une grande vogue. Cet ouvrage tout à la fois de droit et d'économie politique a pour titre : *La Bourse, ses opérateurs et ses opérations.*

Avant d'être député, M. Bozérian avait été conseiller général de Loir-et-Cher pendant dix ans, 1861 à 1870. Il fut le premier candidat non officiel élu sous l'empire dans ce département.

BRABANT — *Nord* — ancien maire de Cambrai, est né en 1814. M. Brabant n'avait point de passé politique, mais l'influence dont il jouit au sein du pays qu'il habite, ont été d'un grand poids aux yeux de ses électeurs. Si l'on ajoute à cela une carrière remplie d'une manière honorable, on comprendra quel a été le mobile qui a déterminé les habitants du Nord à accorder à cet honorable représentant plus de 200,000 suffrages.

M. Brabant ne fait partie d'aucune des réunions particulières formées à Versailles en dehors de l'Assemblée. Il vote avec la majorité.

BRAME (Jules) — *Nord* — est né à Lille le 29 juillet 1808. Ses études classiques terminées il alla étudier le droit à Paris où il fut reçu licencié. Il entra vers 1836 au Conseil d'État en qualité d'auditeur et devint maître des requêtes en 1840. Les trois cantons de Cysoing, d'Orchies et de Tourcoing l'élurent en 1837 membre du conseil général du Nord. Sa carrière parlementaire a commencé en 1857 et là, comme au sein du Conseil général, il se fit constamment remarquer par sa compétence dans les questions administratives et politiques. Il a fait partie de plusieurs commissions importantes. C'est lui qui fut chargé de rédiger le rapport sur le projet de loi des 40 millions destinés à améliorer le matériel de l'industrie; il s'est toujours montré à la Chambre son zélé défenseur et a aussi constamment plaidé en faveur de l'agriculture.

M. Brame a fait partie du ministère institué au commencement de la guerre sous la régence. Il vote avec la majorité.

BRETON (Paul) — *Isère*. — M. Breton, né à Grenoble en 1806, dirige une importante fabrique de papier au Pont de Claix. Il a été élu le quatrième sur la liste des douze députés de l'Isère. Nouveau venu dans nos Assemblées, M. Breton a été envoyé à la Chambre par l'élément républicain de son département. Il partage les opinions de la gauche en général; mais il s'en est séparé dans plusieurs propositions importantes. M. Breton a voté pour la paix. Il fait partie de la réunion du Jeu de Paume.

BRETTES-THURIN (Auguste. comte de) — *Haute-Garonne* — est né à Toulouse en 1829. C'est un riche propriétaire du Midi et un homme fort distingué. Il passe pour être très-libéral, quoiqu'il soit profondément attaché au comte de Chambord. Il vote naturellement avec la droite et a figuré parmi les députés qui ont présenté le projet de loi ayant

pour objet l'abrogation des lois du 10 avril 1832 et du 26 mai
1848, concernant les princes de la maison de Bourbon, projet
de loi adopté, on le sait, à une très-forte majorité.

M. le comte de Brettes-Thurin prend part aux délibérations
de la réunion des Réservoirs.

BREUIL DE SAINT-GERMAIN (Albert du) —
Haute-Marne. — M. du Breuil de Saint-Germain appartient
au parti conservateur. Il s'est toujours tenu à l'écart de la
politique sous l'Empire. Il fait partie, avec M. le comte de
Beurges, son collègue de la Haute-Marne, de la réunion des
Réservoirs. Il a voté pour la paix, le transfert de l'Assemblée
à Versailles, l'état de siége, etc., et dernièrement pour l'abrogation des lois d'expulsion prononcées autrefois contre les
princes de la maison de Bourbon. M. du Breuil de Saint-
Germain est âgé de quarante-neuf ans. Ancien sous-préfet,
il a quitté les fonctions administratives pour devenir simple
propriétaire. Il a fait la campagne contre les Prussiens en
qualité de capitaine de mobiles.

BRICE (Marc-Antoine) — *Meurthe* — âgé de soixante-
cinq ans, est né à Champigneulles, à cinq ou six kilomètres
de Nancy. Cultivateur et raffineur de sucre dans cette localité,
il a vu son industrie suspendue, ses propriétés envahies par
les Prussiens. M. Brice jouit d'une grande considération dans
son arrondissement. Il est vice-président de la Société centrale d'agriculture de Nancy. Il a été nommé des premiers
sur la liste des députés de la Meurthe. Comme la plupart des
représentants des départements qui ont eu à souffrir de l'invasion, il a voté contre la paix. Il siége à la gauche et fait
partie de la réunion républicaine du Jeu de Paume.

BRICE (René) — *Ille-et-Vilaine* — est né à Rennes le
23 juin 1839. Docteur en droit et avocat près la Cour d'appel
de cette ville, il fut nommé sous-préfet de Redon le 6 sep-

tembre dernier. Dans le but de demeurer éligible, il donna sa démission le lendemain de la promulgation du premier décret convoquant les électeurs. Il rentra à Rennes où il faisait partie du Conseil municipal. Il fut élu membre de la Commission municipale et adjoint au maire le 25 septembre 1870, fonctions qu'il conserva jusqu'en janvier 1871. A cette époque le maire de Rennes ayant donné sa démission, M. Brice le suivit dans sa retraite.

BRIDIEU (François-Henri-Antoine, marquis de) — *Indre-et-Loire.* — Il est né le 7 janvier 1804 à Loches (Indre-et-Loire). Il a été secrétaire général du Calvados jusqu'en juillet 1830 et conseiller général du département d'Indre-et-Loire depuis 1848.

Le marquis de Bridieu, député d'Indre-et-Loire à l'Assemblée nationale, a soutenu en 1858 une lutte très-vive contre la candidature officielle de M. Mame, maire de Tours. Dévoué par conviction religieuse aux intérêts populaires qu'il a favorisés autour de lui par le développement du travail autant que par son influence morale, il n'a pris part aux événements politiques de notre temps que dans un but d'ordre et de conciliation.

BRIGODE (de) — *Nord.* — Agé de 57 ans. A combattu dans l'armée de Faidherbe comme chef de bataillon de mobiles. Il a obtenu dans le Nord plus de 200,000 suffrages. M. de Brigode n'appartient à aucune réunion. Il vote généralement avec la majorité.

BRISSON (Henri) — *Seine* — est né, croyons-nous, à Bourges (Cher). Comme pour M. Baragnon son confrère dans le journalisme, c'est la révolution du 4 septembre qui a fait entrer M. Brisson dans la vie politique. C'est dans le journal le *Temps* qu'il a d'abord affirmé ses opinions libérales. Il a passé ensuite à l'*Avenir national.* Pendant le siége, M. Henri

Brisson était maire d'un des arrondissements de Paris. Il s'est démis de ses fonctions après le 31 octobre, à la suite de l'émeute provoquée par Flourens et autres. Nommé représentant à l'Assemblée nationale, M. Henri Brisson a pris place dans les rangs de la gauche radicale.

BROËT (**Louis-Auguste**) — *Ardèche* — né le 31 décembre 1811, à Bourg-Saint-Andéol (Ardèche). Son éducation terminée, il se rendit à Paris, comme publiciste, entra dans l'école Saint-Simonienne et dans la rédaction du *Journal des Débats*, où il traitait plus particulièrement et avec talent les questions de finances et d'économie politique, ce qui le fit remarquer et admettre comme secrétaire de la commission supérieure du chemin de fer Paris-Lyon-Méditerranée, présidée par M. Talabot.

Il a été décoré sous le ministère Guizot, comme ayant traité dans le *Journal des Débats*, et avec une grande distinction, la question du Sonderbund suisse.

Rentré dans ces dernières années dans la vie privée, à la tête d'une belle fortune, dont il a fait et continue à faire un noble usage envers les malheureux, il a contracté mariage avec Mlle de La Grenée, fille de feu M. de La Grenée, notre ancien ambassadeur en Chine.

M. Broët est chevalier de la Légion d'honneur.

BROGLIE (**Jacques-Victor-Albert, duc de**) — *Eure.* — Fils aîné de l'homme d'Etat qui s'est rendu si célèbre sous Louis-Philippe, il naquit à Paris le 13 juin 1821. Il débuta de bonne heure dans la littérature où, comme son père, il occupa bientôt une place distinguée. Ses premiers travaux furent publiés dans la *Revue des Deux-Mondes*. Il devint ensuite un des principaux rédacteurs du *Correspondant* et aborda successivement les questions politiques et religieuses, l'administration, l'histoire et la philosophie.

Les premiers écrits du duc de Broglie ont été réunis en un

volume qui a pour titre : *Études morales et littéraires*. Il fit paraître en 1860 : *Une réforme administrative en Algérie*, brochure qui fixa l'attention publique. Il écrivit la même année : *Questions de religion et d'histoire* ; en 1861 : la *Souveraineté pontificale et la liberté*, et trois ans après : la *Liberté divine et la liberté humaine*. Mais son plus beau titre de gloire littéraire est son histoire en six volumes intitulée : l'*Église et l'Empire romain au IVe siècle*. M. de Broglie avait publié dès 1846 une traduction du *Système religieux de Leibnitz*.

Marié en 1845 à Mlle Pauline-Eléonore de Galard de Béarn, il a eu cinq fils dont l'aîné, âgé de vingt-cinq ans, vient de se distinguer sous les murs de Paris par le courage dont il a fait preuve au milieu des combattants appartenant à l'armée de Versailles.

M. le duc de Broglie n'avait jusqu'ici appartenu à aucune assemblée. La Chambre actuelle trouverait en lui un défenseur dévoué des doctrines catholiques et des principes de libéralisme constitutionnel, si le poste éminent qu'il occupe à Londres où il est ministre plénipotentiaire de France, ne le tenait éloigné de Versailles. Il a pu assister cependant aux discussions relatives à la loi municipale et émettre un vote affirmatif.

L'éminent député du département de l'Eure avait été secrétaire d'ambassade avant 1848. Il a été élu membre de l'Académie française en remplacement du P. Lacordaire, le 20 février 1862. Il obtint alors une majorité de 22 voix sur 29.

BRUN (**Charles**) — *Var* — né à Toulon en 1821, est ingénieur de la marine. Dans le département du Var, où la liste démocratique a passé tout entière, M. Charles Brun a obtenu le plus grand nombre de suffrages. Il siége sur les bancs de la gauche et fait partie de la réunion du Jeu de Paume. M. Charles Brun a voté contre la paix. Il n'a pas pris part au scrutin sur le projet de loi tendant à déclarer inaliénables les propriétés publiques ou privées soustraites à

Paris depuis le 18 mars. Il a voté contre l'abrogation des lois d'exil.

BRUN (**Lucien**) — *Ain* — né à Gex, avocat à Lyon. Il occupe une place distinguée au barreau de cette ville et a été élu bâtonnier de l'ordre. M. Brun a la parole facile ; ses discours annoncent un homme doué d'un grand jugement. Il est encore jeune et pourra sans doute jouer un rôle important à la tribune. Quant à ses opinions, elles sont modérées. Il a voté toutes les propositions importantes présentées à l'Assemblée. Il fait partie de la réunion des Réservoirs.

BRUNET (**Jean-Baptiste**) — *Seine* — appartient à la gauche radicale. Il est né à Limoges en 1812 d'une famille de commerçants. Entré à l'Ecole polytechnique il en sortit lieutenant d'artillerie et fit plusieurs campagnes en Afrique. En 1848 il fut nommé représentant à l'Assemblée nationale et prit place dans les rangs de la gauche. En 1851, M. Brunet quitta la carrière militaire. Il a publié divers ouvrages sur l'Algérie et sur les armes spéciales, entr'autres une *Histoire générale de l'artillerie*. Pendant le siége de Paris il a écrit dans le journal le *Siècle* plusieurs articles de critique militaire.

BRYAS (**Charles-Marie, comte de**) — *Pas-de-Calais.* — Fils de M. le comte de Bryas, ancien colonel de cavalerie et député du Pas-de-Calais sous la Restauration, le comte Charles-Marie de Bryas est né à Paris le 3 octobre 1820. Propriétaire et agriculteur dans le canton de Saint-Pol, il fut d'abord élu conseiller général du Pas-de-Calais en 1848, puis nommé représentant du peuple dans le même département en 1849. Ses services comme secrétaire au sein des commissions et dans les bureaux du Corps législatif à cette époque, sa compétence dans les questions agricoles et industrielles, son dévouement à l'égard des classes laborieuses, l'impulsion qu'il donna aux chemins de fer du Pas-de-Calais furent autant de titres qui lui procurèrent une forte majorité aux dernières élections dans ce département. Le comte de Bryas a obtenu 140,000 voix.

BUÉE (Jean-Louis) — *Seine-Inférieure* — né le 15 mai 1811. Ancien notaire et ancien conseiller d'arrondissement, M. Buée a été élu conseiller général pour le canton d'Elbeuf, le 12 juin 1870. Maire de cette ville et officier de la Légion d'honneur, il jouit de la plus grande considération dans son arrondissement.

M. Buée a déjà rendu de grands services au sein des commissions. Esprit libéral et éclairé, il a cru utile d'appuyer le gouvernement depuis l'ouverture de la session législative.

BUFFET (Louis-Joseph) — *Vosges.* — Il est né à Mirecourt le 26 octobre 1818. Il exerça la profession d'avocat avant d'être député. Elu à la Constituante, M. Buffet devint ministre du commerce et de l'agriculture après l'élection de Louis Napoléon à la présidence. Il quitta ces fonctions lorsque ses mandataires l'envoyèrent siéger à l'Assemblée législative et les occupa de nouveau en 1851, pendant quelques mois seulement. Il n'était plus que Conseiller général dans son département lorsque les élections de 1863 lui firent reprendre un siége au Corps législatif. Il employa surtout son talent, au sein de l'Assemblée, à combattre le système des emprunts. Aux élections de 1869 il obtint 24,000 voix sur 25,000.

Adversaire déclaré du parti socialiste, M. Buffet est toujours un conservateur profondément libéral. On se rappelle qu'il fut l'un des ardents promoteurs de la fameuse demande d'interpellation dite des *116* qui provoqua le projet de sénatus-consulte tendant à faire revivre le gouvernement parlementaire. En ces derniers temps, il a approuvé la translation de l'Assemblée à Versailles. Il a également voté en faveur du projet relatif à la loi municipale.

BUISSON (Jules) — *Aude* — né à Carcassonne en 1822. Comme son homonyme de la Seine-Inférieure, M. Jules Buisson appartient à l'opinion conservatrice libérale. Il a été nommé le premier des députés de son département. Il fait partie de la réunion Saint-Marc-Girardin.

BUISSON (Auguste-François) — *Seine-Inférieure* — né le 21 novembre 1812, a fait partie de la dernière Assemblée législative. M. Buisson exerce la profession d'avocat. Il a été élu membre du Conseil général de la Seine-Inférieure en 1852, et il a conservé ces importantes fonctions jusqu'en ces derniers temps.

M. Buisson est un conservateur libéral. Il a voté pour la paix. Il fait partie de la réunion Saint-Marc-Girardin. Des seize candidats nommés dans la Seine-Inférieure, il a été élu le troisième et a obtenu 76,527 suffrages.

BUSSON-DUVIVIERS — *Sarthe.* — Il est né le 28 juin 1832 à Courdemanche (Sarthe). Envoyé à Paris pour terminer ses études au collége Louis-le-Grand, il suivit ensuite les cours de l'École de droit. Après avoir obtenu le diplôme de licencié et fini son stage comme avocat, il retourna dans son pays natal où il s'occupa d'agriculture et de l'étude des questions administratives.

M. Busson-Duviviers fut élu deux fois conseiller général dans le canton qu'il habite. Aux élections législatives du mois de mai 1869 il échoua à une faible minorité contre M. le prince de Beauvau, candidat patroné par l'administration. Mais aux dernières élections il fut l'un de ceux qui obtinrent le plus de suffrages dans le département de la Sarthe.

C

CAILLAUX (Eugène) — *Sarthe* — âgé de 48 ans, est né à Orléans. C'est un des meilleurs choix que pouvait faire le département de la Sarthe pour le représenter à l'Assemblée nationale.

Chevalier de la Légion d'honneur, membre de la Société d'économie politique, ancien élève de l'École polytechnique, M. Caillaux remplissait avec talent le poste d'ingénieur des ponts et chaussées, lorsque les suffrages de ses concitoyens l'ont envoyé à la Chambre.

M. Caillaux est sans antécédents politiques, mais c'est un homme jeune, doué d'une remarquable activité, d'une merveilleuse aptitude pour le travail, sachant s'assimiler toutes les questions, même les plus ardues, et ne craignant pas de parler en public.

Au reste, comme ingénieur de la Compagnie des chemins de fer de l'Ouest, M. Caillaux est un homme des plus distingués : on lui doit la construction de plusieurs voies ferrées dans la Mayenne et jusque dans l'Anjou, entr'autres la construction du chemin de fer d'Angers au Mans.

Comme citoyen, M. Caillaux n'est pas moins recommandable ; membre du Conseil municipal de la ville du Mans, il a rendu à cette ville les plus signalés services ; dernièrement encore, pendant l'occupation prussienne, c'est grâce à ses réclamations et à son insistance que la contribution de guerre imposée à la ville du Mans, a été réduite d'abord de 4 à 2 millions puis à 1,500,000 francs.

En politique, M. Caillaux passe pour être conservateur libéral, libre-échangiste et décentralisateur.

CALEMARD DE LA FAYETTE (Gabriel-Charles) — *Haute-Loire* — naquit au Puy (Haute-Loire) le 9 avril 1815,

d'une ancienne famille de magistrats et de militaires bien
connue en Auvergne, dans le Forez et dans le Velay, dès le
commencement du xvi⁰ siècle. Son père et son oncle ont été
successivement députés de la Haute-Loire, membres et présidents des colléges électoraux et du Conseil général de la
Haute-Loire.

Après de brillantes études littéraires, Charles Calemard de
La Fayette suivit les cours de droit, tout en se livrant en
même temps avec succès à des travaux de poésie, d'art et de
littérature. A vingt ans il publia une traduction en vers de
l'*Enfer* du Dante, qui fut signalée avec éloge dans la *Revue
des Deux-Mondes* et obtint le suffrage des meilleurs maîtres;
il donna ensuite une collaboration assidue à plusieurs revues
importantes, puis fut désigné par ses aptitudes spéciales pour
la critique d'art à l'attention de la Société des Beaux-Arts.
Pendant trois ans il en resta le secrétaire général et publia
en son nom plusieurs travaux très-appréciés. Le jeune écrivain commençait à se faire un nom et à prendre rang parmi
la génération littéraire, quand tout à coup il quitta Paris
et se retira dans ses terres de la Haute-Loire pour se vouer
sur ses domaines à d'utiles entreprises de transformations
agricoles. Là, sans l'avoir cherché, il trouva le renom dans
l'obscurité et la poésie de la solitude.

Ses divers travaux agricoles, ses défrichements, ses cultures nouvelles, tous ses essais ont été étudiés, imités et toujours loués et admirés par les juges compétents.

Peu content de ne prêcher d'exemple que dans la région
qu'il habitait, il s'efforça bientôt de répandre au delà les connaissances dont il avait enrichi son pays.

Membre de la Société départementale d'agriculture de la
Haute-Loire, il en fut nommé président en 1856, et lui consacra dès lors une grande part de son activité et de son dévouement; plus que tout autre, il contribua dans la Haute-
Loire à la multiplication des fourrages, à l'amélioration du
bétail, à la propagation des meilleures semences et des ins-
truments perfectionnés; aussi, en 1867, lorsque la croix de

la Légion d'honneur lui fut décernée en récompense de tant de services, le sentiment public exprima son adhésion par une explosion de sympathie unanime.

Tout en se donnant corps et âme à l'agriculture, l'écrivain et le poète ne renonça point à ses habitudes intellectuelles. Les études économiques et agricoles lui fournirent le sujet de publications importantes : il écrivit de nombreux mémoires relatifs à ces études, il inséra bon nombre d'articles dans les *Annales de la Société du Puy*, il fit paraître une *Étude d'Économie agricole*, mais il ne négligea pas les travaux plus spécialement littéraires.

En 1852, il publia une œuvre de poète et de penseur, un livre intitulé : *Dante, Machiavel, Michel-Ange*, résumé de longs et consciencieux travaux sur la poésie, la politique et la littérature en Italie ; mais l'ouvrage qui restera son titre littéraire le plus sérieux, c'est le *Poème des champs*. Il parut en 1860, fut loué de main de maître par Sainte-Beuve et salué avec raison par l'éloge à peu près unanime des meilleurs juges. Ce poème nous donne, comme l'a dit M. Villemain, des géorgiques françaises, géorgiques inspirées à un poète d'un grand cœur par le sentiment vrai des beautés de la nature, rendues avec un amour infini et un talent vraiment rare.

Pour être complet sur les écrits de M. Calemard de La Fayette, citons trois ouvrages : *Petit Pierre*, la *Prime d'honneur* et l'*Agriculture progressive*, qu'il composa pour contribuer à la diffusion de l'instruction et des notions agricoles dans les masses populaires.

Agriculteur, agronome, écrivain, il était encore membre de l'Institut des provinces ; en 1868 il en reçut la grande médaille d'honneur, et en 1869, après avoir toujours pris une large part à la vie active des congrès, il fut appelé à diriger le congrès annuel des sociétés savantes.

Avec la médaille de l'Institut des provinces et la croix de la Légion d'honneur, il a encore reçu la croix de commandeur de l'ordre de Saint-Grégoire-le-Grand.

Outre toutes ces marques et titres de considération, il a

maintes fois obtenu de ses concitoyens les plus honorables suffrages; ainsi, ils lui donnèrent, en 1865, au Conseil général de la Haute-Loire, la place que son père y occupait depuis trente-quatre ans, et aux dernières élections, ils viennent de l'envoyer à la Chambre à une très-forte majorité.

CALLET (Pierre-Auguste) — *Loire* — né à Saint-Étienne le 27 octobre 1812. Il suivit dès son arrivée à Paris la carrière du journalisme et s'y attacha comme rédacteur à la *Gazette de France*. Il écrivit aussi dans l'*Encyclopédie du XIXᵉ siècle*. Après la révolution de février, M. Callet devint représentant du peuple et fit partie de la fraction modérée. Il fut au nombre des proscrits qui passèrent à l'étranger après le 2 décembre. Des brochures publiées par lui sur le gouvernement impérial, lorsqu'il fut rentré en France après l'amnistie, lui valurent une condamnation à l'emprisonnement.

M. Callet est un esprit libéral modéré. Il appartient à la réunion Feray.

CARAYON LA TOUR (Joseph de) — *Gironde* — né à Bordeaux le 10 août 1824, est un des représentants qui ont quitté le champ de bataille pour l'arène politique. Très-riche propriétaire du Midi, agriculteur distingué, lauréat de la prime d'honneur en 1866, M. de Carayon La Tour a pris comme volontaire une part active à la guerre contre la Prusse. Nommé lieutenant-colonel du 89ᵉ de mobiles et décoré de la Légion d'honneur après la bataille de Nuits, il voulut rester à la tête du bataillon de mobiles de Bordeaux qu'il avait formé et qu'il commandait depuis le commencement de la campagne.

Le colonel de Carayon La Tour était interné en Suisse lorsqu'il a su que ses compatriotes, désireux de lui donner un témoignage public d'estime et de confiance venaient de le nommer député de la Gironde par plus de 103,000 suffrages. Sur sa demande, le Conseil fédéral s'empressa de lui accorder l'autorisation de se rendre à Bordeaux.

M. de Carayon La Tour 'est à l'Asssemblée-un des plus fermes soutiens du parti monarchique.

CARBONNIER DE MARZAC — *Dordogne*. — Il habite Bordeaux où il exerce la profession d'avocat. C'est un homme d'un grand mérite, très-estimé non-seulement au palais, mais encore à la ville où il passe pour être d'une rare honorabilité. Il a fait partie du Conseil général de la Dordogne et a rempli successivement au sein de cette assemblée les fonctions de secrétaire et de président.

M. Carbonnier de Marzac vote avec la majorité et assiste aux séances de la réunion des Réservoirs. Le mérite dont il a déjà fait preuve au Palais de justice de Bordeaux s'est aussi manifesté au sein des délibérations de l'Assemblée où l'honorable représentant de la Dordogne a commencé à conquérir par ses lumières et ses travaux la sympathie de ses collègues.

CARION (Antoine-Jules) — *Côte-d'Or* — né à Dijon le 24 novembre 1815. Il se fit connaître dès 1834 par ses principes républicains. Intime ami de James-Demontry, à qui fut confiée l'administration de la Côte-d'Or en 1848, il lui prêta un concours énergique en qualité de sous-commissaire. Nommé préfet de la Haute-Saône le 2 mai 1848, il abandonna les fonctions publiques dès la fin de juin de la même année, pour se consacrer à la défense de la République.

A la suite du coup d'État, M. Carion fut arrêté le 3 décembre à Dijon, transféré au fort d'Ivry, puis expulsé de France, il se fixa en Belgique et se livra au commerce des vins jusqu'au jour où les élections de la Côte-d'Or l'appelèrent *spontanément* à l'Assemblée nationale.

Il compte à l'Assemblée parmi les plus chauds partisans de la gauche républicaine, ainsi que ses votes l'attestent. M. Carion a été élu dans la Côte-d'Or par 37,724 suffrages.

CARNOT (Lazare-Hippolyte) — *Seine-et-Oise* — est né à Saint-Omer (Pas-de-Calais) le 5 avril 1801. Il est le fils du fameux Carnot, le célèbre conventionnel qui, sous la première République « sut organiser la victoire, » et comme lui, c'est un ardent républicain.

En 1823 il se fit recevoir avocat; pendant quelque temps il adopta les idées de Saint-Simon; puis, s'adonnant à la politique, il se présenta aux électeurs de la Seine qui l'envoyèrent à la Chambre des députés en 1839, en 1842, en 1846.

Après la chute de Louis-Philippe, dont il s'était montré l'adversaire, il fut nommé représentant du peuple à la Constituante; en même temps, la Révolution de février 1848 le chargea du portefeuille de l'instruction publique; il le garda peu de temps, mais assez pour créer une école d'administration et pour introduire quelques heureuses innovations, comme les lectures populaires et les leçons d'agriculture dans les écoles primaires. Il préparait une loi qui aurait rendu l'enseignement libre, gratuit et obligatoire, quand il donna sa démission.

En mai 1850, il entra à la Chambre législative; en 1852 et en 1857 il fut nommé par les Parisiens au Corps législatif, mais son refus de prêter serment l'empêcha d'y siéger. En 1863, il se décida et figura parmi les membres de l'opposition jusqu'en 1869; aux élections de cette époque il échoua. M. E. Gambetta fut nommé à sa place.

Au 4 septembre 1870, il fut nommé maire du huitième arrondissement de Paris qu'il administra pendant le siège; enfin, aux dernières élections, il fut envoyé à l'Assemblée nationale par les électeurs du département de Seine-et-Oise, le septième sur onze députés.

M. Carnot est président de la Société Philotechnique pour l'enseignement des ouvriers. Il a écrit sur l'amélioration des classes ouvrières et sur l'instruction publique et publié un grand nombre d'articles dans le *Globe*, le *Siècle*, la *Revue encyclopédique*, la *Revue indépendante*, etc.; enfin il a composé plusieurs ouvrages : la *Révolution française*, 2 vol.; *Mémoires sur Carnot, par son fils*, en 2 vol. in-8°.

CARNOT (Marie-François-Sadi) — *Côte-d'Or.* — Né à Limoges (Haute-Vienne) le 11 août 1837, M. Sadi Carnot est le fils aîné de M. H. Carnot, député de Seine-et-Oise. Il est ingénieur des ponts et chaussées.

Admis le cinquième à l'École polytechnique en 1857, il entra le premier à l'École des ponts et chaussées en 1860; il en sortit aussi le premier en 1863. Pendant un an il resta secrétaire-adjoint au conseil des ponts et chaussées; puis en 1864 il fut envoyé comme ingénieur à Annecy (Haute-Savoie).

Pendant la guerre avec la Prusse, le Gouvernement de la Défense nationale voulut utiliser ses connaissances et le nomma, le 10 janvier 1871, préfet de la Seine-Inférieure et commissaire extraordinaire chargé d'organiser les forces de la défense nationale dans les trois départements de la Seine-Inférieure, de l'Eure et du Calvados.

Aux dernières élections, il fut élu représentant à l'Assemblée nationale dans le département de la Côte-d'Or, le troisième sur huit.

M. Carnot s'est fait connaître comme ingénieur par des études et travaux de routes, ponts, navigation et chemins de fer dans le département de la Haute-Savoie.

CARQUET (François) — *Savoie* — est né en 1810 à Moutiers. Il suivit les cours de droit de l'Université de Turin et reçut le titre de docteur. Il fut nommé en 1848 député au Parlement sarde et siégea dans cette assemblée jusqu'à l'annexion de la Savoie à la France. A cette époque, il devint membre du Conseil général du département de la Savoie. Il donna sa démission en 1862.

M. Carquet a voté en faveur du projet de loi relatif au traité de paix signé à Versailles; mais il a voté contre le projet de loi relatif à l'état de siége. Il a été élu le premier sur la liste des cinq représentants de la Savoie et a obtenu plus de 20,000 suffrages. C'est un jurisconsulte distingué.

CARRÉ-KÉRISOUET (Ernest-Louis-Marie) — *Côtes-du-Nord* — est né à Lamballe le 24 août 1832 d'une famille dont deux membres ont déjà appartenu à nos assemblées législatives. Il fit ses études à l'École centrale et au Collége de France, où il se mit au courant des sciences relatives à la métallurgie. Maire de Plemet et conseiller général des Côtes-du-Nord, M. Carré-Kérisouët a fait partie en 1869 du Corps législatif et il a signé la demande d'interpellation des *cent seize* du tiers-parti libéral. Il vote aujourd'hui avec la fraction de l'Assemblée qui veut la liberté sans parti pris pour la forme du gouvernement.

M. Carré-Kérisouët, de concert avec M. de Kératry, a pris part à l'organisation de l'armée de Bretagne qui n'a pas donné, il est vrai, les résultats qu'on en attendait, par suite du désaccord survenu entre le commandant en chef du camp et M. Gambetta. M. Carré-Kérisouët crut devoir se retirer en même temps que M. de Kératry.

CARRON (Le colonel) — *Ille-et-Vilaine* — âgé de 38 ans, est né à la Guadeloupe (Antilles françaises).

Chevalier de la Légion d'honneur et ancien capitaine au huitième hussards, M. le colonel Carron a sollicité et obtenu au commencement de la dernière guerre, le commandement du bataillon des gardes mobiles de Rennes; peu après, il fut nommé lieutenant-colonel de plusieurs bataillons de gardes mobiles d'Ille-et-Vilaine enrégimentés. En cette qualité, M. Carron prit part à la défense de Paris et sut se distinguer au milieu de ces vaillants bretons qui se partagèrent avec nos marins la palme de l'héroïsme.

Pendant les trois dernières années qui précédèrent son retour dans l'armée, le colonel Carron s'est occupé de politique et d'économie sociale; il a publié quelques travaux dans le *Journal de Rennes,* et y a fait l'année dernière un compte-rendu du dernier ouvrage de M. Le Play : *L'Organisation du travail.*

En politique, c'est un défenseur de la légitimité, un

esprit libéral, partisan d'une large et progressive décentralisation.

CASTELLANE (Antoine-Boniface, marquis de) — *Cantal.* — C'est un des plus jeunes députés de l'Assemblée puisqu'il est né le 12 mai 1844 et n'a par conséquent que vingt-sept ans. C'est le petit-fils de l'illustre maréchal du même nom mort le 16 septembre 1862. Quant au marquis de Castellane, il n'a pas embrassé la carrière militaire, mais on l'a vu, dans la dernière guerre, à la tête des mobiles du Cantal, en qualité de commandant.

M. le marquis de Castellane a fait partie du Conseil général de son département avant la guerre.

L'Assemblée nationale vient à deux reprises de le choisir pour secrétaire, honneur qui avait été donné également à son aïeul, M. le comte de Castellane, par les États Généraux de 1789.

Ses opinions sont celles de cette fraction de l'Assemblée qui souhaite le rétablissement de la monarchie constitutionnelle et libérale. Il a généralement voté avec la majorité dans les questions importantes et en particulier lorsqu'il s'est agi des préliminaires de paix, mais il n'a pas donné son assentiment à l'article 2 du projet de loi portant ratification du traité avec l'Allemagne.

CAZENOVE DE PRADINE (Édouard de) — *Lot-et-Garonne* — appartient à une ancienne famille de Gascogne. « Au début de la guerre — lisions-nous récemment dans un journal de Bordeaux — M. de Cazenove de Pradine s'est engagé dans le corps de Charette. Il s'y est bravement conduit. A la bataille de Loigny, un éclat d'obus lui a fracassé l'avant-bras; on a été sur le point de faire l'amputation. Le soldat s'y résignait avec peine; le bras qu'on allait couper était le bras droit. Les chirurgiens ont pensé que la blessure pouvait se guérir et le bras est resté.

« Dernièrement, M. de Cazenove de Pradine arrivait à Bor-

deaux ; il avait connu en route le résultat des élections pour
l'Assemblée nationale : « Je suis bien enchanté, dit-il, qu'on
« ait élu mon père ; c'est un témoignage d'estime qui doit le
« rendre très-heureux. » Quelle ne fut point la surprise du
jeune zouave lorsqu'il apprit que ce n'était point son père,
mais lui-même que le département de Lot-et-Garonne s'était
donné pour représentant ! Il tient à siéger dans la tenue du
champ de bataille ; il pense avec raison que c'est le soldat de
Charette, le blessé de Loigny, que les électeurs ont eu surtout
l'intention de nommer. »

M. de Cazenove de Pradine appartient à l'opinion légitimiste,
et dans le mois de janvier les journaux ont publié une lettre
des plus affectueuses qui lui était adressée par M. le comte
de Chambord. Cette lettre se terminait ainsi : « Soignez-vous
bien pour votre famille et pour moi, et croyez plus que jamais, mon cher et brave Cazenove, à ma tendre et reconnais-
sante amitié. Signé : Henri. »

Avons-nous besoin d'ajouter que M. de Cazenove de Pradine
est un catholique sincère ? C'est lui qui, dans la séance du
13 mai, prit l'initiative de proposer à la Chambre de demander au clergé des prières publiques pour la France si doulou-
reusement éprouvée par la guerre étrangère et par la guerre
civile. On sait que M. Johnston, le député protestant de Bordeaux, s'associa à la proposition à la fois patriotique et religieuse de M. de Cazenove. L'immense majorité de l'Assemblée
s'y associa également. La gauche radicale seule crut devoir
s'abstenir.

CHABAUD-LATOUR (**François-Ernest-Henri baron
de**) — *Gard*. — Il est né à Nîmes le 25 janvier 1804. Il
entra à l'École polytechnique et, dans le concours qui y fut
ouvert en 1820, il sortit le premier de la promotion. Son
goût le porta vers le génie militaire et ses aptitudes lui procurèrent un avancement rapide. Il était capitaine à vingt-
deux ans. Nous le voyons plus tard prendre une part active
à la conquête de l'Algérie et concourir aux fortifications de

Paris, où il dirigea les travaux. Il devint officier d'ordonnance du duc d'Orléans, et resta auprès de lui pendant une dizaine d'années. Nommé général de brigade en 1853, M. le baron de Chabaud-Latour fut investi des fonctions de commandant supérieur du génie en Algérie. Il a reçu le grade de général de division au mois d'août 1857.

Cet officier supérieur a siégé à la chambre dès 1837. Il fut toujours réélu jusqu'à la révolution de février. Membre de la majorité conservatrice sous le gouvernement de juillet, il est resté fidèle à ses opinions. Il a voté pour la paix, le transfert de l'assemblée à Versailles et la loi municipale.

M. le baron de Chabaud-Latour est grand officier de la Légion d'honneur. Il fait partie du conseil supérieur de l'instruction publique et du conseil central des églises réformées.

CHABROL-TOURNOEL (Vicomte Guillaume de) — *Puy-de-Dôme* — né en 1840. C'est le petit-neveu de M. le comte de Chabrol-Crousal, pair de France et ministre des finances sous la Restauration, et de M. le comte de Chabrol-Valois, préfet de la Seine.

M. le vicomte de Chabrol est propriétaire dans le département du Puy-de-Dôme. Il a publié plusieurs articles dans le *Correspondant*, notamment sur les États-Unis où il a résidé, et a pris une part active à la rédaction du journal le *Français*.

Fondateur, avec MM. Moulin, de Lacombe et de Barante, ses collègues, du journal l'*Indépendant du Centre*, dans lequel il a soutenu une lutte très-énergique contre la politique du gouvernement impérial. A la suite de cette lutte, l'administration fit au journal et à ses fondateurs un procès qui a eu du retentissement.

Engagé dans la garde nationale de Paris pendant le siége, M. de Chabrol a été porté sur la liste conservatrice du Puy-de-Dôme.

Il appartient à la fraction la plus libérale du parti conservateur.

CHABRON (**Marie-Étienne-Emmanuel-Bertrand de**) — *Haute-Loire* — né à Retournac (Haute-Loire)· le 5 janvier 1806.

Le général de Chabron commença ses études à l'École préparatoire de Saint-Cyr en 1816, et les continua au collége militaire de La Flèche.

Enrôlé volontaire au 26ᵉ régiment d'infanterie de ligne, le 13 janvier 1824, caporal en 1825, sergent-fourrier et sergent-major en 1826, adjudant sous-officier en 1829, il fut nommé sous-lieutenant au 46ᵉ de ligne le 31 janvier 1830.

Il servit pendant les années 1831, 1832, 1833 et 1834 en Vendée et en Bretagne où des troubles sérieux avaient nécessité l'envoi de forces imposantes. Il obtint le grade de lieutenant en 1832 et celui de capitaine le 24 octobre 1838.

Lors de la formation des chasseurs à pied en 1840, il se trouva compris dans l'organisation du 7ᵉ bataillon, fut promu chef de bataillon au 21ᵉ de ligne le 22 février 1852 et passa par permutation au 50ᵉ de ligne le 30 mars suivant, au moment où ce régiment s'embarquait pour l'Afrique.

Le 4 décembre 1852, il prit une part active à la prise de Lagouath. Il fit aussi la campagne de 1853 et 1854.

Parti pour l'armée d'Orient, il débarqua à Varna en juillet 1854, fit l'expédition de la Dobrutcha, assista à la bataille de l'Alma et fut cité à cette occasion à l'ordre de l'armée. Il était au combat de Balaclava et·à la bataille d'Inkermann, où son bataillon combattit glorieusement. La prise du Mamelon-Vert le 7 juin 1855 lui valut une seconde citation à l'ordre de l'armée; il venait d'être nommé lieutenant-colonel au 86ᵉ de ligne. Il combattait encore à l'assaut du 18 juin. Le 14 juillet il commandait les tranchées de gauche, repoussait une forte sortie des Russes et méritait une troisième citation. Bien que contusionné fortement à la jambe gauche par un éclat de bombe dans ce dernier combat, il assistait le 16 août à la bataille de Tracktir. Le 8 septembre, jour de l'assaut et de la prise de Sébastopol, à la tête de quelques soldats de son régiment décimé, il pénétrait un des premiers dans le faubourg de Karabelnaïa. Cette journée dans laquelle il reçut deux nouvelles blessures, lui valut sa nomination au grade de colonel et le commandement du 3e régiment de zouaves.

M. de Chabron rentré en Afrique le 17 mai 1856, contribua à réprimer l'insurrection des Babors. Il fit partie de l'expédition de la Grande Kabylie en 1857, de celle de l'Oued-Kébir en 1858 et enfin celle de l'Aurès en 1859, où il eut à Taïn-Lakil une brillante affaire contre les goums du marabout Si-Sadock.

Le 8 mai 1859, il débarqua en Italie avec le 3e de zouaves et occupa d'abord l'extrême droite de l'armée française. Quelques jours après le 31 mai, sous les yeux du roi Victor-Emmanuel, il combattait à Palestro et était cité pour la quatrième fois à l'ordre de l'armée. Il obtenait le 25 juin le grade de général de brigade. Nommé au commandement de la 1re subdivision de la 20e division militaire, il occupa ce poste jusqu'à sa mise au cadre de réserve le 5 janvier 1868.

Rappelé à l'activité le 17 juillet 1870, il commanda de nouveau la 1re subdivision de la 20e division militaire jusqu'au 25 septembre où il fut appelé au commandement provisoire de la 1re division du 15e corps (armée de la Loire).

Nommé général de division le 25 novembre 1870, il commanda la 20e division militaire jusqu'au 15 janvier 1871, où il fut désigné pour commander la 2e division du 25e corps. Ce fut en cette qualité que le 28 janvier 1871, il enlevait à la tête de sa division le faubourg de Blois, fortement occupé par les Prussiens, le dernier fait d'armes heureux de cette campagne.

Le 8 février, les électeurs de la Haute-Loire ont nommé le général de Chabron un de leurs députés. Il était membre du Conseil général depuis 1869.

Le général de Chabron est depuis 1859 commandeur de la Légion d'honneur. Il est en outre commandeur de l'ordre militaire de Savoie et a été décoré de l'ordre de Medjidié de Turquie et des médailles de Sardaigne, de Crimée et d'Italie.

CHADOIS (le colonel **Paul de**) — *Dordogne* — est né à Saint-Barthélemy (Lot-et-Garonne) en 1830. Sorti de Saint-Cyr en 1851, il entra au 73e de ligne et fit, avec son régiment, la campagne de Crimée. Nommé lieutenant en 1854, capitaine en 1857, il partit pour l'Italie et assista aux deux grandes batailles de Magenta et Solférino. Chevalier de l'ordre militaire de Savoie après cette campagne, et successivement adjudant-major et chevalier de la Légion d'honneur, il donna sa démission, en 1867, et se retira dans la Dordogne où il s'était allié à la famille de Ségur. Nommé chef du 1er bataillon (Bergerac) de la garde mobile, il commandait le régiment dès le début de la campagne de la Loire. Lancé sur le parc du château de Coulmiers, le 1er bataillon suivi du 2me fit une marche à découvert pendant 1,500 mètres sous le feu de l'ennemi, et s'en empara avec une vigueur remarquée de tous. Le commandant de Chadois, à cheval et en avant de sa troupe, fut blessé à l'entrée du parc. Cette brillante affaire valut au régiment de la Dordogne d'être porté à l'ordre du jour de l'armée.

Le 2 décembre, à peine guéri de sa blessure, le comte de Chadois assista à la bataille de Laigny où il eut un cheval tué sous lui, et où ses mobiles éprouvèrent des pertes cruelles. Le 4 décembre il reçut l'ordre de défendre le village de Boulay avec 200 hommes de la brigade, et de protéger la retraite. Après trois heures de résistance, cerné de toutes parts, et ne trouvant plus aucun point d'appui en arrière, le commandant de Chadois échappa aux mains de l'ennemi. Revenu avec ses mobiles, il assista à la bataille du Mans et reprit à l'ennemi, sur la route de Changé, une position importante qu'il garda jusqu'au lendemain malgré les retours offensifs.

Dans la retraite sur Laval, il se trouva engagé avec l'ennemi à Chaisillé et particulièrement à Saint-Jean-d'Erve où sa résistance valut aux mobiles de la Dordogne les félicitations du commandant de corps d'armée. Nommé officier de la Légion d'honneur le 9 janvier, promu colonel le 21 du même mois, il fut appelé au commandement de sa brigade, 2me division du 16me corps. Porté pour la députation par le département de la Dordogne, élu le premier avec 80,000 voix, le colonel de Chadois avec une conviction déjà faite, a voté pour la paix qu'il jugeait indispensable, quelque douloureuse qu'en aient été les conditions. Conservateur libéral, il ne fait partie d'aucune réunion.

CHAFFAULT (Le comte du) — *Basses-Alpes* — ancien conseiller de préfecture, a déjà fait partie de l'assemblée nationale en 1848. Propriétaire à Digne, il jouit de la considération générale. C'est un esprit sage, modéré et qui vote ordinairement avec la majorité de l'assemblée. Il fait partie du groupe des représentants connu sous le nom de réunion Feray.

CHAMAILLARD (de) — *Finistère* — né à Huelgoût en 1822, est avocat au barreau de Quimper-Corentin. Il siége pour la première fois dans nos assemblées et fait partie de la réunion des Réservoirs. Il a été élu le troisième sur la liste des treize députés du Finistère, un des vingt-cinq départements qui ont élu pour un de leurs représentants le chef actuel du pouvoir exécutif, M. Thiers. M. de Chamaillard a voté pour l'abrogation des lois d'exil et pour la validation de l'élection du prince de Joinville et du duc d'Aumale.

CHAMBRUN (Joseph-Dominique-Aldebert de Pineton comte de) — *Lozère* — est né à Paris, le 19 novembre 1821. Il appartient à une famille d'ancienne noblesse, la famille de Chambrun d'Amfreville, dont le chef, Pierre d'Amfreville, se croisa en 1096.

M. le comte de Chambrun, après avoir complété ses études par des voyages en Europe et en Orient, débuta en 1848 dans la carrière politique, comme sous-préfet de Toulon. Bientôt il fut appelé à une sous-préfecture plus importante encore, celle de Saint-Étienne, et de là il passa à la préfecture du Jura, qu'il dirigea avec intelligence et énergie dans des moments difficiles. Il rendit de grands services aux classes laborieuses de ce département, en développant dans chaque commune les institutions de prévoyance et de mutualité.

En 1857, M. le comte de Chambrun, qui, pour des raisons de santé, s'était démis volontairement de ses fonctions de préfet du Jura, sollicita et obtint le mandat législatif dans le département de la Lozère, berceau de sa famille.

Il a été réélu en 1863 et en 1869. Nommé en 1871, représentant à l'Assemblée nationale par de nombreux suffrages, M. le comte de Chambrun siége à la droite. Il a publié quelques écrits et entr'autres : *de la Forme du gouvernement.* C'est l'apologie du gouvernement parlementaire.

CHAMPAGNY (**Vicomte Henri de**) — *Côtes-du-Nord* — est né en Bretagne le 17 juin 1831. Gentilhomme breton, M. le vicomte de Champagny est un grand propriétaire, un agriculteur émérite qui consacre une grande partie de ses instants aux travaux agricoles, à la culture des terres et à leur amélioration. L'affection de ceux qui l'entourent est la récompense de ses soins et de son intelligente direction.

Président du Comice agricole de Perros, nommé conseiller d'arrondissement en 1865, renommé au même conseil en 1867, et enfin membre du conseil général en 1870, il vient d'être envoyé à la chambre par ses concitoyens.

En politique c'est un homme nouveau ; mais il est connu dans le pays qu'il habite par ses opinions légitimistes libérales. Ce sont elles qu'il va représenter et défendre à l'Assemblée nationale.

CHAMPVALLIER (**John-Alexandre-Edgar Dumas de**) — *Charente* — âgé de quarante-quatre ans, né à Saint-Pierre (Ile de la Martinique.)

Sa famille est l'une des plus anciennes de l'Angoumois ; son grand-père, M. Louis Dumas de Champvallier était député de la Charente en 1791 ; son père, garde-du-corps du roi Louis XVIII en 1814, entra en 1823 dans la magistrature, fut procureur du roi à Saint-Pierre (Martinique) pendant la Restauration, et rentra dans la vie privée en 1831.

M. Edgar de Champvallier est propriétaire du château de Beauregard, près Ruffec (Charente) et conseiller général de la Charente, depuis 1864. Il a publié quelques écrits, quelques brochures sur des questions d'intérêt local entr'autres sur *l'Assimilation des chemins de grande communication aux routes départementales*; puis deux petits traités, l'un : *De quelques questions de vicinalité*; l'autre : *De l'assistance publique dans la Charente.*

En politique c'est un conservateur libéral attaché aux principes monarchiques constitutionnels.

CHANGARNIER (**Nicolas-Anne-Théodule**) — *Somme.* — Cet illustre général, né à Autun le 26 avril 1793, a toujours joué un rôle important dans les grands événements de notre histoire contemporaine. Sorti de Saint-Cyr comme sous-lieutenant, il arriva au grade de général de division en Afrique, où sa bravoure et ses capacités militaires le rendirent aussi populaire dans l'armée que les Bugeaud et les Lamoricière.

La grande fermeté de son caractère décida le gouvernement à lui confier en 1848 le poste important de commandant en chef de la garde nationale et de l'armée réunies dans Paris. Il le perdit en 1851. Son opposition aux prétentions ambitieuses de Louis-Napoléon fut même cause de son exil. Il revint en France, lors de l'amnistie générale et il vivait retiré dans son département, lorsque les dangers de la patrie lui firent surmonter son antipathie pour le gouvernement impérial. Il lui offrit son épée contre la Prusse. Les revers commençaient à fondre sur nous, on l'accepta. Mais son dévouement fut impuissant à sauver la France. Le glorieux soldat d'Afrique dut assister comme témoin à la capitulation de Metz.

Le général Changarnier avait été envoyé à la Constituante en 1848 par les électeurs de la Seine. Il a été élu en février dernier par quatre départements.

CHANZY (**Général de**) — *Ardennes*. — Fils d'un capitaine de cuirassiers sous le premier empire, le général de Chanzy est âgé de 47 ans. Il débuta dans la carrière militaire, à l'école de Saint-Cyr, où il entra en 1841. Il prit part ensuite aux guerres d'Afrique et de Syrie sous d'Hautpoul et Pélissier. Son application et le zèle qu'il déploya dans ses diverses campagnes pour se perfectionner dans le métier de soldat, en firent promptement un officier instruit et expérimenté.

C'est sa science approfondie dans l'art militaire, jointe à de nombreuses qualités personnelles, qui ont permis au général Chanzy de déjouer constamment la tactique des généraux prussiens dans les combats inégaux livrés sur les bords de la Loire. Commandée par un chef moins habile, notre armée sans expérience et sans solidité eût éprouvé des désastres considérables. Le brave commandant en chef avait tellement l'espoir de l'aguerrir et de la rendre capable de tenir tête et même de mettre en déroute les forces allemandes, qu'il vota contre le projet de loi relatif aux préliminaires de paix. Il venait cependant d'être obligé de battre en retraite et de se retirer derrière la Mayenne après une défection de ses troupes aux batailles livrées autour du Mans. Mais pouvait-on espérer plus de fermeté de la part de soldats sans expérience, mis subitement en présence de troupes disciplinées, savamment commandées et constamment victorieuses?

Après le départ des députés pour Versailles, le général Chanzy voulut s'y rendre aussi par la ligne d'Orléans. Arrivé à la station de Paris il fut fait prisonnier du comité central. On venait de fusiller les généraux Lecomte et Clément Thomas. Le brave officier pouvait redouter le même sort. Mais heureusement l'intervention de quelques hommes dévoués le rendit à la liberté. On la lui accorda à la condition qu'il ne prendrait pas les armes contre Paris. Il le promit et partit pour Versailles.

Le général Chanzy a été favorable au projet relatif à la loi municipale. Il avait aussi opté précédemment pour le transfert de l'Assemblée.

Dernièrement, à l'occasion de la discussion sur le traité de paix définitif, signé à Francfort, le général de Chanzy a persisté dans son opinion qu'on ne devait pas céder aux exigences de la Prusse. Il a voté contre le traité de paix.

CHAPER (Camille-Eugène) — *Isère* — né le 17 janvier 1827, à Grenoble. Il fut admis en 1845 à l'École polytechnique. Entré dans la carrière militaire, M. Chaper devint, en 1852, capitaine du génie. Il n'obtint point d'autre grade, ayant donné sa démission quelques années après sa promotion, pour se lancer dans la carrière industrielle.

CHARDON — *Haute-Savoie* — est né à Bonneville en 1828. Comme son collègue de la Savoie M. Carquet, M. Chardon a été reçu docteur en droit à l'université de Turin. Après l'annexion il fit partie du conseil général de la Haute-Savoie et montra dans cette assemblée un esprit libéral et ami du progrès. Il a été élu le second par plus de 26,000 suffrages sur la liste des cinq députés de la Haute-Savoie à l'Assemblée nationale, et siége dans les rangs de la gauche républicaine.

CHARETON (Le général) — *Drôme* — est né à Montélimar (Drôme) le 8 juillet 1813. Entré à l'École polytechnique en 1832, il en sortit dans l'arme du génie et passa de l'École d'application en Afrique. Il débuta en 1837 au siége de Constantine. Après avoir travaillé plusieurs années aux travaux de défense d'Alger, il fut envoyé en Crimée. Il prit part, comme chef de bataillon, au siége de Sébastopol et y fut blessé deux fois. Après la prise de la ville, il fut chargé en chef du service du génie; il dirigea ensuite les travaux de fortification à Lyon, à Grenoble, à Toulon; il était colonel du génie et directeur des fortifications dans cette dernière ville, quand, au moment de la guerre, il fut envoyé au cinquième corps de l'armée du Rhin pour y commander le génie. Fait prisonnier à Sedan, il fut interné à Wiesbaden et nommé général par arrêté du 24 avril dernier pour prendre rang du 27 octobre 1870.

Envoyé en 1861 par ses concitoyens du canton de Montélimar, au conseil général de la Drôme, il y contribua en 1864 à obtenir au conseil général un contrôle efficace sur les finances départementales et il revendiqua pour eux le droit d'élire leurs bureaux.

Pendant sa captivité en Allemagne, il s'est occupé d'une manière spéciale d'études sur la réorganisation de l'armée.

Au reste le colonel Chareton est le fils de ses œuvres, car il est issu d'une famille plébéienne ; son père était un simple et modeste ouvrier. Malgré cela ses services l'ont successivement fait nommer chevalier, officier, puis commandeur de l'ordre de la Légion d'honneur. En outre il a reçu la médaille anglaise de Crimée, la décoration de la valeur militaire de Piémont et la croix d'officier de l'ordre de Medjidié.

CHARREYRON — *Haute-Vienne* — était conseiller à la cour de Limoges lorsque les électeurs de la Haute-Vienne lui ont confié par 43,107 voix le mandat de représentant à l'Assemblée nationale. M. Charreyron ne fait partie d'aucune des réunions qui permettent d'apprécier dans une certaine mesure l'opinion politique de chaque député. Constatons qu'il a voté pour les préliminaires du traité de paix signés à Versailles, pour l'abrogation des lois d'exil et pour l'admission des princes d'Orléans à la Chambre. Il s'est prononcé contre le transfert de l'Assemblée à Versailles.

CHARTON (Edouard-Thomas) — *Yonne.* — Il est né à Sens (Yonne), le 11 mai 1807. Après s'être fait recevoir avocat à Paris, il débuta dans la littérature comme rédacteur en chef du *Bulletin de la société pour l'instruction élémentaire*. Il fonda quatre ans après le *Magasin pittoresque* qu'il dirige encore. Sa plus récente création est le recueil de voyages illustrés intitulé le *Tour du monde*. Il a en outre publié des articles dans la *Revue encyclopédique*, le *Bon sens*, le *Temps*, le *Monde*, etc. C'est lui qui a écrit *les Voyageurs anciens et modernes*, ouvrage en quatre volumes, couronné en 1855 par l'Académie, et l'*Histoire de France d'après les documents originaux et les monuments de l'art de chaque époque*. Il a composé cet ouvrage en collaboration avec M. Henri Bordier.

M. Charton a occupé en 1848 le poste de secrétaire général au ministère de l'instruction publique. Il avait autrefois été membre de la Société de la Morale chrétienne, et s'était lié d'amitié dans ses comités avec M. Carnot. C'est grâce à son intermédiaire qu'il parvint au ministère. Les élections nationales l'envoyèrent quelque temps après à la Constituante comme représentant de l'Yonne. Il devint un an plus tard conseiller d'État. Mais le coup d'État contre lequel il protesta le fit retourner à ses travaux littéraires. Il est membre correspondant de l'Institut (Académie des sciences morales et politiques).

L'honorable député de l'Yonne a toujours fait preuve dans la carrière des lettres, comme dans les diverses fonctions qu'il a occupées, d'une haute intelligence et d'une extrême activité. Il n'a pas cessé d'appartenir au parti républicain modéré et vote avec lui dans l'Assemblée actuelle. Son bulletin a été affirmatif au scrutin ouvert pour l'adoption des préliminaires de paix. Il l'a été également pour l'adoption de la proposition tendant à transférer le siége de l'Assemblée à Versailles, où il a exercé les fonctions de Préfet après le 4 septembre. Enfin il a été favorable au projet de loi relatif aux élections municipales.

CHASSELOUP-LAUBAT (**Justin-Napoléon-Samuel-Prosper, marquis de**) — *Charente-Inférieure*. — Il est né à Alexandrie (Piémont) le 29 mars 1805. Il entra en 1828 au conseil d'État où il devint maître des requêtes en service ordinaire en 1830. Elu député sous Louis-Philippe, il fut créé conseiller d'État. Nommé membre de l'Assemblée législative en 1849, il se rallia au prince président qui lui conféra en

1851 les fonctions de ministre de la marine. Les élections pour l'Assemblée législative le firent reparaître au palais Bourbon en 1852. Quelques années après le gouvernement impérial chargea M. de Chasseloup-Laubat de l'administration générale de l'Algérie. Il s'en occupa avec ardeur en homme compétent et introduisit dans les services des réformes très-utiles et très-importantes. Ministre de la marine le 24 novembre 1860 jusqu'en janvier 1867, il fit de nombreuses réformes dans tous les services, notamment dans l'inscription maritime, créa la réserve, etc., etc. C'est lui qui, en qualité de ministre présidant le Conseil d'État, a été chargé en 1869 d'élaborer le sénatus-consulte promis le 12 juillet par l'Empereur, et qui devait faire renaître en France la vie parlementaire qui avait distingué précédemment le règne de Louis-Philippe. Avant d'être appelé à ces hautes fonctions, M. de Chasseloup-Laubat avait été créé sénateur et promu grand'-croix de la Légion d'honneur.

L'ex-ministre de l'empire, dont les services éminents ont été si honorables et si utiles à la France, ne pouvait pas être laissé dans l'oubli par ses anciens mandataires. Il fait donc partie de l'Assemblée et il a voté son transfert à Versailles, après avoir émis un bulletin affirmatif au sujet du traité de paix. Il a également donné son approbation à la loi municipale.

CHATELIN — *Maine-et-Loire* — est né à Azay-le-Rideau (Indre-et-Loire) le 12 mars 1815. M. Chatelin s'est consacré pendant longtemps au commerce qui développe plus qu'on ne le suppose généralement l'intelligence et les aptitudes diverses. Animé de la ferme et persévérante volonté de faire le bien, l'honorable député a occupé à Angers presque toutes les fonctions gratuites. C'est ainsi qu'il a été successivement juge au tribunal de commerce, membre de la Chambre de commerce, conseiller municipal, administrateur des hospices, du mont-de-piété, du dépôt de mendicité et de la caisse d'épargne. Dans ces divers postes M. Chatelin a montré non-seulement du zèle mais encore un grand sentiment de droiture. En politique, M. Chatelin est énergiquement conservateur et sincèrement libéral. Ses votes l'ont prouvé. Il a été élu à l'Assemblée nationale, par plus de 100,000 voix, le cinquième sur la liste des onze représentants qui forment la députation de Maine-et-Loire.

CHAUDORDY (comte de) — *Lot-et-Garonne* — fils d'un ancien député, se distingua très-jeune encore aux journées de juin 1848 et y fut blessé. Son nom est inséré au *Moniteur* de cette époque parmi les plus méritants. Après de fortes études, il entra, en 1850, dans la diplomatie comme attaché à notre ambassade à Rome. Il en a suivi tous les grades en parcourant successivement les grandes capitales de l'Europe. Il est ministre plénipotentiaire depuis 1867. M. de Chaudordy a joué un rôle important à Tours et à Bordeaux comme délégué du ministère des affaires étrangères où il occupait le poste de directeur général. Ses compatriotes du Lot-et-Garonne viennent de lui confier le mandat de représentant en lui donnant plus de 58,000 suffrages. Nous ne savons si l'honorable député parle bien, mais nous n'ignorons pas qu'il possède à merveille la langue diplomatique et tout le monde a lu les remarquables circulaires dans lesquelles il réfutait avec une modération qui n'excluait pas l'énergie, les dépêches et les notes diplomatiques de M. de Bismark.

CHAURAND (Jean - Dominique - Bruno - Amand , baron) — *Ardèche* — est né à Lyon le 23 mars 1843. Sa famille est l'une des plus anciennes du Vivarais ; le domaine qu'il possède aux Chanel, canton de Joyeuse (Ardèche), n'a pas cessé d'appartenir à sa famille depuis le xive siècle.

Le grand-père de M. le baron Chaurand était avocat au Parlement de Toulouse, son père président du Tribunal de commerce de Lyon. Quant à M. Chaurand lui-même, avocat à la Cour d'appel de Lyon, il est encore président de la Société régionale de viticulture de la même ville, vice-président du Comice agricole de Givors et membre du Conseil municipal de Saint-Genis-Laval ; il a été président de la Société d'agriculture de Lyon. C'est un des fondateurs de la *Gazette de Lyon* et un ancien membre du comité de rédaction de ce journal, qui fut supprimé en 1863.

M. le baron Chaurand sait manier la parole comme la plume ; il a prononcé plusieurs discours au barreau et dans des solennités agricoles ; il a publié dans différents journaux, mais surtout dans la *Gazette de Lyon*, de nombreux articles sur des questions de droit, de politique et d'agriculture.

Il est commandeur de l'ordre de Pie IX, commandeur de l'ordre de François Ier et chevalier de l'ordre de saint Grégoire le Grand. Ses deux fils se sont engagés dans les zouaves pontificaux ; ils ont pris part à la défense de Rome en septembre 1870 et, rentrés en France au moment de la guerre avec la Prusse, ils ont suivi en toute rencontre leur général et leur régiment si glorieusement mêlé aux principaux engagements de l'armée de la Loire.

CHEGUILLAUME — *Loire-Inférieure* — est un grand manufacturier Nantais, membre de la Chambre de commerce ; il a été nommé le second sur la liste des douze députés de la Loire-Inférieure. Il fait partie de la réunion des Réservoirs.

CHEVANDIER (**Antoine-Daniel, docteur-médecin**) — *Drôme.* — M. le docteur Chevandier est né le 27 mai 1822 à Serres (Hautes-Alpes). Fixé à Die (Drôme) depuis 1848, membre de plusieurs Sociétés savantes, il a attaché son nom à la cure des affections rhumatismales par les bains de vapeur térébenthinés à haute température.

Il a soutenu dans son arrondissement des luttes politiques très-vives. Républicain convaincu, il s'était fait le champion des idées libérales et il a voué tous ses efforts à leur triomphe et à leur progrès.

Envoyé à l'Assemblée nationale par 35,559 suffrages, M. le docteur Chevandier a pris rang parmi les membres de la gauche.

CHOISEUL - PRASLIN (le comte Eugène-Antoine-Horace de) — *Seine-et-Marne* — né en 1836. Il entra d'abord dans la marine ; prit part plus tard, en qualité de soldat de l'armée active, à la guerre de Crimée. Il avait le grade de sous-lieutenant lorsqu'il donna sa démission après douze années de service.

M. le comte de Choiseul-Praslin alla alors fixer sa résidence dans ses propriétés situées aux environs de Melun. Il fut élu maire de Maincy, puis conseiller général du département de Seine-et-Marne. En 1869 on le nomma député au Corps législatif et il fit partie de l'opposition. Dans l'Assemblée actuelle il voterait constamment avec la droite si le poste d'ambassadeur qu'il occupe à Florence ne le tenait éloigné de la Chambre. Il a été élu le premier sur la liste des sept députés de Seine-et-Marne.

CHRISTOPHLE (Albert) — *Orne* — est né à Domfront (Orne) le 13 juillet 1830. Docteur en droit et lauréat de la Faculté de Caen, M. Christophle, après avoir conquis une place honorable parmi les membres du barreau de Domfront, a été nommé en 1856 avocat au Conseil d'État et à la Cour de Cassation. Pendant ce temps il a publié de nombreux articles de droit administratif dans les *Revues pratique et critique* de jurisprudence. En 1858 et 1859 il a collaboré au journal *la Presse* ; en 1862 il a publié un *Traité des travaux publics*.

Ses nombreux écrits lui avaient assuré une place distinguée parmi nos jurisconsultes, quand le 6 septembre 1870 il fut nommé préfet de l'Orne. Le 28 décembre 1870 il fit acte de courage et de libéralisme en donnant sa démission à l'occasion du décret de M. Gambetta qui, en dissolvant les Conseils généraux, chargeait les préfets de constituer des Commissions départementales. En le perdant, le département de l'Orne garda son souvenir et, aux dernières élections, il lui prouva sa reconnaissance en l'envoyant à la Chambre avec 50,940 suffrages.

M. Christophle est un esprit libéral très-modéré ; pour lui la République est un terrain commun sur lequel doivent se réunir tous les honnêtes gens pour faire triompher la liberté.

CINTRÉ (comte de) — *Ille-et-Vilaine* — habite un château dans le canton de Montfort-sur-Mer (Ille-et-Vilaine). Il a fait partie du Conseil général. A l'Assemblée, M. le comte de Cintré compte parmi les membres de la reunion des Réservoirs. Il a été un des signataires de la proposition de la loi ayant pour objet l'abrogation des lois d'exil contre les princes de la maison de Bourbon. Naturellement il a voté pour l'abrogation de ces lois de proscription et pour l'admission des princes à l'Assemblée.

CLAUDE (Camille) — *Meurthe.* — Avoué à Toul, M. Claude est un des jeunes représentants qui siégent à l'Assemblée de Versailles. Il fait partie de la réunion de la gauche républicaine.

Un journal, le *Siècle*, croyons-nous, confondant M. Camille Claude avec son homonyme M. Nicolas Claude, des Vosges, avait annoncé qu'il avait donné sa démission. En relevant cette erreur M. Camille Claude s'exprimait ainsi : « Représentant de la Meurthe, j'ai cru devoir, avec mes amis MM. Ancelon, Borlet, Laflize et Viox, députés de ce département, conserver mon mandat, et j'ai suivi dans cette circonstance le conseil de nos collègues de la gauche républicaine qui ont pensé que notre présence à l'Assemblée était une protestation vivante contre le traité du 1er mars qui livre à la Prusse un tiers de notre département ; qu'une démission collective suivie nécessairement d'une élection réduite aux trois arrondissements non détachés serait au contraire une véritable ratification du traité ; qu'enfin nous n'étions pas les députés d'une province, mais les députés de la France entière. »

Ajoutons qu'en affirmant à la Chambre ses opinions républicaines, M. Claude reste fidèle aux traditions de sa famille.

CLAUDE (**Nicolas**) — *Vosges* — né en 1823, à Celles-sur-Plaine, dans les Vosges.

Cet honorable député s'est fait dans la haute industrie une place exceptionnelle. Il avait pris rang sous l'Empire à ce groupe de manufacturiers des régions de l'Est dont les principes économiques, en matière d'industrie, étaient en opposition formelle avec ceux du ministère.

Dans l'enquête commerciale ouverte en 1870, M. Claude se fit beaucoup remarquer par ses rapports où brillaient les vues d'ensemble, l'esprit de synthèse, un libéralisme non moins éloigné de la routine prohibitionniste que de la doctrine du libre-échange absolu. Il développa ses idées dans des *meetings* et dans de nombreux articles publiés dans différents journaux — car M. Claude est journaliste à l'occasion, et il n'a jamais cessé de figurer dans la rédaction du *Temps*. Il fut l'un des fondateurs de cet important journal.

M. Claude était maire de Saulxures-sur-Moselotte quand les armées allemandes envahirent les départements de l'Est. Il tint bon sous le préfet prussien, rendit de grands services autour de lui et administra le canton de Saulxures avec non moins de modération que de fermeté et de sang-froid.

Par ses idées politiques, M. Claude appartient à l'opinion républicaine modérée. Il fait partie de la réunion du Jeu de paume et de la réunion Feray. Il est secrétaire de la grande commission d'industriels qui s'est constituée au sein de l'Assemblée pour étudier les intérêts économiques du pays. Il a été adjoint par le ministre du commerce aux travaux du comité consultatif des arts et manufactures.

M. Claude a contribué à la fondation et à la rédaction de plusieurs journaux. Il s'occupe surtout de questions économiques.

CLÉMENT (**Léon**) — *Indre* — a trente-huit ans. Il est né à Arsenne et fait partie du Conseil général du département de l'Indre. Avocat à la Cour de cassation, il a été secrétaire de M. Paul Favre qui lui céda son cabinet lorsqu'il fut appelé au poste d'avocat général près la Cour de cassation. C'est un esprit actif et droit. Il fait partie de la réunion présidée par M. Feray, ainsi que ses quatre autres collègues de l'Indre, MM. Balsan, comte de Bondy, Dufour et Bottard.

CLERCQ (**Louis de**) — *Pas-de-Calais*. — M. Louis de Clercq est un très-riche propriétaire du Pas-de-Calais. Son château d'Oignies, situé entre Douai et Lille, est une véritable résidence princière. Les localités qui se trouvent à proximité n'ont qu'à se féliciter de son voisinage. La famille de Clercq est renommée, à juste titre, pour sa bienfaisance; elle est la providence d'un pays où se fait en grand l'exploitation de houillères importantes et où habitent naturellement de nombreuses familles ouvrières.

M. Louis de Clercq est président du Comice agricole de Carvin, chef-lieu du canton sur lequel est située la commune d'Oignies. Il a fait partie du Conseil général du Pas-de-Calais où il a obtenu aux élections près de 136,000 voix. Ses votes se mêlent à ceux de la majorité conservatrice et il assiste aux séances de la réunion des Réservoirs.

COCHERY (**Adolphe**) — *Loiret*. — Né à Paris, il est âgé de quarante-neuf ans. Ancien avocat au barreau de Paris, M. Cochery, après la révolution de février, a défendu de nombreux prévenus politiques et plaidé pour plusieurs journaux, tels que : la *Réforme*, la *République*, la *Voix du peuple*.

Le 24 février 1848 il devint chef du cabinet du ministère de la justice, mais au bout de quelques mois il donna sa démission sans vouloir toucher aucun honoraire et il rentra au barreau jusqu'en 1869.

A cette époque, il se présenta comme candidat indépendant aux électeurs de Montargis (Loiret). Bien qu'ayant en face de lui deux candidats officiels, il fut élu au second tour de scrutin par 14,000 voix. Il vint siéger à la Chambre parmi les membres avancés du centre gauche. Là il prit part à de nombreuses discussions, notamment à celle de la loi sur la presse et de la loi pour l'élection des maires.

En 1870 il fut un de ceux qui votèrent contre la guerre avec la Prusse et, après la chute de l'empire, il se rendit avec M. Grévy à l'Hôtel-de-Ville pour offrir aux membres du gouvernement de la Défense nationale de faire confirmer leurs pouvoirs par un vote du Corps législatif.

Un peu plus tard il fut chargé de la défense du Loiret en qualité de commissaire général, et il prit part aux différents combats livrés devant Orléans.

Après l'occupation de la ville, il suivit M. Thiers dans ses démarches à Versailles pour obtenir un armistice ; il y fut retenu prisonnier malgré le sauf-conduit dont il était porteur. Revenu à Tours, il s'associa aux protestations des anciens députés qui réclamaient la convocation d'une Assemblée, et lors des élections du 8 février il se présenta aux électeurs du Loiret et fut élu le premier sur la liste de ce département, avec 59,000 voix.

CALLUAUD (Henri) — *Somme* — décédé à Bordeaux, le 25 février dernier. La mort ne lui a pas donné le temps de prêter son concours et ses lumières aux graves délibérations de l'Assemblée de Versailles. Celle-ci a perdu en cet homme de bien un citoyen plein d'honnêteté, doué d'expérience, de capacité et d'énergie.

Après avoir siégé comme auditeur au conseil d'État, M. Calluaud fut nommé sous-préfet à Nogent, puis à Abbeville. Il a laissé dans cette ville la réputation d'administrateur affable, vigilant, dévoué.

Rentré dans la retraite après les événements de 1848, il fut élu au bout de quelque temps conseiller général. Il se présenta plus tard aux élections pour l'Assemblée législative, mais on savait qu'il était un ardent opposant et le préfet de la Somme mit tout en œuvre pour faire échouer sa candidature. Il avait été nommé conseiller municipal d'Abbeville en 1853, il le fut de nouveau en 1870. Il s'y fit, par ses qualités privées, son tact et son dévouement dans les affaires une place des plus honorables.

Après le 4 septembre, le maire s'étant retiré, M. Calluaud fut désigné par ses collègues au choix du préfet, comme administrateur de la ville. « C'est alors, dit un narrateur à qui nous empruntons ces détails, que toutes ses qualités fermes, aussi bien que son activité, son art et son tact juste dans le maniement des affaires et des esprits, eurent trop largement l'occasion de s'exercer et de s'affirmer. Nous l'avons pu voir pendant plus de trois mois, appuyé, il est vrai, sur le concours inébranlable de ses collègues et sur l'opinion sympathique de toute la ville, lutter sur toutes les brèches, préparer avec un ses collègues, M. Frémeaux, ingénieur des ponts-et-chaussées, les moyens de défense de la ville, s'opposer, le soir du 1er décembre 1870, au désarmement de la garde nationale lorsque la garnison avait déjà quitté la ville, et, avant l'entier enlèvement des munitions de guerre, obtenir des cartouches pour cette garde afin de mettre la commune abbevilloise en état de résister honorablement et efficacement. »

M. Calluaud a été envoyé à l'Assemblée nationale par un chiffre de suffrages considérable. Il ne put siéger que deux fois sur les bancs de la gauche républicaine, où il était allé s'asseoir à Bordeaux. — La mort l'enleva quelques jours après son arrivée dans cette cité.

COLOMBET (de) — *Lozère* — est né à Langogne (Lozère) le 7 septembre 1833. M. de Colombet est un grand propriétaire du pays, connu pour ses sentiments de droiture et d'honnêteté.

Il est maire de sa commune et conseiller général de son département. A ce double titre, il a toujours combattu les abus de pouvoir.

Comme maire, il a repoussé énergiquement les candidatures officielles ; comme membre du conseil général, il a vivement protesté contre le décret arbitraire du 25 décembre.

Sa conduite a été vivement appréciée par tous ses concitoyens. Le département de la Lozère l'en a récompensé en
le nommant le premier sur la liste de ses représentants.

A l'Assemblée, il siége à la droite parmi les défenseurs de
la religion et de l'ordre, parmi les amis d'une sage liberté.

COMBARIEU (de) — *Isère* — est âgé de quarante-huit
ans et est né à Lauzerte (Tarn-et-Garonne) le 7 mars 1823.

Ancien officier de marine, M. de Combarieu offrit ses services au gouvernement de la défense nationale pendant la
guerre contre la Prusse; ils furent acceptés avec empressement, et on le nomma colonel d'une légion mobilisée de
l'Isère. En cette qualité, il fit partie de l'armée des Vosges,
où il se trouvait encore le 8 février, époque à laquelle il fut
élu député par le département de l'Isère.

Officier de la Légion d'honneur, M. de Combarieu est sans
antécédents politiques; mais c'est une nature honnête et
loyale, un caractère ferme et droit comme son épée.

COMBIER (Charles-Louis) — *Ardèche.* — Il est né à
Aubenas (Ardèche) le 21 juillet 1819. Élève des ponts et
chaussées après sa sortie de l'Ecole Polytechnique, le 20 novembre 1840, il devint aspirant ingénieur le 13 avril 1844.
Attaché comme ingénieur ordinaire au service de l'arrondissement d'Aubenas, il fut promu successivement à la deuxième
et à la première classe.

M. Combier a quitté ce service en 1857, après avoir obtenu
un congé illimité, pour passer au service de la compagnie des
chemins de fer des Ardennes.

CONTAUT (Charles-Gaspard) — *Vosges* — est né à
Épinal (Vosges) le 11 janvier 1802. Percepteur des contributions directes de 1831 à 1842, M. Contaut s'est depuis lors
adonné au commerce et à l'industrie. Mais tout en faisant le
commerce de bois à Neufchâteau (Vosges), il prenait une
part active aux affaires de son pays. Membre du conseil

municipal de Neufchâteau depuis près de trente ans, il a
rempli les fonctions de maire en 1848; il est devenu membre
du conseil général des Vosges de 1848 à 1852, puis capitaine
de la garde nationale, et enfin a été élu par le conseil municipal maire de nouveau en 1870, au moment de l'invasion.

En gérant les affaires d'administration locale, M. Contaut
s'était peu à peu initié à la vie politique; il prit à tâche de
faire triompher dans toutes les élections les principes libéraux et de combattre les candidatures officielles. En 1848, il
fut porté sur la liste des candidats républicains pour la Constituante; en 1869, il accepta la candidature qu'on lui offrait
et représenta l'opinion républicaine; au 10 octobre 1870,
présenté par les comités électoraux, il fut choisi à l'unanimité par les représentants de 252 délégations cantonales;
enfin en 1871, il fut élu représentant des Vosges par 22,800
suffrages.

CONTI (**Charles-Etienne**) — *Corse* — né à Ajaccio, le
31 octobre 1812. M. Conti qui devait jouer un rôle important
dans notre histoire politique, fit ses études en Corse et se fit
recevoir avocat. Mais tout en étudiant à fond la science du
droit, il cultiva la poésie, et on a de lui des productions poé-
tiques remarquables qui ne l'empêchèrent pas d'obtenir au
barreau une réputation méritée.

Nommé membre du conseil général de la Corse, il fut appelé, après la révolution de février, aux fonctions de procureur général à Bastia. Il ne tarda pas à montrer dans ce
poste un esprit sage, libéral et éclairé. Mais il dut quitter la
Corse pour aller remplir le mandat de représentant qui lui
fut confié par les électeurs de ce département.

M. Conti était conseiller d'Etat lorsque survint la mort de
M. Mocquard, secrétaire particulier de l'empereur. Il fut
appelé par Napoléon III à ce poste de confiance, et personne
n'ignore quel tact, quelle réserve et surtout quelle droiture
il apporta dans cette position si haute et si délicate.

Dans sa profession de foi aux électeurs de la Corse, à

l'époque des élections de 1871, M. Conti a énergiquement affirmé ses convictions napoléoniennes, et lorsqu'à Bordeaux, la Chambre ne crut pas devoir repousser la proposition de déchéance formulée par quelques députés, M. Conti montra un véritable courage politique en tenant tête à l'orage et en protestant contre l'acte constitutionnel d'une assemblée qui ne s'était point déclarée constituante.

CORCELLE (de) — *Nord* — nous est peu connu. Nous savons qu'il a été élu par un grand nombre de suffrages et qu'il vote avec la majorité censervatrice. Il ne fait partie d'aucune des réunions parlementaires. Il a voté pour l'abrogation des lois d'exil et pour la validation de l'élection des princes d'Orléans. Il a même été un des signataires de la proposition relative à l'abrogation des lois d'exil contre la maison de Bourbon.

CORDIER — *Seine-Inférieure* — domicilié à Rouen depuis quinze ans, membre et, en ces derniers temps, secrétaire de la Chambre de commerce.

Compatriote de M. Pouyer-Quertier, notre honorable ministre des finances, M. Cordier est comme lui un des grands industriels de Rouen. Il est aussi doué d'une grande compétence en matière commerciale. Il a publié il y a quelques années un ouvrage très-remarquable intitulé : *De la crise cotonnière*.

M. Cordier a eu divers pourparlers avec les chefs de l'armée d'occupation et a été envoyé en mission par M. Pouyer-Quertier au quartier-général du général de Fabrice pour régler les questions pendantes avec les autorités allemandes.

M. Cordier a été élu un des premiers parmi les représentants de la Seine-Inférieure. Il vote avec la fraction libérale et prend part aux délibérations de la réunion Feray.

CORNE (Hyacinthe) — *Nord.* — Ancien magistrat, ancien représentant du peuple et publiciste distingué, M. Corne est né à Arras (Pas-de-Calais), le 28 août 1802. Il débuta comme magistrat à la cour de Douai. C'est en 1837 qu'il entra dans l'arène parlementaire. Il fit une opposition constante au gouvernement. Aussi devint-il en 1848 procureur général à Douai, puis procureur général près la cour d'appel de Paris. Sous la République, qui succéda au gouvernement de juillet, il figura le second sur la liste des vingt-huit députés du Nord et se montra généralement sympathique au parti représenté par le général Cavaignac. Le coup d'Etat l'engagea à rentrer dans la retraite où il continua à s'adonner à des travaux littéraires. Déjà connu comme publiciste, il fit paraître, en 1853, *le Cardinal Mazarin*, et dans la même année *le Cardinal de Richelieu*. Il écrivit plus tard ses *Lettres à Adrien*.

M. Corne est un conservateur très-libéral qui a dû voter sans hésitation la loi municipale. Il a été favorable au projet proposé relativement aux préliminaires de paix et au transfert de l'Assemblée. C'est le représentant qui, dans le même collége, a obtenu le plus de suffrages. Il a été élu par 251,239 voix.

CORNULIER-LUCINIÈRE (**Albert-Hippolyte-Henri comte de**) — *Loire-Inférieure* — est né le 17 juillet 1809, au château de Lucinière, commune de Joué-sur-Erdre (Loire-Inférieure). M. le comte de Cornulier-Lucinière habite tantôt Nantes, tantôt son château des Bretaudières, situé à Saint-Philbert-de-Grandlieu. Il a fait autrefois partie de l'armée. Entré dans la marine, à Angoulême, comme élève de troisième classe, il passa, en 1830, dans les gardes du corps de Charles X. La révolution qui éclata à cette époque le fit sortir de France et il entra en 1833 comme lieutenant dans l'armée du roi Don Miguel de Portugal, commandée par le maréchal de Bourmont. On devine facilement à quelle fraction de la Chambre appartient M. le comte de Cornulier-Lucinière. Il est resté fidèle à ses principes et vote avec la majorité conservatrice.

L'honorable député de la Loire-Inférieure a été membre

du Conseil général de ce département de 1848 à 1852 et conseiller municipal de Nantes de 1865 à 1870.

COSTA DE BEAUREGARD (Le marquis Albert de)
— *Savoie* — est né à la Motte en 1835. Il appartient à l'une des plus anciennes et des plus honorables familles de la Savoie et fait partie du conseil général depuis 1864. Dès le début de la guerre contre la Prusse, M. Albert de Costa de Beauregard a voulu prendre sa part des dangers de la patrie. Nommé commandant du 1er bataillon de mobiles de la Savoie, il a fait une campagne des plus rudes, assistant successivement aux principaux combats de l'armée de la Loire et de l'armée de l'Est. Gravement blessé à la bataille d'Héricourt, il fut fait prisonnier et interné à Carlsruhe. Le nouveau député souffre encore de ses blessures et on le voyait venir à l'Assemblée en se soutenant à l'aide de deux béquilles. M. le marquis de Costa de Beauregard siége à la droite de l'Assemblée.

COTTIN (Paul) — *Ain.* — Riche industriel, ardent en politique, peu âgé, mais déjà connu par quelques publications. Il a en outre fondé l'*Impartial de l'Ain* dans lequel il a inséré des articles politiques. M. Paul Cottin a pris une part active à la défense du pays pendant la guerre. A la tête d'une compagnie de francs-tireurs organisée par lui, on l'a vu combattre dans la défense de l'Est. Il appartient à la réunion parlementaire Feray.

COURBET-POULARD (Alex.-Aug.) — *Somme* — maire d'Abbeville où il est né en 1815. Son père était fabricant de draps et fabricant assez distingué pour qu'une médaille récompensât le mérite de ses produits à l'exposition de 1819. Les tissus de laine ayant été alors frappés d'une énorme dépréciation, M. Courbet-Poulard quitta l'industrie pour le commerce, qui lui présentait moins de chances à courir.
Le fils de la maison alla faire ses études classiques à

Saint-Riquier, près d'Abbeville, et ses études supérieures à Paris; il avait, d'un côté comme de l'autre, rencontré de véritables succès, quand il fut soudain ramené au sein de sa famille par la mort prématurée de son père, dont il lui fallut continuer l'établissement.

A trente ans, le jeune négociant entrait au tribunal de commerce; deux années plus tard, il arrivait à la chambre de commerce, dont il a été successivement le secrétaire et le président. Il résigna ce dernier titre à la fin de 1869, le jour même où il fut appelé par le gouvernement auprès du conseil supérieur du commerce, à Paris, en qualité de commissaire spécial pour l'enquête relative aux conséquences des traités de commerce.

Malgré les travaux que lui imposaient et la présidence du tribunal de commerce dont il fut honoré deux fois, et la présidence de la chambre qu'il occupa vingt fois consécutivement, M. Courbet-Poulard n'était pas resté étranger à l'administration. Il avait été, en effet, porté au conseil municipal en 1847, au conseil général en 1858; et depuis, les électeurs se montrèrent fidèles à lui renouveler le mandat, soit communal, soit départemental.

Lorsqu'il fut nommé, en 1863, dans la Légion d'honneur, il se produisit un incident bien flatteur pour le nouveau chevalier. Avant même que le *Moniteur* eût parlé, et jaloux de sanctionner, par avance, le décret qui allait paraître, MM. les membres du tribunal et de la chambre vinrent, spontanément, offrir au digne vétéran des deux corps commerciaux une croix en brillants..., hommage touchant de leur commune estime et de leur commune sympathie.

Une carrière marquée par tant de services et entourée de tant de distinction ne pouvait pas s'arrêter là. La valeur personnelle de l'homme et son dévouement absolu aux intérêts publics devaient se faire jour dans une sphère plus vaste.

Un certain nombre des concitoyens de M. Courbet avaient déjà, dès 1863, prononcé son nom pour le mandat législatif... et l'idée n'avait pas cessé de faire son chemin, en dépit et peut-être en raison des petites jalousies qui ne chôment jamais.

M. Courbet résolut de-planter, hardiment, à Abbeville, le drapeau d'une *candidature locale*, d'une *candidature indépendante*[1], au milieu des oppositions de toutes sortes, oppositions personnelles quelquefois plus que politiques.

Le candidat indépendant s'attendait à succomber; mais il succomba, du moins, avec une glorieuse minorité.

Cette défaite, à la suite d'une telle lutte électorale, valut à l'estimable vaincu les avances bienveillantes d'hommes fort distingués, qu'il n'avait connus nulle part. Heureux de lui prouver leur estime et regrettant qu'il ne lui fût point permis, quant à présent, de rendre des services à la patrie, sur les bancs du Corps législatif, ils lui offrirent de prendre place auprès d'eux, dans une tribune bien autorisée, dans la tribune de la presse. Nonobstant tout l'attrait et tout l'avantage de la position, M. Courbet ne consentit pas, définitivement, à se séparer de son Abbeville : il déclina, en conséquence, l'honneur de devenir le directeur gérant du *Français*, le journal qui représente bien ses opinions, et il retourna en Picardie pour y attendre les éventualités.

Les éventualités se précipitèrent bientôt, hélas! terribles, implacables : pour les conjurer, pour les enrayer, tous les désirs tendaient à la convocation immédiate d'une Assemblée nationale. Malheureusement, les membres de la délégation du Gouvernement de la défense nationale résistèrent, quand même, aux vœux du pays, sans compter avec l'immense responsabilité dont ils surchargeaient leurs épaules.

La situation désastreuse, la volonté aigrie d'un grand peuple, qui avait tant souffert et qui devait encore tant souffrir de fautes qui n'étaient pas les siennes, finirent cependant par violenter ses gouvernants de hasard.

De là les élections générales du 8 février 1871, qui furent

---

[1] Nous avons sous les yeux sa profession de foi, nette, solide, énergique, et nous regrettons vivement de ne pouvoir la reproduire *in extenso*.

comme l'explosion providentielle du sentiment public vaine-
ment travaillé, qui furent la voix de la France entière.

M. Courbet-Poulard avait recueilli plus de 95,000 suffrages,
c'était assez de signatures pour valider un mandat.

En arrivant à l'Assemblée, il alla directement se ranger
dans le grand parti de l'*ordre, par les principes religieux,* sans
lesquels l'édifice social manque de bases... Sagement libéral,
il appartient tout entier à la cause du progrès, qui s'avance,
mais sans brusquer son mouvement, et qui n'est, au fond,
que l'aspiration raisonnable et raisonnée de l'humanité vers
le mieux de ses destinées.

Nous aurions dû dire plus tôt que M. Courbet-Poulard,
après avoir écrit dans plusieurs journaux, a collaboré au
Dictionnaire du commerce, édité par Guillaumin ; qu'il est
l'auteur de publications aussi nombreuses qu'intéressantes,
sur les *biens communaux,* sur les *octrois,* sur les *chemins de
fer,* sur la *marine,* etc.; qu'il s'est beaucoup occupé de la
navigation, soit en général, soit en particulier pour la baie
de Somme, etc.

Nous l'avons suivi depuis son entrée à la chambre et nous
l'avons vu nommer membre des commissions les plus diverses; il a été l'un des seize représentants qui, le 10 mars,
ont déterminé, par voie d'amendement, la translation de l'Assemblée nationale à Versailles ; il a signé, avec un de ses
honorables collègues, M. de la Sicotière, une proposition pour
assujétir à la même retenue proportionnelle que le traitement
des fonctionnaires, l'indemnité des députés.

Il a, en outre, dans la séance du 7 avril, déposé le projet
d'une loi qui introduira une heureuse révolution dans le rè-
glement des faillites, par la réduction du privilége des propriétaires d'immeubles, en la matière, privilége dont l'exercice est souvent injuste, quelquefois même odieux.

Pour nous résumer, le département de la Somme a, dans
M. Courbet-Poulard, un député dont il ne se reprochera jamais
la nomination.

COURCELLE (Jules) — *Haute-Saône* — dirige à Vesoul une importante maison de banque. Déjà il faisait partie du Conseil général de la Haute-Saône lorsque les électeurs lui ont confié le mandat de représentant à l'Assemblee nationale. Conservateur libéral, M. Courcelle est un des membres de la réunion Feray.

CRESPIN — *Loiret.* — Avocat au barreau d'Orléans, M. Crespin appartient, croyons-nous, à la gauche de l'Assemblée. Il a voté contre l'abrogation des lois d'exil et contre l'admission des princes d'Orléans. M. Crespin ne fait partie d'aucune des réunions parlementaires.

CRUSSOL (duc de) — *Gard.* — M. le duc de Crussol appartient à la majorité; il assiste à la réunion des Réservoirs. Il a été envoyé à la Chambre avec un contingent de plus de 56,000 suffrages émanant pour la plupart de l'élément conservateur. L'honorable député du Gard n'a pas encore paru à la tribune mais il a participé aux travaux de plusieurs Commissions et a fourni un vote affirmatif dans toutes les questions utiles proposées à l'Assemblée.

CUMONT (vicomte Arthur de) — *Maine-et-Loire.* — C'est comme publiciste, ou plutôt comme polémiste, que M. de Cumont a conquis la notoriété qui lui a ouvert les portes de l'Assemblée. Le journal qu'il dirige et qu'il a fondé à Angers, l'*Union de l'Ouest*, est un des organes les plus importants et les plus intrépides de la presse légitimiste et religieuse. Le journal de M. de Cumont s'est principalement signalé par une polémique à outrance contre l'*Univers* et les doctrines théologiques de M. Louis Veuillot. Dans la grave question de l'infaillibilité pontificale, l'*Union de l'Ouest*, en effet, soutenait les idées de Mgr Dupanloup, si vivement attaqué par l'*Univers*. On doit signaler aussi comme un des titres de M. de Cumont, à la confiance des électeurs de l'Anjou, ses luttes infatigables contre la démagogie et les déma-

gogues. Pendant la dictature de M. Gambetta, l'*Union de l'Ouest*
ne passa pas un seul jour sans faire une guerre acharnée à
cette politique de *fous furieux*, selon l'expression de M. Thiers,
et eut l'honneur d'être suspendu pour deux mois, par le préfet gambettiste Engelhard, qui a laissé à Angers de si déplo-
rables souvenirs. — M. de Cumont a fait partie du Conseil
municipal d'Angers et il soutient à la Chambre les opinions
politiques qu'il a toujours affirmées dans son journal. Il
compte parmi les membres influents de la réunion des
Réservoirs. Il a obtenu 90,495 voix.

CUNIT — *Loire*. — C'est un des membres les plus distingués du barreau de Saint-Étienne. Il appartient à cette réunion qui compte parmi ses adhérents un grand nombre d'a-
vocats et dont le comité directeur a pour principaux inspira-
teurs des personnes influentes du barreau comme MM. Victor
Lefranc, Albert Grévy et Emmanuel Arago. On sait du reste
que M. Jules Simon, ministre de l'instruction publique et
M. Magnin, représentants très-influents dans l'ancienne assemblée, font aussi partie de la réunion du jeu de Paume.

M. Cunit siége naturellément sur les bancs de la gauche.
Il a voté contre l'abrogation des lois de proscription et contre
l'admission des princes d'Orléans. Il avait été favorable précédemment au projet de loi relatif aux préliminaires de paix.

D

DAGUENET — *Basses-Pyrénées* — n'est pas un nouveau
venu dans nos assemblées parlementaires. Sous Louis-Philippe il faisait partie de la Chambre des députés. M. Daguenet
a occupé dans la magistrature le poste de premier président
à la Cour d'Orléans. Il donna sa démission en février 1848.

M. Daguenet siége à la droite de l'Assemblée nationale.

DAGUILHON-LASSELVE — *Tarn*. — Il est, croyons-nous, le parent de M. Daguilhon, ancien député et premier président à la Cour de Paris. Pour lui, c'est la première fois qu'il siége à la Chambre. Élu le premier sur la liste des député du Tarn, il a pris place parmi les conservateurs libéraux.

DAHIREL (Hyacinthe) — *Morbihan* — est né à Ploermel le 15 octobre 1804. Il descend d'une famille qui a vu plusieurs de ses membres siéger dans nos assemblées politiques.

M. Hyacinthe Dahirel appartenait à la magistrature avant 1830. Il donna sa démission lorsqu'éclata la révolution. Il se fit inscrire au barreau de Lorient où il a été souvent élu bâtonnier. Son mérite oratoire et la grande droiture de son caractère l'ont rendu célèbre dans le Morbihan. Il vote avec la droite dans l'Assemblée actuelle.

DAMPIERRE (Élie, marquis de) — *Landes* — est né au château de Jaumont en septembre 1813. C'est le fils d'un légitimiste, pair de France sous Charles X, et d'une opinion assez libérale sous Louis-Philippe. Il ne réussit point à se faire élire député en 1836 et en 1842, mais il le devint après les événements de février et il passa le premier sur la liste. Il fit partie de la droite.

M. le marquis de Dampierre soutint la politique de Louis-Napoléon jusqu'au coup d'État. Il rentra à cette époque dans la retraite. Dans l'Assemblée de Versailles, il appartient à la majorité.

DARON — *Saône-et-Loire*. — M. Daron n'a point de passé politique. C'est, parmi les députés de Saône-et-Loire, celui qui a obtenu le moins de suffrages, et il a été envoyé à la Chambre par l'élément républicain de son département. Il vote du reste avec la gauche et assiste à la réunion du Jeu de Paume.

DARU (**Napoléon, comte**) — *Manche*. — C'est le fils d'un homme d'État célèbre sous le premier Empire. Né à Paris le 11 juin 1807, il entra en 1832 à la Chambre des pairs. Au sortir de l'École polytechnique, il servit dans l'armée comme officier d'artillerie, et donna sa démission une fois devenu capitaine.

Après la révolution de février, les habitants de la Manche le nommèrent député à l'Assemblée constituante et à l'Assemblée législative. Il vota alors constamment avec la droite. Vice-président de la Chambre en 1850, il protesta à la fin de 1851 contre le coup d'État; son amour du devoir lui coûta quelques jours de détention à Vincennes. Une fois mis en liberté il rentra dans la vie privée et ne reparut sur la scène politique qu'en 1869. Ses anciens mandataires le firent arriver de nouveau au Corps législatif. Il devint ministre des affaires étrangères dans le cabinet Ollivier; mais il ne tarda pas à donner sa démission.

Le comte Daru ne se montra point favorable à la déclaration de guerre au mois de juillet 1870. Lorsqu'elle eut éclaté, il se conduisit avec patriotisme. Il mit avec empressement ses lumières et son argent au service de la nation. Membre du Conseil général de la Manche, il en fut élu le président quand celui-ci se réunit pour voter les sommes que le département aurait à fournir afin de subvenir aux frais de la guerre.

M. Daru est généralement de l'avis de la majorité, mais il eût voulu maintenir à Bordeaux le siége de l'Assemblée nationale. Il est officier de la Légion d'honneur depuis 1840 et a été élu membre de l'Académie des sciences morales et politiques en 1860.

DAUPHINOT (**Jean-Simon**) — *Marne* — manufacturier, né à Reims le 24 janvier 1821. Juge au Tribunal de commerce de Reims, il fut élu président de ce Tribunal le 16 novembre 1864; membre du Conseil général de la Marne et maire de Reims en 1868. Il est chevalier de la Légion d'honneur.

M. Dauphinot est un républicain modéré. Il vote avec le tiers parti et compte parmi les membres de la réunion Feray.

DAUSSEL (Philippe) — *Dordogne*. — Membre et secrétaire du conseil général de la Dordogne depuis 1848, M. Daussel est né à Périgueux le 22 mars 1813. C'est un homme de bien dont l'ambition a toujours été de consacrer sa vie et son intelligence aux intérêts de ses concitoyens. Appelé à diverses fonctions gratuites administratives par la confiance des populations, il s'y est fait remarquer par un dévouement sans bornes qui lui a mérité l'estime publique et la sympathie universelle. Ses concitoyens reconnaissants l'ont élu à une grande majorité député à l'Assemblée nationale. Il appartient à l'opinion monarchique.

M. Daussel est chevalier de la Légion d'honneur et officier de l'instruction publique.

DECAZES (Charles-Jean-Joseph-Louis, baron) — *Tarn*. — C'est le deuxième fils du comte Decazes, préfet du Tarn sous la Restauration et député de l'arrondissement d'Albi de 1831 à 1846.

M. le baron Decazes était officier d'infanterie; lors du coup d'État il donna sa démission et s'occupa exclusivement d'agriculture. Il fait partie du comice agricole d'Albi et il en est le président depuis plusieurs années. Il a siégé aussi au Conseil général du Tarn et se présenta plusieurs fois sous l'Empire comme député de l'opposition. Il échoua constamment contre les efforts de l'administration. Mais au mois de février, M. le baron Decazes a obtenu plus de 54,000 suffrages. Il siége au centre gauche et fait partie de la réunion Saint-Marc-Girardin.

C'est un esprit sage et dévoué aux intérêts de son pays. Il n'a accepté le mandat de député que dans le but d'y travailler efficacement, et s'estimera heureux de retourner à ses travaux agricoles une fois accomplie la haute mission qui lui a été confiée par ses concitoyens.

DECAZES (**Louis-Charles-Élie-Amonieu, duc**) — *Gironde*. — Né le 9 mai 1819, est le fils du ministre de la Restauration. Entré fort jeune dans la diplomatie, il remplit près de M. Guizot, ambassadeur à Londres, l'emploi de secrétaire d'ambassade; il a ensuite occupé les postes de ministre plénipotentiaire et envoyé extraordinaire de France auprès des cours d'Espagne et de Portugal sous la monarchie de Juillet. Il donna sa démission à l'époque où éclata la révolution de février.

Sous l'Empire, il devint membre du Conseil général de la Gironde, et en 1869 il posa sa candidature au Corps législatif dans la circonscription de la Gironde. Il échoua contre le candidat officiel, M. Chaix-d'Est-Ange fils.

M. le duc Decazes est commandeur de la Légion d'honneur et grand'croix de l'ordre d'Isabelle la Catholique. Il a été élu le troisième sur la liste des quatorze députés de la Gironde, par plus de 100,000 suffrages.

DELACOUR — *Calvados* — né à Paris en 1826, propriétaire au château de Saint-Gabriel, canton de Creully. M. Delacour a occupé précédemment plusieurs fonctions administratives importantes. Très-amateur de peinture, il a consacré à cet art une grande partie de ses loisirs, et on a vu figurer plusieurs tableaux de paysages dûs à son pinceau, dans nos grandes expositions. Il s'est aussi beaucoup occupé de questions fort intéressantes pour une contrée comme la Normandie, nous voulons parler de celles qui ont rapport à la race chevaline et à l'agriculture.

M. Delacour a été auditeur au conseil d'État de 1847 à 1851. Il se démit de ses fonctions à cette époque. En 1857, il fut élu membre du conseil général du Calvados, où il a continué de siéger jusqu'à ces derniers temps. Son attitude au sein de cette assemblée a toujours été très-indépendante.

M. Delacour est un esprit sage qui vote sans parti pris. Il étudie sérieusement toutes les propositions soumises aux délibérations de la Chambre et émet des bulletins conformes à ses appréciations. Il fait partie des réunions Feray et Saint-Marc-Girardin. On doit à sa plume une brochure ayant pour objet la suppression du fonds commun.

DELACROIX (Jacques-Jules) — *Eure-et-Loir* — pharmacien à Chartres, né dans cette ville en 1807. C'est un républicain doué d'un libéralisme éclairé, nuance Jules Favre et Picard. Il n'a jamais siégé dans une assemblée législative, mais a été en 1848, adjoint au maire du chef-lieu d'Eure-et-Loir et a été nommé maire de Chartres le 4 septembre dernier. M. Delacroix a fait preuve de beaucoup de patriotisme dans l'exercice si difficile de ces dernières fonctions. Ses concitoyens se souviennent avec reconnaissance des services qu'il leur a rendus pendant tout le temps que leur cité fut au pouvoir des Prussiens. Ils l'ont nommé le premier sur la liste des six députés d'Eure-et-Loir. M. Delacroix vote avec la gauche et fait partie de la réunion du Jeu de Paume, où le parti libéral s'assemble et prend ses résolutions.

DELAVAU (Henri) — *Maine-et-Loire* — né le 11 octobre 1814. Il descend d'une famille longtemps connue dans la magistrature par ses services et son honorabilité. Quant à M. H. Delavau, il préféra la vie des champs à celle plus enviée des cités et s'occupa, au milieu de ses concitoyens, de l'industrie vinicole. La bienveillance de son caractère et ses qualités intellectuelles lui conquirent leurs sympathies. Il fut d'abord élu conseiller municipal de la commune où il réside, puis conseiller d'arrondissement et enfin a été nommé député aux dernières élections par 101,169 suffrages. Il figure le troisième sur la liste des onze députés du département de Maine-et-Loire.

M. Henri Delavau assiste à la réunion dite des Réservoirs, réunion composée de représentants appartenant à la majorité conservatrice.

DELILLE (**Louis-Étienne Jarrit**) — *Creuse*. — Il est né le 24 février 1825. Il appartient au parti libéral-conservateur qui accepte la forme républicaine, si elle peut concilier l'ordre et la liberté. Petit-fils de M. le baron Voysin de Gastemps, pair de France, député de la Creuse, il a été très jeune appelé à la vie politique. Il exerçait à Guéret les fonctions d'avocat, lorsqu'en 1850 il fut nommé maire de cette ville. Les élections pour le conseil général de la Creuse le firent siéger dans cette assemblée en 1852. Il fut nommé quelques années plus tard chevalier de la Légion d'honneur. Une grande disgrâce l'attendait douze ans après. L'administration, oubliant les services rendus par M. Delille dans l'exercice des fonctions gratuites qu'il remplissait avec tant de dévouement, fut froissée de l'esprit d'indépendance dont il faisait preuve à chaque instant par ses actes et par ses paroles, et le révoqua de ses fonctions de maire à l'approche des élections pour l'Assemblée législative. Il fut nommé vice-président du tribunal civil de Guéret en 1866.

Nous avons dit que M. Delille était un conservateur libéral. Il assiste en effet à la réunion Feray d'Essonne, qui compte dans son sein de nombreux républicains conservateurs, ou des représentants n'ayant aucune attache avec le parti radical.

DELORME (**Achille**) — *Calvados*. — Ce département compte peu de députés démocrates. M. Delorme arrivé le dernier sur la liste de ce département est un des membres de la gauche. Il a voté avec elle depuis l'ouverture de la Chambre. Il fait parti de la réunion du jeu de Paume.

DELPIT (**Martial**) — *Dordogne*. — Il est né à Cahuzac (Lot-et-Garonne) le 25 février 1813. Il fit des études à l'école des Chartes et il devint collaborateur de l'illustre Augustin Thierry pour le *Recueil des monuments de l'Histoire du Tiers Etat*.

On doit à la plume de M. Delpit un demi-volume in-4° qui a pour titre : *Notice sur un manuscrit de la bibliothèque de Wolfembattel intitulé : Recognitiones feodorum*, relatif à l'histoire de la Guyenne au xiiie siècle ; et un mémoire sur l'histoire municipale de la ville d'Amiens, qui a valu à son auteur la première médaille au concours des antiquités nationales de 1840, ouvert par l'Académie des inscriptions.

De 1844 à 1848, M. Delpit fut chargé par le ministre de l'instruction publique de missions en Angleterre pour y rechercher des documents relatifs à notre histoire. Il a publié dans divers journaux, et notamment dans le *Moniteur,* une série de *Lettres sur les archives et les bibliothèques de l'Angleterre.* Ce travail a été interrompu par la révolution de 1848. A cette époque, l'honorable écrivain fut nommé à la Constituante et il fit paraître une brochure politique intitulée : *Les Questions du jour.* Il se rallia à la politique du général Cavaignac et vécut dans la retraite sous l'Empire.

DELSOL — *Aveyron.* — Avocat du barreau de Paris, c'est un économiste distingué et un homme de cabinet. Il a obtenu près de 58,000 voix dans l'Aveyron. Il fait partie de la réunion Feray. M. Delsol a voté pour l'abrogation des lois d'exil et l'admission des princes d'Orléans.

DENFERT-ROCHEREAU (**Pierre-Marie-Philippe-Aristide**). — *Haut-Rhin.* — Tout le monde connaît aujourd'hui le colonel Denfert, l'héroïque commandant de Belfort, aussi distingué par sa science que par son courage. Il est né le 11 janvier 1823 à Saint-Maixent (Deux-Sèvres). Après de brillantes études il fut admis successivement à l'École polytechnique et à l'École d'application d'artillerie et du génie de Metz, d'où il sortit le premier dans l'arme du génie en février 1845, et où il devait plus tard occuper un poste de professeur adjoint. Il eut l'occasion auparavant d'acquérir un commencement d'illustration pour sa science et ses actes de bravoure. Pendant la campagne de Rome et la guerre de Crimée il fournit en diverses circonstances des preuves de ses capacités et de sa valeur. Mais le plus beau titre à sa gloire est sa défense dans la place de Belfort, qu'il sut rendre imprenable, pendant la guerre contre la Prusse.

Le colonel Denfert a publié dans la *Revue d'architecture*, de César Daly (année 1859), un mémoire très-apprécié sur les *Voûtes en berceaux*, qui avait été auparavant présenté à l'Institut par le maréchal Vaillant.

DEPASSE (Émile-Toussaint-Marcel) — *Côtes-du-Nord* — est né à Guingamp le 29 juillet 1804. Notaire à Lannion, il devint en 1839 maire de cette ville et put alors réaliser quelques - unes des réformes que lui avait suggérées son esprit sincèrement démocratique. C'est ainsi qu'il établit à Lannion une salle d'asile sur un plan conçu par lui, et qu'il désirait voir se propager dans toute la France. Dans ce but, il exposa son système philanthropique dans un excellent travail intitulé : *Considérations sur les salles d'asile et de leur influence sur l'avenir des classes pauvres.*

En 1848, les électeurs des Côtes-du-Nord donnèrent plus de 90,000 voix à M. Depasse; et, naturellement, il continua dans l'Assemblée nationale à porter ses préoccupations sur les questions d'assistance publique.

Dans l'Assemblée de 1848, M. Depasse votait avec la droite. C'est également à la droite qu'il a pris place dans l'Assemblée de 1871.

DEPEYRE — *Haute-Garonne* — avocat et journaliste; il passe pour être doué d'un esprit caustique et jouit dans la presse du Midi d'une grande réputation. C'est dans la *Gazette du Languedoc* qu'il a principalement développé ses opinions. Elles sont, comme ce journal, de la nuance légitimiste. M. Depeyre, du reste, n'a jamais hésité, depuis qu'il siége à l'Assemblée, de manifester hautement sa manière de voir. Il vote naturellement avec la majorité, mais nous avons été surpris de ne point lire son nom sur la liste où sont inscrits les représentants qui font partie de la réunion des Réservoirs. Sa place y était marquée à côté de MM. d'Auberjon et de Belcastel, ses collègues de la Haute-Garonne, et ses amis en politique.

DESBONS (**Anatole**) — *Hautes-Pyrénées.* — Il habite depuis quinze ans Maubourgues (Hautes-Pyrénées), mais il est né à Ju-Belloc, département du Gers. — Cet honorable député a trente neuf ans. — Quoique avocat il s'occupe spécialement d'agriculture et il y consacre entièrement ses soins et ses aptitudes. C'est un des éleveurs de chevaux les plus considérables du Sud de la France. Il a fondé plusieurs sociétés de courses et a été choisi comme commissaire des sociétés de Tarbes et de Maubourgues. Il a publié de nombreux articles traitant d'économie agricole et il y a engagé une vive polémique contre les administrations des haras et des remontes.

M. Desbons a été maire de la ville de Maubourgues pendant sept années consécutives. Il s'est distingué dans ses fonctions par la loyauté de son caractère et son indépendance.

DESCAT (**Constantin**) — *Nord.* — Il est né à Roubaix (Nord) en 1812. Son père avait fondé dans cette ville l'établissement de teinture et d'apprêt sur tissus qui devint plus tard célèbre sous le titre de maison Descat-Crouset. Associé à ses travaux dès l'année 1830, il lui succéda en 1844 avec ses frères, sous la raison de commerce Descat frères.

L'établissement fondé par le père devint de plus en plus florissant sous la direction des fils et les cinq ou six médailles d'or et d'argent qu'ils obtinrent aux expositions de Londres et de Paris, portèrent à l'apogée la réputation d'une maison déjà célèbre. Aussi le gouvernement décerna-t-il successivement à MM. Descat la croix de la Légion d'honneur.

Quant à M. Descat Constantin, nommé chevalier dans cet ordre à l'exposition de 1855 et choisi précédemment comme membre de la chambre consultative des arts et manufactures de Roubaix, il fut élu membre du conseil municipal de cette ville le 28 juillet de la même année. Adjoint au maire de Roubaix le 9 août 1860, il fut nommé maire au mois de juillet 1861.

M. Descat a obtenu aux dernières élections pour l'Assemblée nationale 210,305 suffrages.

DESCHANGE (**Félix**) — *Moselle* — est né en 1834 et exerce la profession de notaire à Longuyon. C'est un des représentants de la Lorraine et de l'Alsace qui, en présence de la cession de territoire à laquelle la France n'avait pu échapper, ne crurent pas pouvoir continuer à siéger à l'Assemblée, mais qui revinrent sur cette décision quand celle-ci eut déclaré qu'elle considérait toujours les députés de l'Alsace et de la Lorraine comme les députés de la France.

Inutile d'ajouter qu'il a voté contre le traité de paix. Il a voté pour la loi municipale. Il appartient à la gauche républicaine.

DESEILLIGNY (**Alfred**, PIERROT) — *Aveyron*. — Il est né à Paris le 9 mai 1828. Son père a été de 1830 à 1845 proviseur du collége Louis-le-Grand. Il n'embrassa pas la carrière de l'enseignement, mais fixa ses yeux sur la haute industrie et devint directeur de l'importante usine du Creusot. Ayant eu l'occasion dans ce poste considérable de seconder très-utilement son oncle M. Schneider, l'un des propriétaires du Creusot et ancien président du Corps législatif, il épousa sa fille.

M. Deseilligny est un homme de grand mérite; ses services comme directeur du Creusot ont été appréciés. Ils lui ont valu, il y a dix ans, la croix de chevalier de la Légion d'honneur. Son dévouement envers les classes laborieuses lui a inspiré un ouvrage sur l'influence de l'éducation sur la moralité et le bien-être des ouvriers, qui a reçu de l'Académie des sciences morales et politiques une récompense de 3,000 francs. Ce dévouement, joint à son attitude indépendante dans l'ancienne chambre, l'a fait élire de nouveau député aux dernières élections.

M. Deseilligny après avoir été directeur du Creusot pendant douze ans est, à l'heure qu'il est, administrateur délégué de l'usine de Decazeville, à laquelle il a donné une prospérité nouvelle en en développant surtout les houillères.

DESJARDINS (Albert) — *Oise.* — M. Albert Desjardins a 35 ans. Il est professeur à l'école de Droit de Paris. C'est un homme laborieux et un jurisconsulte distingué. Il a épousé la sœur de M. Sébastiani, ex-sous-préfet de Rheims et neveu du maréchal de ce nom. M. Desjardins est dévoué au parti d'Orléans. Il assiste à la réunion Saint-Marc-Girardin.

DESTREMX — *Ardèche.* — Il appartient à une famille qui s'est distinguée de père en fils par l'impulsion qu'elle a donnée dans le midi aux travaux agricoles et par les améliorations de toute nature qu'elle s'est appliquée à y introduire. M. Destremx, est né à Alais (Gard) le 5 décembre 1820. C'est à quelques kilomètres de cette ville, dans le domaine de Saint-Christol, que son père, marchant sur les traces de ses aïeux, se livra avec tant de succès à la science agronomique qu'un de ses biographes a pu écrire sur son compte ces lignes élogieuses : « Cette persévérance de plus de vingt ans, cette entente de la meilleure administration rurale, cette métamorphose opérée en grand dans son domaine, cette aptitude à la fois théorique et pratique, c'est, il faut bien le dire, le génie du bon sens, et M. Emile Destremx avait ce génie. »

L'honorable député de l'Ardèche fit comme son père, il s'adonna tout entier à l'agriculture. Mais non content d'apporter d'importantes améliorations dans son domaine de Saint-Christol, il créa un autre établissement agricole dans l'Ardèche. Les succès qu'il obtint dans divers concours régionaux de province, de Paris, et de Poissy, dans lesquels il remporta plus de cent médailles, récompensèrent ses efforts.

La grande médaille d'honneur qu'il reçut au concours du Gard, en 1863, pour ses magnifiques travaux d'irrigation et la prime d'honneur du département de l'Ardèche en 1865, furent le couronnement de ses travaux agricoles et donnent la mesure de son intelligence et de son activité.

Lorsque M. Destremx fut nommé député, il était maire de Lablachère dans l'Ardèche et membre du conseil général de ce département. On cite parmi les ouvrages qu'il a livrés à la publicité, un volume intitulé : *Légendes et chroniques du Languedoc;* un autre qui a pour titre : *Essai d'économie rurale et d'agriculture pratique* (Paris, Hachette, 1861). Enfin un volume intitulé : *Agriculture méridionale, le Gard et l'Ardèche.* Il a fait paraître en outre dans les journaux bon nombre d'articles traitant de questions agricoles.

M. Destremx est membre de plusieurs académies et d'un grand nombre de sociétés littéraires scientifiques et agricoles.

Les rapports officiels qui ont été faits sur les concours de la prime d'honneur de l'Ardèche et du Gard, le placent au premier rang parmi les agronomes qui ont donné la plus utile impulsion à l'agriculture méridionale et qui ont rendu les plus grands services à la science agronomique dans cette région.

DEZANNEAU (Théobald) — *Loire-Inférieure.* — Il est âgé de cinquante ans et est propriétaire du château de la Haye Eder, commune de Missillac, dans la Loire-Inférieure. Mais c'est dans le chef-lieu de ce département que M. Dezanneau est venu au monde.

Conseiller d'arrondissement et vice-président du comice agricole du canton de Saint-Gildas-des-Bois, il a passé sa vie dans les travaux agricoles. Constamment en rapport avec les cultivateurs, il n'a jamais laissé échapper une occasion de leur être utile. A même, par conséquent, d'étudier leurs besoins et de les apprécier, ils peuvent être persuadés que M. Dezanneau protégera à la Chambre leurs intérêts.

DIESBACH (le comte de) — *Pas-de-Calais* — membre fondateur de la Société des agriculteurs de France, membre de la Société centrale d'agriculture du Pas-de-Calais et maire de Gouy-en-Artois. C'est un homme d'une grande loyauté, fort estimé de ses concitoyens. Il n'a pas encore abordé la tribune, mais il a déjà rendu de grands services au sein des commissions. Il fait partie de la réunion des Réservoirs et prend place à la Chambre sur les bancs du parti conservateur. M. le comte de Diesbach a obtenu aux élections de février 139,900 suffrages.

DOMPIERRE D'HORNOY (**Charles-Marin-Albert**) — *Somme.* — Ses ancêtres étaient alliés à la famille du fameux Voltaire. Il est né le 24 février 1816. Sa vocation l'emporta vers le métier de marin et il obtint sur les vaisseaux de l'État un avancement rapide. Capitaine de frégate en 1849, puis capitaine de vaisseau en 1854, il devint dix ans après contre-amiral. Il fut nommé en cette qualité commandant en chef d'une division de navires cuirassés.

Ses votes sont pareils à ceux de la majorité libérale conservatrice dont il a les aspirations. Il ne s'est pas opposé aux projets relatifs au transfert de l'Assemblée et aux préliminaires de paix. Il a également voté pour la loi municipale.

M. Dompierre d'Hornoy occupait avant la guerre les hautes fonctions de directeur du personnel au ministère de la marine. Il est grand officier de la Légion d'honneur.

DORÉ-GRASLIN (**Edmond**) — *Loire-Inférieure* — né à Nantes le 19 novembre 1820. M. Doré-Graslin est propriétaire dans sa ville natale. Il a été reçu avocat en 1841, mais il n'a jamais exercé. Il a fait partie du Conseil municipal de Nantes de 1852 à 1871 et a été pendant dix ans conseiller d'arrondissement dans son département. M. Doré-Graslin a été en outre administrateur de divers établissements communaux de bienfaisance.

C'est la première fois que cet honorable représentant figure dans nos assemblées politiques. Ses opinions sont telles du parti conservateur libéral. Il a voté avec lui les mesures proposées jusqu'à présent dans l'intérêt de la France : transfert de l'Assemblée à Versailles, traité de paix, loi municipale, etc., etc.

M. Doré-Graslin a été élu le troisième sur la liste des députés de la Loire-Inférieure.

DORIAN (**Pierre-Frédéric**) — *Loire* — est né le 24 janvier 1814. Ancien maître des forges d'Unieux et maire de cette commune, il commença sa carrière parlementaire en 1863. Il fut réélu en 1869 et il vota avec la gauche.

M. Dorian a fait partie du Gouvernement de la défense nationale comme ministre des travaux publics. C'est un homme dévoué à ses opinions. Il siége comme par le passé sur les bancs de la gauche républicaine.

DOUAY — (*Pas-de-Calais*) — homme nouveau en politique, ne prend jamais la parole, a obtenu près de 138,000 voix. Il n'appartient à aucune réunion parlementaire. Ses opinions ne sont pas encore bien fixées. Il a pourtant voté jusqu'ici avec la majorité.

DOUHET (comte de) — *Puy-de-Dôme*. — M. le comte de Douhet habite le château de Sarlan, à Vic-le-Comte, petite ville située à 22 kilomètres de Clermont-Ferrand. Nouveau venu dans nos assemblées politiques, M. le comte de Douhet promet à la Chambre un représentant sincèrement dévoué aux intérêts de la France. Il a affirmé hautement ses opinions lorsque, dans une lettre rendue publique, il a déclaré que « les guerres sans alliances sont des guerres de désespoir, que les nations, à moins d'être folles, ne doivent jamais entreprendre, sous peine de désastres : les brillantes conquêtes de la République et de l'Empire aboutissent aux deux invasions de 1814 et de 1815 ; de nos jours 1830, 1848 et 1852, venant finir, après maintes promesses décevantes, à notre présente catastrophe, en sont une preuve accablante. Le recouvrement de nos alliances naturelles qui eût été et qui sera le salut, est tout entier en germe dans une déclaration. »

Celle-ci fut présentée à l'Assemblée, revêtue de plusieurs signatures, en tête desquelles se trouvait celle de M. le comte de Douhet et elle était ainsi conçue : « Les représentants soussignés déclarent : que, tout en ne voulant pas entraver l'œuvre douloureuse, mais nécessaire, de la paix, par le refus de leurs votes, ils regrettent néanmoins de toute l'énergie de leur conscience que, à l'exemple de tout ce qui se passa en 1814, l'intervention des héritiers encore vivants de l'illustre maison royale qui nous avait donné l'Alsace et la Lorraine sous Louis XIV et sous Louis XV, et nous les avait conservées sous Louis XVIII, n'ait pu être réclamée, afin de faire sortir l'Europe de sa malveillante indifférence, et nous aider à obtenir, par son entremise, des conditions de paix moins écrasantes. »

Il n'y a rien à ajouter pour faire connaître les opinions et le caractère de M. le comte de Douhet. On devine facilement à quelle fraction de la Chambre il appartient.

DUBOIS (**François-Auguste**) — *Côte-d'Or.* — Il est né à Arnay-le-Duc le 28 mars 1814. Il était en dernier lieu avoué à la cour d'appel de Dijon. Elu conseiller municipal en août 1865 et nommé, quelque temps après, adjoint, il devint maire à la chute de l'Empire.

M. Dubois devint, par son premier mariage, le gendre de l'un des chefs les plus importants de la démocratie bourguignonne sous la monarchie de Juillet, nous voulons parler de M. Monnet, élu à la Constituante en 1848.

Quant à lui, il est redevable en partie de son élection à l'Assemblée de Versailles à l'extrême énergie qu'il déploya devant les Prussiens lorsqu'ils se furent emparés de Dijon. Il professe des opinions libérales, vote avec la gauche et fait partie du groupe politique qui se réunit dans la salle du Jeu de Paume.

DUCARRE — *Rhône* — né à Lhuis (Ain) en 1819, membre et secrétaire du conseil municipal de Lyon, de 1848 au coup d'état, abstentioniste sous l'Empire et cependant plusieurs fois mis en prison, il fut renvoyé par ses électeurs, le 15 septembre 1870, au conseil municipal de Lyon et ensuite à l'Assemblée nationale.

M. Ducarre est chimiste, il a été victime d'un accident de laboratoire; fils de ses œuvres, manufacturier à vingt ans, il a créé à Lyon une grande industrie : celle des toiles imperméables. En 1859, un des appareils de son invention pour le traitement des hydrocarbures fit explosion; M. Ducarre fut brûlé, mutilé. Il a de grosses lunettes et des cicatrices au visage.

M. Ducarre siége sur les bancs de la gauche républicaine.

DUCHATEL (Charles - Jacques - Marie - Tanneguy, comte) — *Charente-Inférieure* — est le fils de M. le comte Duchatel, ancien ministre. Il est né à Paris le 19 octobre 1838.

Candidat de l'opposition libérale aux élections générales de 1869, M. le comte Duchatel a réuni plus de 4,000 voix dans l'arrondissement de Jonzac. Il a été élu par 71,000 suffrages aux élections de février dernier pour l'Assemblée nationale. Il s'est occupé de travaux littéraires jusqu'au jour où la chute de l'empire lui a permis d'aborder le terrain politique. Il a fait acte constant d'opposition sous le gouvernement déchu qui l'a toujours combattu avec ardeur et le traitait comme un irréconciliable adversaire.

M. le comte Duchatel défend aujourd'hui la cause des libertés publiques, appliquées dans le sens le plus large, mais basées sur une monarchie constitutionnelle.

DUCLERC (Charles-Théodore-Eugène) — *Basses-Pyrénées* — est né à Bagnères-de-Bigorre le 9 novembre 1812. Correcteur d'épreuves dans un journal politique, il devint ensuite rédacteur, et occupa en 1838 un des postes les plus importants à la *Revue du Progrès*. Il passa ensuite au *National* où il se fit remarquer par sa compétence dans les questions d'économie politique. En 1848, il fut adjoint au maire de

Paris, puis sous-secrétaire d'Etat et ministre des finances. Les élections qui eurent lieu à cette époque l'envoyèrent dans nos assemblées politiques. Il s'y fit remarquer par son zèle et son aptitude aux affaires publiques.

Nous ne devons pas oublier d'ajouter qu'il fut, au 15 mai, l'un des représentants qui firent preuve du plus grand courage civique en face de l'émeute. Il en fut de même aux terribles journées de juin, pendant lesquelles M. Duclerc exposa plusieurs fois sa vie.

Il vivait dans la retraite, occupé à des travaux littéraires quand les élections de 1871 l'ont rappelé sur la scène politique.

Il appartient à la gauche républicaine et s'est opposé au traité de paix.

DUCOUX (**François-Joseph**) — *Loir-et-Cher.* — Il est né à Château-Pousac (Haute-Vienne) le 14 septembre 1808. Il étudia la médecine à Paris et fit entrevoir, dès sa jeunesse, qu'il serait un jour un des chauds partisans de l'opposition.

Entré au service dans la marine en 1828, en qualité de chirurgien, ce fut lui qui arbora le premier le drapeau tricolore lorsqu'après deux ans de campagne aux Indes Occidentales, il débarqua à Brest avec le reste de l'équipage. En 1831, M. Ducoux fut désigné pour l'Afrique. Il y resta jusqu'en 1837. De retour en France il donna sa démission de chirurgien militaire et se fixa dans la ville de Blois pour y exercer la médecine. Une place au conseil municipal de cette cité lui était réservée en attendant qu'il fût appelé à remplir les fonctions de commissaire de la République dans le Loir-et-Cher. 57,000 voix sur 60,000 l'envoyèrent siéger à la Constituante aux élections de 1848. Le gouvernement ne tarda pas à le nommer préfet de police. Sa conduite dans ces fonctions difficiles fut celle d'un homme loyal, actif et éclairé. Il vécut longtemps éloigné des affaires publiques sous l'empire et s'occupa de l'administration de la compagnie

générale des Petites-Voitures dont il était devenu le directeur. Les élections de 1869 lui firent obtenir plus de 11,000
voix sur 30,000 dans le Loir-et-Cher. Elu en février dernier,
il est resté profondément attaché au parti démocratique,
nuance Henri Martin et Arago. Il eût désiré, lui aussi, la
continuation de la guerre à moins que la Prusse cessât
d'exiger de la France l'abandon d'une portion de son territoire. M. Ducoux n'a pas émis de bulletin au scrutin ouvert
pour voter les amendements relatifs à la loi municipale et au
transfert de l'Assemblée.

DUCROT (**Général**) — *Nièvre*. — Né à Nevers en 1817,
conseiller général de la Nièvre. « C'est, dit un chroniqueur,
un homme d'une taille robuste et élevée avec une tête très-
énergique. Le regard est lent, réfléchi ; le nez attendri, la
barbe est courte et mi-grisonnante. Des traits virils et forts
sans être lourds. Un abord un peu brusque, mais simple et
franc. Un front pensif, préoccupé ; je ne sais quoi de médi-
tatif et de résolu à la fois. Nature excessivement discrète,
froide et grave avec un grand fond de bienveillance. Le Général ne dit pas : « Je suis bon, » il le laisse deviner et le
prouve souvent.

« Le général Ducrot déteste le bruit, l'éclat et l'étalage et
professe, pour la plus innocente réclame, un rare éloigne-
ment. Il n'a jamais consenti à se faire photographier, et la
seule façon de lui être agréable est de ne jamais parler de
lui.

« Cet homme-là voudrait marcher à l'ennemi sous l'anonyme et vaincre incognito.

« Il parle peu, mais bien, agréablement. C'est une parole
honnête et convaincue, juste, sobre, non sans originalité et
sans charme. A-t-il de l'esprit ? Beaucoup, si vous entendez
par là une certaine gaieté du bon sens.

« Il serait prétentieux de juger le capitaine. Mais tout le
monde s'accorde à dire que sa prudence ne laisse rien au
hasard, et que sa grande énergie est faite pour l'obstacle.

« Ce serait à la fois l'homme des résolutions sagement calculées et de l'exécution que rien n'arrête.

« Son meilleur ami est le soldat, j'entends le bon soldat. Mais il est la terreur des paradeurs et des traînards, et des officiers de boudoir.

« Figurez-vous la discipline en habit de général.

Le général Ducrot sort de Saint-Cyr. Il passa en Afrique, et ce fut là qu'il conquit tous ses grades à la pointe de son épée.

« Mais il faut arriver à une période plus récente et à des faits plus palpitants.

« Strasbourg, Sedan, Paris, trois étapes saisissantes et trois dates qui comptent d'une façon aussi honorable que douloureuse dans la vie du général Ducrot.

« Tout le monde connaît aujourd'hui les belles et patriotiques lettres que le général Ducrot écrivait au général Frossard, en 1868 et en 1869.

« De Strasbourg, où il commande, où il se trouve en face de l'Allemagne, il assiste aux progrès incessants et aux formidables préparatifs de la Prusse.

« Il s'inquiète et il s'émeut, il s'informe, il s'informe encore. De sinistres renseignements lui sont tour à tour donnés par M. de D..., Mme de Pourtalès, le commandant Schenck et surtout par un ancien sous-officier qu'il attache à sa personne et qui est aujourd'hui son officier d'ordonnance, M. de Gaston.

« A Sedan, il allait sauver l'armée lorsque le général Wimpffen prit le commandement et la perdit.

« A Paris, il aurait sauvé la France si la France eût pu être sauvée. Tout le monde connaît l'énergie et la bravoure dont il fit preuve pendant le siége. »

Dans une lettre rendue publique et adressée à un journal de la Nièvre, le général Ducrot avait manifesté à ses concitoyens son vif désir de vivre éloigné de la politique. Il a été nommé malgré tout le premier sur la liste des députés de son département. Il vote avec la majorité.

DUCUING (F.) — *Hautes-Pyrénées.* — M. Ducuing est un des nombreux méridionaux que le journalisme parisien compte dans ses rangs. Il s'est principalement occupé de questions économiques, et nous signalerons particulièrement sa collaboration à l'*Opinion nationale* où, pendant plusieurs années, il a passé en revue toutes les matières d'économie politique. C'est à M. Ducuing que l'on doit le projet des *villages départementaux* en Algérie.

A l'époque de l'Exposition de 1867, M. Ducuing fonda une publication qui obtint un grand succès. Elle avait pour titre : l'*Exposition universelle illustrée*, et forme deux énormes volumes dans lesquels sont passées en revue, avec accompagnement de gravures, toutes les grandes industries de la France et de l'étranger.

M. Ducuing a publié de nombreux articles dans divers journaux, et la *Revue des Deux-Mondes* lui doit un travail considérable sur la *Guerre de montagne* qui, depuis, a été réuni en volume par la maison Hachette.

Il a été décoré comme membre du jury à l'Exposition universelle.

Caractère sympathique, d'un jugement droit, M. Ducuing a su prendre à la Chambre une situation importante. Il s'est principalement signalé dans la discussion sur la prorogation des échéances. Il fait partie de la gauche républicaine.

DUFAUR (Xavier) — *Basses-Pyrénées* — a obtenu 40,587 voix. Il a pris place à la Chambre parmi les conservateurs. Il a voté pour la paix, et dernièrement pour l'abrogation des lois de proscription et l'admission à l'Assemblée des princes d'Orléans. M. Xavier Dufaur est un des membres de la réunion des Réservoirs.

DUFAURE (Jules-Armand-Stanislas) — *Charente-Inférieure.* — Cet illustre orateur, dont la dialectique est si forte et si claire, est né le 4 décembre 1798, à Saujon (Charente-Inférieure). Il fit son droit à Paris, mais il débuta

dans la carrière d'avocat au barreau de Bordeaux. C'est en
1834 qu'il siégea pour la première fois dans les assemblées
législatives. Il devint deux ans après conseiller d'État. Plus
tard, en 1839, il accepta le portefeuille de ministre des travaux publics qu'il abandonna en 1840, lorsque M. Thiers fut
chargé de la présidence du conseil. Il ne fit plus dès lors
parti d'aucun cabinet sous Louis-Philippe ; mais il n'en
continua pas moins à mettre ses hautes capacités politiques
et administratives au service de son pays, tantôt en qualité
de rapporteur de projets de loi importants, tantôt comme
vice-président de la chambre.

M. Dufaure est un conservateur libéral, sincèrement dévoué
à la république, mais ennemi déclaré des principes socialistes.
En 1848, il prit fait et cause pour le général Cavaignac et
fut nommé ministre de l'intérieur. Il ne tarda pas à reprendre sa place à l'Assemblée constituante qu'il quitta pour
accepter le même portefeuille lorsque Louis-Napoléon devint
président de la République. Il se mêla à l'opposition après
le coup d'État et se fit inscrire comme avocat au barreau de
Paris, à l'avénement de l'Empire. Les élections de 1871
l'ont trouvé éloigné de l'arène politique depuis une vingtaine
d'années.

M. Dufaure appartient à la fraction libérale conservatrice
et a voté avec elle pour le traité de paix, le transfert de
l'Assemblée et la loi municipale. Il est à remarquer que le
célèbre homme d'État n'est pas décoré de la Légion d'honneur. Mais l'Académie française a appelé cet illustre orateur
dans son sein, en remplacement du duc Pasquier, le 28
avril 1863.

DUFOUR — *Indre.* — Est âgé d'environ cinquante ans
et est originaire d'Issoudun. Notaire à Paris sous l'Empire,
il fut adjoint et maire de l'arrondissement de la Bourse. A la
tête d'une très-grande fortune dont il sait faire un noble
usage, il a acheté aux environs d'Issoudun une immense
propriété.

M. Dufour a été élu le troisième sur la liste des députés de son département. Il appartient à la majorité.

DUFOURNEL — *Haute-Saône.* — Il est né vers 1808. Ancien maître de forges, c'est un homme éclairé qui a des convictions et vote sans parti pris. Il a fait partie de nos assemblées sous Louis-Philippe. Il vota avec la gauche. Ses électeurs pleins d'estime pour sa conduite à la chambre le nommèrent à différentes reprises.

M. Dufournel fait partie de la réunion Feray.

DUMARNAY — *Finistère.* — Un des hommes considérés du Finistère, très-dévoué; homme modeste en même temps, il se contente de prêter un utile concours aux travaux élaborés dans les commissions et de fournir un vote affirmatif dans toutes les propositions importantes. M. Dumarnay n'appartient à aucune des réunions politiques de Versailles.

DUMON — *Gers.* — Propriétaire de vignobles considérables dans le Gers, M. Dumon a été élève de l'École polytechnique. Mais il a préféré la vie des champs à une carrière publique. Il fait partie du conseil général du Gers.

Mgr DUPANLOUP (**Félix-Antoine-Philippe, évêque d'Orléans**) — *Loiret* — est né le 3 janvier 1802, au pied des Alpes, en Savoie, au petit village de Saint-Félix, annexé alors à la France par Napoléon Ier et faisant partie du diocèse de Chambéry et du département du Mont-Blanc.

Un de ses oncles, respectable prêtre du diocèse de Chambéry, lui enseigna dès l'âge de six ans les premiers éléments de la langue latine; en 1810 il l'envoya à Paris dans un pensionnat ecclésiastique, situé rue du Regard. Après y avoir remporté tous les prix pendant trois ans, il entra au séminaire de Saint-Nicolas, et il y fut un modèle de science, d'obéissance et de piété sincère.

En 1820, il entra au séminaire de Saint-Sulpice, et s'y

perfectionna dans toutes les hautes études, surtout dans celles de philosophie et de théologie.

Mgr Dupanloup fut ordonné prêtre en 1825, par Mgr de Quélen, qui l'affectionnait beaucoup, et aussitôt il fut nommé vicaire de la Madeleine. Là il fit des catéchismes de persévérance qui obtinrent un succès tel que le pape Grégoire XVI lui écrivit : « Vous êtes l'apôtre de la jeunesse, *tu es apostolus juventutis.* »

En même temps il fonda pour l'instruction religieuse des jeunes gens de toutes les conditions sociales, la célèbre *Académie de Saint-Hyacinthe.*

Tant de zèle le fit bientôt connaître; en 1828 il devint aumônier de la duchesse d'Angoulême, puis confesseur du duc de Bordeaux et catéchiste des jeunes princes d'Orléans.

Au mois de février 1834, Mgr de Quélen le chargea d'ouvrir les conférences de Notre-Dame, et rarement orateur sacré y obtint de plus beaux triomphes que l'abbé Dupanloup.

Après ce succès il fut nommé supérieur du Petit-Séminaire de Saint-Nicolas; mais il refusa ce poste honorable et n'accepta que la charge de préfet des études.

En 1835, il fut nommé premier vicaire de Saint-Roch et y prêcha les carêmes de 1836 et 1837 avec un talent qui réunit tout Paris autour de sa chaire.

Il refusa deux des plus grandes cures de Paris, et enfin, au mois d'octobre 1837, vaincu par les instances de Mgr de Quélen, il accepta le poste de supérieur du Petit-Séminaire, et mit ses élèves en état de lutter avec les plus forts sujets de l'Université.

Sa santé ne lui ayant pas permis de garder longtemps ce poste, Mgr de Quélen le nomma vicaire général et l'abbé Dupanloup consacra ses loisirs à l'étude assidue des livres saints et des Pères de l'Église.

Mgr Affre, à son avénement, le nomma grand vicaire titulaire et le chargea d'une mission délicate près du Saint-Père. A Rome, il fut nommé prélat romain, protonotaire apostolique, docteur en théologie, honneurs qu'il cacha soigneusement.

En 1841, il fut appelé à la chaire d'éloquence sacrée de la Sorbonne ; ses leçons furent suivies par toute la capitale et son noble et grand caractère imposa le respect même à ceux qu'il combattait et attaquait.

Sous la République de 1848, il fut nommé évêque d'Orléans, préconisé à Portici en septembre 1849 et sacré à Paris le 9 décembre.

Le zèle se définit par la devise fameuse ; *lucens et ardens*, lumière et flamme ; on peut dire que c'est celle de Mgr Dupanloup, que c'est Mgr Dupanloup tout entier depuis qu'il est sur son siége.

Avec une incroyable activité, une ardeur sans égale, il unit la prédication à l'administration ; il ouvre école sur école, surveille avec le plus grand soin l'enseignement dans ses séminaires, et se mêle par ses écrits à toutes les questions importantes. Toujours debout, toujours sur la brèche, il est infatigable et toujours prêt à combattre pour la bonne cause.

Depuis près de trente ans il date d'Orléans ses polémiques vigoureuses sur la politique comme sur la religion qui ne laissent à ses adversaires ni trêve, ni repos ; si leur vivacité a fait beaucoup de bruit dans le monde, c'est que Mgr Dupanloup ne pactise point avec sa conscience et ne recule jamais lorsqu'il croit être sur la ligne du devoir.

Ses œuvres les plus remarquables sont :

La Lettre à un catholique, publiée en 1859, pour réfuter l'inqualifiable brochure politique anonyme, *Le Pape et le Congrès*, à laquelle on attribuait une haute origine ; sa polémique avec *l'Univers* au sujet de la part à faire aux classiques païens dans une éducation chrétienne ; ses mandements et ses brochures sur la situation du Saint-Siége depuis 1859, qui ont eu toute la portée d'actes politiques ; *Sa lettre à M. le vicomte de la Guéronnière* (1861) en réponse à la brochure : *La France, Rome et l'Italie*, par cet auteur ; ses nombreux écrits sur l'éducation et l'enseignement qui, publiés de 1855 à 1857, en trois volumes séparés et distincts, sont réunis aujourd'hui sous ce titre général : *De l'éducation*; son *Avertissement aux pères de famille*, dans lequel l'illustre évêque dénonce à la vindicte publique les œuvres de nos athées modernes et flagelle leur odieux matérialisme; sa *Lettre pastorale sur la Providence et les fléaux qui ont désolé l'Europe*; enfin une foule de discours célèbres, entre autres : *Le panégyrique de Jeanne d'Arc*, qui fit tressaillir la fibre nationale d'un bout de la France à l'autre, et l'*Oraison funèbre du général Lamoricière*, qui a reçu les applaudissements de l'Europe et du monde.

Parmi ses autres œuvres, on peut citer : la *Méthode générale de catéchisme*; la *Journée du chrétien*; les *Évangiles choisis pour tous les jours de l'année*; l'*Exposition des principales vérités de la foi catholique*; la *Vraie et solide vertu sacerdotale*; les *Éléments de rhétorique sacrée*; le *Christianisme présenté aux hommes du monde*; le *Nouveau projet de loi sur la liberté d'enseignement*; de la *Pacification religieuse*; une foule de discours, de panégyriques, d'oraisons funèbres, de lettres pastorales et de mandements, etc., etc.

Le 5 janvier 1850, Mgr Dupanloup a été décoré de la croix de la Légion d'honneur; pendant deux ans de 1850 à 1852, il fit partie du conseil supérieur de l'Instruction publique; en mai 1854, il fut élu membre de l'Académie française en remplacement de M. Tissot.

Mgr Dupanloup a pris aussi une large part au concile et fut violemment attaqué par le journal l'*Univers* de M. Louis Veuillot.

Enfin, aux dernières élections, en février 1871, il se porta député du Loiret, et il fut élu à une grande majorité. Quand l'Assemblée siégeait à Bordeaux, l'éminent prélat s'y était rendu avec ses deux grands vicaires pour prendre part sans délai aux travaux de ses collègues dans les commissions et dans les bureaux.

La nomination de Mgr Dupanloup, comme représentant du

Loiret, nous rappelle qu'en 1848, son prédécesseur, Mgr Fayet, fut également envoyé à l'Assemblée ; il y avait trois évêques sur les bancs de l'Assemblée de 1848 ; Mgr Dupanloup se trouve seul à celle de 1871. Mais tout porte à croire qu'il saura suppléer au nombre par le talent et s'y créer un parti important, car il jouit d'une grande renommée, il a un grand nom, et les années n'ont pas diminué la force et l'éclat de son brillant génie.

DUPARC — (*Haute-Savoie*). — Avocat, né à Annecy en 1808. Comme plusieurs de ses collègues de la Savoie, il s'est fait recevoir docteur en droit à l'université de Turin. Il est aujourd'hui bâtonnier de l'ordre des avocats d'Annecy. Il a fait partie du conseil d'arrondissement de la Haute-Savoie depuis 1860 et s'est constamment occupé des affaires administratives du lieu de sa résidence.

C'est un homme convaincu, dévoué à ses concitoyens et à sa patrie. Il siége à la réunion de la gauche républicaine.

DUPIN (**Félix**) — *Hérault* — avocat à Montpellier. Il jouit dans cette ville d'une grande considération et passe pour un homme doué de beaucoup de modération. Il vote généralement avec la majorité et assiste à la réunion des Réservoirs. M. Dupin a obtenu 50,118 voix aux élections.

DUPONT de l'EURE (**Charles**) — *Eure*. — Cet homme politique est le fils de l'éminent représentant du peuple qui fit partie en 1848 du gouvernement provisoire avec M. de Lamartine, et qui en devint même le président. Le député actuel, ancien élève de l'école polytechnique, ancien capitaine du génie, chevalier de la Légion d'honneur, est né à Rougepériers, dans le département qui l'a élu et s'il n'a pas encore acquis la haute réputation de son illustre père, il a hérité de ses opinions libérales. Il émet ses bulletins au scrutin sans parti pris. Son abstention dans plusieurs circonstances importantes prouve qu'il désire n'émettre que des votes parfaitement conformes à ses opinions. M. Dupont

a trouvé des motifs très-sérieux pour accepter les propositions tendant à faire adopter les préliminaires de paix ; mais
il s'est abstenu au scrutin ouvert pour le transfert de l'Assemblée à Versailles. Nous croyons que l'honorable député
eût voté pour la loi municipale s'il avait été présent à
l'Assemblée au moment du scrutin.

M. Charles Dupont appartient, en résumé, à la fraction
libérale dont fait lui-même partie l'honorable président de la
chambre des députés.

DU PORTAIL (**Jean-Charles-Louis-Eugène**) — *Orne.*
— Agé de cinquante-huit ans, né à Bellème (Orne) le 10 mai
1813. M. Du Portail exerce à Mortagne les fonctions d'avocat
et il a été élu plusieurs fois bâtonnier de l'ordre. Sa vie de
travail, marquée par des succès judiciaires, une grande indépendance de caractère et un dévouement sans bornes lui
a mérité cet honneur ainsi que l'insigne faveur d'obtenir
près de 56,000 suffrages aux élections de février.

Administrateur de l'hospice, secrétaire de la Société de
secours mutuels, conseiller municipal, conseiller d'arrondissement, M. Du Portail a été adjoint au maire de Mortagne
après le 4 septembre.

Cet honorable député appartient à une famille qui compte
depuis longtemps dans son sein de dignes serviteurs de la
France, tant dans la carrière des armes que dans la magistrature. Ses opinions et sa manière d'être sont celles d'un
homme dévoué à la liberté s'appuyant sur la religion et le
respect des lois.

DURÉAULT — *Saône-et-Loire.* — M. Duréault a obtenu
69,490 voix aux élections. Il a été élu dans son département
avant le général Changarnier. Il n'a pas encore porté son
choix sur l'une des quatre réunions politiques qui ont leur
siége à Versailles. L'appui constant qu'il a toujours offert,
par ses votes, à la majorité indique assez quelles sont ses
opinions.

DURFORT DE CIVRAC (Henri, comte de) — *Maine-et-Loire*. — Natif de Beaupréau, ancienne sous-préfecture de Maine-et-Loire, M. de Civrac est dans sa cinquante neuvième année. On peut dire de lui qu'il a parcouru tous les dégrés de l'échelle administrative ; car, avant d'être nommé député aux dernières élections il avait été élu membre du conseil municipal de sa ville natale, conseiller de son arrondissement, conseiller général du département de Maine-et-Loire et enfin député au Corps législatif.

M. de Civrac a déjà occupé pendant plus de trente ans ses premières fonctions ; il est conseiller d'arrondissement depuis 1842 et conseiller général depuis 1848 ; il a siégé au palais Bourbon de 1852 à 1857 et de 1869 à 1870.

Des états de services aussi longs et aussi honorables ne pouvaient manquer de l'entourer encore aux dernières élections de la confiance de ses concitoyens.

DURIEU (Paulin) — *Cantal*. — Il est né à Mauriac, chef-lieu d'arrondissement du département qui l'a élu, le 20 février 1812. Représentant du peuple sous le règne de Louis-Philippe, il vota constamment avec l'opposition contre le gouvernement. La Révolution de 1848 lui fit occuper un poste de sous-commissaire dans sa ville natale. Puis les élections l'amenèrent à siéger à la Constituante où il prit place dans les rangs de la Montagne. Il vota plus tard à la législative avec la minorité démocratique.

Nous le retrouvons à l'heure qu'il est au sein de la gauche républicaine, à côté de Carnot, d'Henri Martin et d'Emmanuel Arago. Comme ce dernier, il s'est montré opposé au traité de paix. Il a voté pour le transfert de l'Assemblée à Versailles et s'est abstenu lorsqu'on a ouvert le scrutin pour se prononcer au sujet du projet de loi relatif aux élections.

DUSSAUSSOY — *Pas-de-Calais*. — grand industriel de ce département. Il est âgé de 45 ans. C'est la première fois qu'il siége dans une assemblée parlementaire. Homme excellent et très-sympathique à la Chambre, il vote avec la plupart des représentants qui font partie de la réunion des Réservoirs.

E

ERNOUL (Edmond) — *Vienne* — né à Loudun le 5 août 1829. Il exerce la profession d'avocat à Poitiers. C'est l'un des hommes les plus distingués du barreau de cette ville, dont il a été élu bâtonnier. Il compte parmi les membres les plus dévoués à la monarchie unie et libérale. Représentant actif des idées religieuses, il fait partie de la réunion des Réservoirs. M. Ernoul est commandeur de Saint-Grégoire-le-Grand.

ESCHASSÉRIAUX (René-François-Eugène, baron) — *Charente-Inférieure*. — Descendant d'une famille qui a fourni des représentants à toutes les assemblées politiques depuis une centaine d'années, le baron Eschassériaux est né aux Arènes (Charente-Inférieure) le 25 juillet 1823. Il étudia le droit à Paris, fut reçu avocat et débuta dans la carrière politique en 1849, comme représentant du peuple pour son département. Il avait été élu l'année précédente membre du Conseil général de la Charente-Inférieure. Il y a rempli pendant quinze ans les fonctions de secrétaire; et, dans cette assemblée comme au Corps législatif, il s'est toujours distingué par son activité et son intelligence. Après le coup d'État du 2 décembre il devint membre de la commission consultative. En 1852, il reprit son siége au palais Bourbon et figura au bureau parmi les secrétaires. Il fut encore élu en 1857 et 1863 ainsi qu'en 1869, mais il obtint cette fois moins de voix qu'aux élections précédentes. M. le baron Eschassériaux est officier de la Légion d'honneur.

ESQUIROS (Henri-Alphonse) — *Bouches-du-Rhône.* — Il est né en 1814, à Paris, où il débuta dans la littérature, d'abord par des poésies et ensuite par des romans. L'*Évangile du peuple* qu'il publia en 1840 le fit condamner à 500 fr. d'amende et à huit mois de prison. Il écrivit d'autres ouvrages où l'on voyait empreint l'esprit socialiste. Ses tendances éveillèrent en sa faveur les sympathies du parti radical. Mais après la révolution de Février, ce ne fut qu'avec beaucoup de peine et à la suite d'une élection partielle, qu'il parvint à siéger à la Constituante comme représentant de Saône-et-Loire. Compris plus tard dans le décret d'expulsion il passa en Angleterre et il écrivit sur ce pays des articles d'économie politique et sociale, ainsi que des études administratives qui ont paru dans la *Revue des Deux Mondes.* En 1869, il posa sa candidature dans la quatrième circonscription des Bouches-du-Rhône, et obtint la majorité des voix.

Après le 4 septembre il fut nommé préfet des Bouches-du-Rhône, mais des difficultés sérieuses ne lui permirent pas d'exercer longtemps ses fonctions.

Indépendamment des publications dont il est question plus haut, on doit à M. Esquiros un assez grand nombre d'ouvrages.

EYMARD-DUVERNAY — *Isère.* — M. Eymard-Duvernay avait échoué comme candidat aux élections de 1869. Plus heureux en février, il a été nommé le troisième sur la liste des députés de l'Isère avec près de 65,000 voix. Nous ne savons rien de particulier sur ce représentant, sinon qu'il appartient à la gauche républicaine.

F

FAROY (Eugène-Jérôme) — *Seine.* — Il naquit le 20 mars 1835, dans l'ancienne commune de Passy, annexée il y a une douzaine d'années à la ville de Paris. Il s'embarqua à l'âge de neuf ans pour faire le tour du monde sur le navire-école l'*Oriental*. De retour en France, il continua le cours de ses études et entra à quinze ans à l'École navale. Il a fait ensuite diverses campagnes à la Réunion, Madagascar, dans le Levant et dans nos possessions de la Guyane et des Antilles.

M. Farcy a consacré une grande partie de ses moments disponibles à des travaux utiles, à des découvertes importantes. C'est à lui que l'on doit la canonnière qui porte son nom, et dont les effets, paraît-il, seraient terribles. Mais le Conseil de la marine n'a pas encore adopté cette invention.

Quoique resté simple lieutenant de vaisseau, Eugène Farcy est officier de la Légion d'honneur. Il est le cousin de Georges Farcy tué en 1830 sur la place du Carrousel et dont les cendres furent transportées à la colonne de Juillet, lors de l'achèvement du Louvre.

FAVRE (Jules) — *Rhône*. — Le ministre des affaires étrangères depuis le 4 septembre dernier, c'est-à-dire pendant la crise la plus terrible que jamais la France ait eu peut-être à supporter, est né à Lyon le 31 mars 1809. Issu d'une honorable famille de commerçants, il se rendit à Paris pour y faire son droit. Il venait d'être reçu avocat lorsque la révolution de 1830 éclata. Il commença alors à manifester très-hautement ses opinions républicaines, qu'il avait déjà laissé percer étant étudiant.

C'est d'abord au barreau de Paris qu'il posa les premiers fondements d'une réputation qui devait devenir célèbre dans le monde entier.

A la révolution de Février on le voit apparaître aux premiers rangs sur la scène politique, au ministère en premier lieu, puis à l'Assemblée nationale. Il fut tour à tour secrétaire général à l'intérieur, sous-secrétaire d'État aux affaires étrangères et enfin représentant de la Loire.

Dans sa carrière parlementaire, M. Jules Favre est resté constamment fidèle à ses convictions. Après l'avénement de l'Empire, il vota toujours avec l'opposition et fut désigné par l'opinion comme le chef du célèbre groupe des *cinq*, signataires et soutiens de nombreux amendements contre la politique du gouvernement, amendements qui furent toujours repoussés par la majorité.

La prodigieuse activité que l'honorable ministre des affaires étrangères déploya dans les assemblées, ne l'empêcha pas d'accepter la défense de nombreux procès dont quelques-uns furent célèbres. Il prononça devant les cours, à Paris et en province, des plaidoyers qui furent aussi éloquents et aussi élégants dans la forme que la plupart de ses discours devant la Chambre. Aussi mérita-t-il à la fin l'insigne honneur d'obtenir un fauteuil à l'Académie française. On cite de M. Jules Favre diverses brochures. Il avait commencé en 1837 à publier une *Biographie contemporaine*, mais il n'en parut que quelques livraisons. Il fonda en 1868, avec M. Hénon et M. E. Picard le journal l'*Électeur*.

Devenu ministre des affaires étrangères, après le 4 septembre, il mit avec ardeur son talent et son activité au service du nouveau gouvernement. C'est à l'histoire et non à la biographie à porter un jugement sur le rôle de M. Jules Favre dans les négociations de paix. Une interpellation récente à la Chambre rend plus difficile encore ce jugement.

M. Jules Favre a été nommé six fois député aux dernières élections. Il a opté pour son département.

FÉLIGONDE (de) — *Puy-de-Dôme* — riche propriétaire du Puy-de-Dôme, s'occupe beaucoup d'agriculture. On l'a vu figurer souvent aux réunions agricoles qui ont lieu chaque année dans le Puy-de-Dôme. Il est un des membres les plus actifs de la Société d'agriculture de ce département et a été fréquemment chargé des fonctions de rapporteur dans les expositions agricoles.

M. de Féligonde vote avec la droite et prend part aux délibérations politiques de la réunion des Réservoirs.

FERAY (**Ernest**) — *Seine-et-Oise* — âgé de soixante-cinq ans. Il est le frère du général de division Feray, qui a épousé la fille du maréchal Bugeaud. Petit-fils d'Oberkamp, il est lui-même un grand industriel. Maire d'Essonnes, il se trouve dans ce bourg à la tête d'une importante fonderie de fer et d'un immense atelier de construction.

M. Feray est le président de la réunion libérale conservatrice qui porte son nom et qui a été constituée dans le but d'appuyer la politique du chef du pouvoir exécutif. Défenseur du travail national, il représente à la Chambre le parti protectioniste, dont les principaux chefs sont MM. Brame et Pouyer-Quertier.

FERRY (**Jules**) — *Vosges.* — Il est né en 1832 à Saint-Dié (Vosges). Il embrassa à Paris la profession d'avocat, s'y fit connaître principalement par ses écrits. Dans la *Gazette des Tribunaux* il publia des travaux de jurisprudence. Attaché ensuite au journal le *Temps* en qualité de rédacteur, il y traita tour à tour avec beaucoup de talent des questions touchant ou à la politque ou à la finance. Sa plume mordante décocha contre l'administration de M. Haussmann, préfet de la Seine, une foule de traits acérés qui valurent au *Temps* bien des communiqués. Sa brochure intitulée : *Les comptes fantastiques d'Haussmann* eut un grand retentissement il y a quelques années. Choisi pour faire partie du gouvernement de la Défense nationale, M. Ferry devait être appelé à occuper la place de son terrible adversaire et en assumer la responsabilité.

C'est en 1869 qu'il siégea pour la première fois à la Chambre. Sorti comme candidat démocratique dans la sixième circonscription de Paris, il obtint 2,000 voix de plus que M. Cochin, patroné par l'administration.

M. Ferry, dont l'administration a été fort critiquée, a reparu provisoirement après la chûte de la Commune, à la préfecture de la Seine. Il a été remplacé par l'honorable M. Léon Say.

FLAGHAC (Jean-Jacques-Louis-Symphorien Lenormand, baron de) — *Haute-Loire.* — Cinquante-cinq ans. M. le baron de Flaghac se présenta sans succès aux élections de 1863 et de 1869. Il a obtenu en 1871 36,847 voix et a été nommé le deuxième des six députés de la Haute-Loire. (*Voir à l'appendice la notice complémentaire.*)

FLAUD (Henri) — *Côtes-du-Nord.* — Il est né à Dinan en 1816. Envoyé à l'École des Arts d'Angers, il en sortit avec le n° 1 en 1834. Après avoir installé plusieurs usines dans les Côtes-du-Nord, et dirigé l'établissement agricole de Lochrist, il se rendit à Paris en 1840. En 1849, il inventa de concert avec M. Giffard, les machines à vapeur à grande vitesse. Cette précieuse découverte lui mérita une médaille de première classe à l'exposition de Londres en 1851.

Durant le siége de Paris, M. Flaud mit à la disposition du Gouvernement de la défense nationale ses immenses ateliers de l'avenue de Suffren et on y établit soixante mitrailleuses, neuf batteries de canons transformés et deux milles obus.

Nommé maire de Dinan en 1861, chevalier de la Légion d'honneur en 1864, pour services exceptionnels, cet honorable industriel fut élu depuis président du comice agricole et membre du Conseil général des Côtes-du-Nord.

En souvenir de son séjour à l'École d'Angers, M. Flaud a fondé en 1846 une association fraternelle qu'il a dirigée pendant vingt ans. Elle a produit d'excellents résultats et compte aujourd'hui douze cents membres.

FLEURIOT (de) — *Loire-Inférieure.* — M. de Fleuriot n'a point de passé politique. Riche propriétaire de la Bretagne, il doit sa nomination de représentant à l'influence que lui donne sa position de fortune. Il a obtenu 51,602 voix. Il vote avec la majorité.

FLOTARD (Eugène) — *Rhône.* — Il a quarante-neuf ans; né à Saint-Étienne (Loire), il a fixé sa résidence à Lyon depuis 1855. Après avoir reçu le diplôme de docteur en droit de la faculté de Paris, M. Flotard fit dans cette ville son stage d'avocat. Il revint après à Saint-Étienne en qualité de magistrat. Il se démit de ses fonctions lors du coup d'État, et se lança alors dans la haute industrie. Il devint administrateur de la banque de France à Saint-Étienne.

Une fois à Lyon, l'ancien magistrat fut nommé vice-président de la Société d'économie politique. Dans ce poste d'honneur il collabora au *Progrès*, à la *Discussion*, et fut le correspondant de l'*Avenir national*. On doit en outre à la plume de M. Flotard des *Études sur le droit pénal*, sur les *Sociétés coopératives*, etc.; diverses brochures, des poésies, des pièces de théâtre.

L'honorable député du Rhône est président de la Société lyonnaise du Crédit au travail et vice-président de la Société des mines de houille de Montrambert et de la Renaudière.

FLYE-SAINTE-MARIE (Paul-Émile) — *Marne.* — Il est né à Vitry-le-Français (Marne) en 1830. Ancien élève de l'École polytechnique et de l'École d'application de Metz, il fut envoyé sur sa demande en Crimée comme lieutenant d'artillerie. Il en revint, en octobre 1855, décoré pour sa belle conduite avant l'assaut de la tour Malakoff, et amputé d'un bras à la suite de cette affaire. Après trois mois de convalescence, M. Flye rentra au corps et fut nommé capitaine lorsque l'armée revint en France. Il prit part alors aux campagnes d'Afrique pendant trois ans et à celle d'Italie en 1859. Nommé receveur particulier en 1864, il reprit son épée pendant la guerre contre la Prusse. Le ministre de la guerre lui ayant confié le commandement d'une batterie dans l'armée de Paris, il fit preuve de tant d'habileté et de bravoure dans les batailles en rase campagne autour de la capitale, qu'il fut promu officier de la Légion d'honneur.

M. Flye-Sainte-Marie est neveu du représentant de ce nom, qui siégeait à la Constituante en 1848. Il figure à la Chambre sur les bancs de la gauche républicaine. Son vote relatif au transfert de l'Assemblée à Versailles a été affirmatif. Il a ·

aussi voté pour l'adoption du projet de loi concernant les préliminaires de paix ainsi que pour l'adoption de la loi municipale.

FONTAINE (**Eugène de**) — *Vendée*. — Il est né à Fontenay-le-Comte le 15 mai 1825. Avant lui, un de ses oncles qui portait le même nom, avait été appelé à l'honneur de siéger au Corps législatif. Le pays auquel appartient M. Eugène de Fontaine, les traditions de sa famille et ses convictions personnelles donnent l'assurance qu'il se rangera à l'Assemblée constituante du côté du grand parti de l'ordre.

M. de Fontaine est propriétaire et avocat; mais il n'a jamais exercé. N'abandonnant pas pour cela l'étude du droit, il y consacre avec ardeur ses loisirs; et les connaissances approfondies qu'il a acquises dans les questions juridiques, ont été d'un grand poids aux yeux de ses mandataires.

FORSANZ (**vicomte Paul de**) — *Finistère* — né en 1825, à Garlan, près Morlaix. Député de l'arrondissement de Brest, où il réside, M. de Forsanz est profondément dévoué à la monarchie légitimiste. Il fait partie de la réunion des Réservoirs. — Il est aussi catholique que légitimiste.

FOUBERT — *Manche*. — M. Foubert a été maire de Saint-Sauveur-le-Vicomte, dans la Manche et membre du conseil général de ce département, pour le canton de Barneville. Il avait déjà obtenu un grand nombre de voix aux élections de 1869, dans la circonscription de Saint-Lô, où il s'était présenté comme candidat de l'opposition. La grande popularité dont il jouit dans les divers cantons qui avoisinent Saint-Lô, a groupé autour de son nom près de 60,000 suffrages aux dernières élections.

M. Foubert appartient à la nuance républicaine modérée. Il a voté pour le transfert de l'Assemblée à Versailles, pour le traité de paix, pour le projet de loi tendant à déclarer inaliénables les propriétés saisies à Paris depuis le 18 mars, etc., en un mot, pour les mesures importantes proposées devant la Chambre, dans l'intérêt du pays. Ami du véritable progrès, il se montrera toujours l'adversaire des mesures violentes et arbitraires.

FOUCAUD (Ludovic de) — *Côtes-du-Nord* — habite un joli château aux environs de Monniton (Côtes-du-Nord). Président et fondateur du Comice de son canton, ancien élève de Grignon, il s'occupe avec succès de travaux agricoles qui lui ont valu de hautes et nombreuses récompenses dans les concours régionaux.

Depuis dix-huit ans il faisait partie du Conseil général lors de la dissolution des Conseils par M. Gambetta. Très-légitimiste, il a su affirmer son indépendance qui a motivé sa destitution comme maire, pendant l'Empire. Il fait partie de la réunion des Réservoirs.

FOULER DE RELINGUE (comte) — *Pas-de-Calais.* — M. Fouler de Relingue habite Lillers, dans l'arrondissement de Béthune, où il possède de grandes propriétés. Il consacre son temps et ses lumières au développpement de l'agriculture, d'ailleurs très-florissante dans ces contrées. Il a pris une part active aux travaux qui se sont élaborés dans ces dernières années au sein de la Société d'agriculture de Béthune, dont il est devenu le président.

M. Fouler de Relingue a fait partie du conseil général du Pas-de-Calais pendant trente ans. C'est la première fois que le mandat de député lui est confié. Il a été envoyé à l'Assemblée par des électeurs appartenant pour la plupart au parti conservateur. On sait que l'honorable représentant de l'arrondissement de Béthune lui est entièrement dévoué. Il a toujours voté avec la majorité depuis le commencement de la session législative et assiste aux séances qui ont lieu à la réunion de la rue des Réservoirs.

FOUQUET — *Aisne.* — C'est un homme encore peu connu dans le monde politique. Il vote généralement avec la gauche. Quoique le dernier sur la liste des députés de l'Aisne, il a obtenu 38,490 voix.

FOURICHON (**Martin**) — *Dordogne*. — Il a soixante-deux ans. Né le 10 janvier 1809, il entra à l'école navale en 1824. Il devint enseigne de vaisseau en 1829, lieutenant en 1833, capitaine de corvette en 1843 et de vaisseau en 1848. M. Fourichon était gouverneur de Cayenne lorsqu'il fut promu contre-amiral en février 1853. Il fut, après sa nomination de major général, à Brest, chargé du commandement de la station de l'Océan pacifique et de la direction de la marine à Alger. C'est en 1859 qu'il fut créé contre-amiral et qu'il prit part au conseil de l'amirauté. Le gouvernement le nomma, le 13 février 1864, président du conseil des travaux de la marine.

Lors de la déclaration de la guerre avec la Prusse, l'amiral Fourichon partit avec notre escadre cuirassée vers les mers du Nord. Il devint membre du gouvernement de la Défense nationale après le 4 septembre, et de la délégation de Tours et de Bordeaux. Bien que dans plusieurs circonstances il se soit abstenu de contresigner les actes arbitraires de M. Gambetta, l'amiral Fourichon a néanmoins assumé une grave responsabilité.

M. Fourichon a voté pour le transfert de l'Assemblée, le traité de paix et la loi municipale. Il est grand officier de la Légion d'honneur depuis 1862.

FOURNIER (**Henri**) — *Cher*. — Petit-fils par alliance de M. Maher, ancien premier président à la cour de Bourges et député du Cher sous Louis-Philippe, M. Fournier est né à Bourges le 1er septembre 1830. Il a abandonné la profession d'avocat qu'il exerçait dans sa ville natale depuis 1852 et s'est livré à des travaux administratifs, tant au sein du Conseil municipal de Bourges que dans le Conseil d'arrondissement du canton de Levet ou dans le Conseil général du Cher, auquel il appartient depuis 1869.

M. Fournier est un ancien élève de l'École des chartes. Il fut l'un des fondateurs de la *Revue du Berry*. Il y a publié des travaux historiques et littéraires et a collaboré en même

temps à une publication qui a pour titre : *Les mémoires de la
Société historique du Cher.*

FOURTOU (Bardy de) — *Dordogne.* — Il est avocat à
Ribérac, et il a administré ce chef-lieu d'arrondissement pendant plusieurs années. Homme encore jeune et doué de
grandes qualités intellectuelles, il a droit d'aspirer à un brillant avenir. Il a été élu en 1870 conseiller général de la Dordogne, et vient d'être nommé député de ce département un
des premiers sur la liste, avec plus de 77,000 suffrages.

M. de Fourtou vote avec la majorité et fait partie de la
fraction importante de l'Assemblée qui tient ses réunions
politiques rue des Réservoirs. Il fait également partie, avec
quelques autres membres du cercle des Réservoirs, du groupe
de députés qui se réunit sous la présidence de M. Saint-Marc-
Girardin. Du reste, homme d'opinions extrêmement modérées,
il paraît s'occuper, en dehors de toute idée préconçue et de
toute préoccupation de parti, de questions de réorganisation
administrative et de réparation politique qui intéressent si
fort aujourd'hui l'avenir du pays.

FRANCLIEU (marquis de) — *Hautes-Pyrénées.* — M. le
marquis de Franclieu habite le château de Lascazères, dans
le canton de Castelnau-Rivière-Basse, à 35 kilomètres de Tarbes
(Hautes-Pyrénées). Il appartient à la majorité conservatrice. Le
discours qu'il a prononcé à l'Assemblée, à l'occasion du projet
de loi sur la réorganisation de l'armée, a parfaitement carac-
térisé sa manière de voir. Ce qu'il désirerait, ce n'est pas
seulement la réorganisation de l'armée, mais la réorganisation fondamentale de la France. M. le marquis de Franclieu
est un légitimiste convaincu. Il suffit, pour apprécier ses opinions, de lire la lettre qu'il a adressée, le 15 mai, au journal
le *Soir* et dans laquelle il relève des critiques adressées par
ce journal à un manifeste du comte de Chambord. Il a voté
pour le transfert de l'Assemblée à Versailles, le traité de
paix, le projet de loi relatif à l'état de siège, etc.

M. de Franclieu, entré à quinze ans dans la marine qu'il a quittée à la suite de la révolution de 1830, s'est consacré exclusivement à l'agriculture et aux sciences politiques et économiques. On a de lui plusieurs études sur l'organisation du vote universel (1847 et 1848) et sur le libre échange dont il est un des adversaires les plus ardents. Il a publié en 1868 un livre intitulé : *Les libres échangistes ne sont pas des économistes.*

FRÉBAULT (**Charles-Victor**) — *Seine* — né le 1er février 1813. Il entra à l'école Polytechnique en 1833 et débuta dans l'armée comme sous-lieutenant dans l'artillerie de marine. Après avoir passé rapidement par tous les grades, depuis celui de lieutenant jusqu'au grade de général de brigade qu'il obtint en 1861, il fut promu général de division le 6 novembre 1867.

M. Frébault a rendu des services signalés et il a fait preuve de hautes capacités dans le corps auquel il appartenait. Ce sont ces services et ses lumières qui lui ont valu un avancement aussi rapide, et qui lui ont mérité d'être placé à la tête de postes importants. Directeur d'artillerie à Brest, puis directeur de la fonderie de Nevers, il fut nommé gouverneur de la Guadeloupe en 1859. En 1864, l'éminent officier prit à Paris la direction de l'artillerie de la marine et des colonies.

M. Frébault est grand officier de la Légion d'honneur.

FRESNEAU (**Armand**) — *Morbihan.* — Naquit dans l'arrondissement de Redon (Ille-et-Vilaine) en 1822. Il fit ses études au collége de Rennes et devint ensuite secrétaire particulier de M. Duchatel.

De 1848 à 1852 M. Fresneau a fait partie de nos assemblées et le rôle qu'il y a joué n'a pas été sans éclat. Voici en quels termes M. Eugène Loudun apprécie cet honorable député :

« M. Fresneau débuta par un coup d'éclat : son discours contre le préambule de la Constitution (août 1848) décelait plusieurs des rares qualités de l'orateur : on fut étonné de voir ce jeune homme de vingt-six ans qui avait tant d'aisance, de laisser-aller, de calme à la tribune, dont le sens était si juste et le raisonnement si précis ; quelquefois, dans un moment d'ardeur, il ne marchandait pas ses paroles ; il n'y avait qu'un jeune homme pour jeter à la face de la Montagne ce mot de droit au fusil (8 avril 1851), qui était dans la pensée de tout le monde, mais que personne n'osait prononcer. Ces excès étaient rares ; il ne s'emportait pas ; il demeurait maître de sa parole et de ses mouvements.... Sa méthode était l'analyse ; il définissait, il critiquait, il raillait, il disséquait avec une vivacité caustique.

« Les sujets abstraits lui convenaient ; il s'appliqua tout de suite et aisément aux questions de finances (10 juin 1850). Son imagination était réglée, et les illusions ne lui troublaient point le cerveau ; ne recherchant pas les ornements et les développements agréables, il allait droit au but : il avait quarante ans pour l'aplomb et la connaissance des affaires. »

M. Fresneau vote dans l'Assemblée de Versailles avec la majorité. Il a été favorable au traité de paix, à la loi relative à l'état de siége, etc. Il est fort estimé dans le département qui l'a élu. Ses électeurs peuvent compter sur son zèle et son dévouement à protéger leurs intérêts et ceux de toute la France.

G

GAILLY — *Ardennes.* — M. Gailly appartient à ce département qui a vu de si près le désastre de Sédan. Il a voté pour la paix et pour l'adoption de l'art. 2 du projet de loi portant ratification d'un échange de territoire avec l'Allemagne. Il a voté aussi pour l'abrogation des lois de proscription et s'est abstenu au scrutin sur la conclusion des neuvième et dixième bureaux relative à l'élection des princes d'Orléans. C'est en somme un esprit éclairé et libéral, doué d'une grande modération.

GALLICHER (**Louis**) — *Cher.* — Il est né en septembre 1814, à Lissay, dans le département qu'il représente. Ancien élève de l'École centrale, il en sortit comme ingénieur civil et mit plus tard ses aptitudes tantôt au service de travaux agricoles, tantôt au service de l'industrie métallurgique. Il fut d'abord membre de la Société d'agriculture du Cher, secrétaire de cette Société pendant trois ans et ensuite vice-président du Comice agricole de Bourges. Il a été aussi directeur associé des forges de Bigny et de celles de Bourges et de Rosières (Cher). Mettant à profit ses observations, il publia en 1841 des notes et des renseignements sur les forges du Berry. En 1861 il publia aussi des travaux pour servir à la statistique agricole du Cher. On cite encore de cet honorable représentant des mémoires et rapports à la Société d'agriculture de ce département et un écrit qui a pour titre : *Le Cher agricole et industriel.*

A la Chambre, M. Gallicher appartient au groupe conservateur libéral Feray. Il a donné son adhésion à la proposition relative au transfert de l'Assemblée à Versailles. Il s'est rangé du côté des partisans en faveur de l'adoption du projet de loi concernant les préliminaires de paix et a voté pour la loi électorale.

Ancien maire de Lissay pendant trois ans, M. Gallicher a été membre du Conseil municipal de Bourges de 1855 à 1870.

GALLONI D'ISTRIA (**Jérôme**) — *Corse.* — Il est né en 1810. Jusqu'en 1848, M. Galloni ne joua aucun rôle ni dans la politique ni dans l'administration. Mais à cette époque il fut nommé conseiller de préfecture, puis secrétaire général à Ajaccio. Il devint plus tard sous-préfet de Bastia. Attaché depuis longtemps à la politique napoléonienne,

M. Galloni d'Istria fut au nombre des députés qui ont protesté contre la déchéance de la dynastie impériale. Quant à ses autres votes ce sont pour la plupart les mêmes votes que ceux de la fraction conservatrice libérale.

GANIVET (Alban) — *Charente.* — M. Ganivet était président du Conseil de préfecture au 4 septembre. Il a obtenu 46,400 suffrages lors des élections. M. Planat, ancien député de la Charente, crut devoir protester dans les journaux contre sa nomination à l'Assemblée; mais son élection a été validée par la Chambre.

GASLONDE (Charles-Pierre) — *Manche.* — Il est né à Avranches vers 1814. Reçu avocat à Paris avec le diplôme de docteur en droit, il obtint en 1841 une chaire de droit français à la Faculté de Dijon. Il entra dans la carrière politique en 1848 et donna, en 1849, sa démission de professeur après sa réélection à l'Assemblée nationale. Il fut rapporteur de la loi qui établissait le vote à la commune.

M. Gaslonde exerça en 1852 les fonctions de maître des requêtes à la section du contentieux et fut nommé en 1864 conseiller d'État à cette même section. Il a laissé dans ces fonctions la réputation d'un jurisconsulte laborieux et clairvoyant. Il reste à la Chambre ce qu'il y a été autrefois : homme de principes et de convictions, esprit ferme et indépendant. Il s'est montré favorable à la proposition tendant à maintenir jusqu'à une époque plus reculée l'Assemblée nationale à Bordeaux. Il a voté *oui* au scrutin sur le projet de loi relatif aux préliminaires de paix signés à Versailles le 26 février dernier; il a fourni le même vote au sujet de la loi électorale.

M. Gaslonde a été promu officier de la Légion d'honneur le 14 août 1866.

GASSELIN DE FRESNAY (Augustin-André) — *Sarthe.* — Il a eu un homonyme né dans l'Eure-et-Loir, et qui a aussi en 1848 représenté la Sarthe à la Constituante, où il vota avec la fraction la plus modérée. Le député actuel, né à la Suze (Sarthe) le 6 septembre 1802, appartient aussi au groupe modéré (Feray). Il avait acheté en 1827 une étude de notaire au Mans, mais ses idées libérales lui firent refuser l'investiture de cette charge par le gouvernement d'alors. Après la révolution de juillet il s'établit comme notaire à Cerans-Fouletourte, où il conserva sept ans son office ministériel. Etant ensuite venu se fixer à Fresnay, il devint maire de cette commune en 1848 puis fut élu représentant du peuple. Envoyé de rechef à l'Assemblée législative dans de nouvelles élections, il ne se rangea jamais du côté des partis extrêmes. Sous le gouvernement impérial, M. Gasselin de Fresnay se tint éloigné de la scène politique, mais il fut nommé par l'empereur maire du lieu de sa résidence.

L'honorable député de la Sarthe a émis des votes affirmatifs pour le transfert de l'Assemblée à Versailles, pour la loi électorale et la proposition relative aux préliminaires de paix.

GATIEN-ARNOULT (**Adolphe-Félix**) — *Haute-Garonne.* — Ancien représentant, né à Vendôme (Loir-et-Cher) le 30 octobre 1800. Il entra dans l'université et fut professeur dans plusieurs villes importantes. Il fit paraître vers 1830, un ouvrage sur la philosophie qui attira l'attention de M. Cousin. Il fut nommé professeur de philosophie à la faculté de Toulouse.

Pendant les quarante années qu'il a passées dans cette cité, M. Gatien-Arnoult s'est constamment fait remarquer par l'indépendance de ses opinions et la fermeté de sa conduite, philosophe, usant librement de sa raison, mais s'en servant aussi pour combattre les doctrines athéistes et matérialistes : citoyen, luttant pour la liberté politique et démocratique, mais la séparant nettement et énergiquement de toute licence et même de toute tendance à la licence et à la démogagie : il sut se faire de nombreux amis et se concilier aussi l'estime de ses adversaires.

Plusieurs fois membre du conseil municipal de Toulouse, adjoint au maire, premier maire en 1848 et en 1870, représentant du peuple en 1848, nommé presque toujours le premier sur la liste des élus, il l'a encore été en février et il a obtenu plus de 80,000 suffrages.

M. Gatien-Arnoult a été à l'Assemblée de Versailles parmi les premiers organisateurs de la réunion des députés républicains qui ont tenu à se séparer hautement de l'extrême gauche, et qui se montrent inébranlables dans leur résolution de ne vouloir établir la liberté républicaine que sur le respect absolu de l'ordre social.

Le professeur distingué de la faculté de Toulouse est membre et secrétaire perpétuel de l'Académie des sciences, inscriptions et belles-lettres de cette cité. Il fait en outre partie de plusieurs autres académies. Il a publié divers ouvrages très-remarquables sur la philosophie et sur l'histoire.

GAULTHIER DE RUMILLY (Louis-Hippolyte) — *Somme.* — Cet honorable député, qui a été élu sept fois par le département qu'il représente, est né à Paris le 8 décembre 1792. Il débuta dans cette cité comme avocat en 1817. Le talent dont il fit preuve dans plusieurs causes célèbres le mit immédiatement en relief. Il défendit MM. Comte et Dunoyer dans l'affaire de la *Souscription nationale* et M. Cauchois-Lemain dans celle du *Gouvernement occulte.* Il défendit aussi le colonel Sauzet devant la Chambre des pairs. Mais son plaidoyer mémorable en faveur des *Quatre sergents de la Rochelle* fut celui qui eut le plus de retentissement.

M. Gaulthier de Rumilly entra dans la carrière parlementaire en 1831 et y figura avec autant de distinction que dans celle du barreau. Chargé des rapports les plus difficiles dans les questions importantes, il se montra toujours à la hauteur de sa mission. C'est lui qui sut, grâce à un de ses rapports, conserver à la France la précieuse industrie du sucre indigène qu'on parlait de supprimer moyennant indemnité.

De 1843 à 1852, l'honorable député de la Somme a fait partie du Conseil général de ce département. Il devint conseiller d'État en 1849, mais il donna sa démission en 1852, après avoir protesté avec vingt et un de ses collègues contre le coup d'État.

M. Gaulthier de Rumilly a voté pour le transfert de l'Assemblée à Versailles. Lorsqu'on a ouvert le scrutin au sujet de la loi municipale et du projet de loi relatif aux préliminaires de paix, il a voté pour l'adoption. Il appartient au groupe qui a choisi M. Feray pour président et qui veut la réorganisation du pays par des institutions libérales sous la forme républicaine actuelle.

GAULTHIER DE VAUCENAY (Victor) — *Mayenne*. — Grand propriétaire à Laval. Il est âgé de 52 ans. Il appartient à l'opinion légitimiste et prend part à la réunion des Réservoirs. Ancien maire de la commune de Bonchamp, M. Gaulthier de Vaucenay a été nommé au comité de défense par le canton Est de Laval.

GAVARDIE (de) — *Landes*. — âgé de quarante-sept ans, né à Rennes (Ille-et-Vilaine). Ancien élève distingué du Prytanée de La Flèche, où il a obtenu, en 1842, le prix d'honneur fondé par le duc d'Orléans, M. de Gavardie abandonna la carrière des armes pour celle de la magistrature. Il fut tour à tour procureur impérial à Dax, à Pau; substitut du procureur général près la cour de Pau. Il était procureur de la République lorsqu'il fut révoqué de ses fonctions par M. Crémieux. M. de Gavardie est connu aussi comme publiciste.

GAVINI (Denis) — *Corse*. — Est né en 1819. Après avoir terminé ses études de droit il se fit inscrire au barreau de Bastia où il plaida jusqu'en 1848.

Il se présenta à cette époque à l'Assemblée constituante; il fut élu et vota avec la gauche. Nommé de nouveau représentant, lors des élections pour l'Assemblée législative, il se rallia à la politique du président de la République. Après le 2 décembre, M. Gavini fut appelé par le Gouvernement, à remplir diverses fonctions importantes. D'abord conseiller d'État, il devint après, préfet du Lot et de l'Hérault. Il était préfet des Alpes-Maritimes, lors du 4 septembre et donna sa démission.

M. Gavini est resté fidèle à ses convictions; il a voté contre la déchéance de l'empereur. C'est celui des députés de la Corse qui a obtenu le plus grand nombre de suffrages aux dernières élections.

GAYOT (Amédée) — *Aube*. — Dans les législations précédentes, le barreau était suffisamment représenté à la Chambre, mais on y comptait peu de magistrats. Il en siége un assez grand nombre dans l'Assemblée actuelle. M. Gayot entr'autres appartient à la magistrature. Il est juge au tribunal de Troyes. Il a été nommé le premier sur la liste des députés de son département. Il assiste à la réunion Feray.

GEORGE — *Vosges*. — M. George vivait dans l'obscurité comme un certain nombre de députés de Versailles; les circonstances l'ont engagé à se poser comme candidat aux élections. La population des Vosges, si voisine du théâtre de la guerre, était encore toute surexcitée à l'époque des élections. Les anciens partis n'y jouissaient plus d'aucune popularité. M. George, connu pour ses opinions républicaines, n'a pas eu de peine à s'y faire nommer député. Ce représentant assiste à la réunion du Jeu de Paume. Il a voté contre la paix.

GERMAIN — *Ain*. — M. Germain est le gendre de M. Vuitry, ex-ministre, présidant le Conseil d'État sous l'Empire. C'est un habile financier. Il a été directeur du *Crédit lyonnais* et il s'est distingué dans ces fonctions par son intelligence et son activité.

M. Germain siége à la Chambre pour la seconde fois. Lors des élections de 1869, il fut envoyé au palais Bourbon par les suffrages du collége électoral de Trévoux. On l'a vu prendre la parole dans diverses questions importantes. Ses discours pleins de lucidité, ont prouvé qu'il s'entend parfaitement en matières financières, commerciales et dans celles qui sont relatives aux chemins de fer.

Il a été nommé en février le troisième sur la liste des députés de l'Ain. Il fait partie de la réunion Saint-Marc Girardin, réunion renfermant à la vérité des Orléanistes considérables, mais en même temps des représentants qui forment un parti en dehors des préférences monarchistes.

GERMONIÈRE (**Louis-Hippolyte**) — *Seine-Inférieure.* — Né à Tours le 24 novembre 1787, il suivit à Paris les cours de l'École de Droit. Reçu avocat, il quitta ensuite le barreau pour devenir le gendre et l'associé d'un riche filateur de la Seine-Inférieure et il acquit dans sa nouvelle carrière une fortune considérable ; mais il mit à profit ses études antérieures en s'occupant d'administration dans la localité où il était venu se fixer. Devenu membre du Conseil municipal de Rouen avant 1848, il fut envoyé à l'Assemblée constituante par les électeurs de la Seine-Inférieure. Réélu à l'Assemblée législative, il s'y montra dévoué au grand parti de l'ordre. M. Germonière n'a pas changé sa manière de voir, il appartient encore aujourd'hui au même parti. Il a voté contre le transfert de l'Assemblée à Versailles et pour l'adoption du projet de loi relatif aux préliminaires de paix. Il a également voté en faveur de la loi électorale.

Le député de la Seine-Inférieure avait été après les élections du 10 décembre, l'un des soutiens de Louis-Napoléon ; mais il se déclara fortement son adversaire après le coup d'État et se vit forcé d'abandonner la scène politique. Rentré dans la retraite, il s'adonna avec ardeur à des occupations agricoles et industrielles. Sa compétence en ces matières et sa longue expérience lui permettront certainement de rendre de grands services au pays dans le poste qu'il occupe au Corps législatif.

GÉVELOT — *Orne* — est né en 1826. Ancien député au Corps législatif où il siégeait au centre gauche, il a voté, en

1870, contre les candidatures officielles qu'il avait combattues dans le département de l'Orne, où il avait été élu par 18,000 voix, contre le candidat de l'administration, M. le marquis de Torcy, ancien député, soutenu par le préfet, M. de Magnitot.

Ses grands travaux agricoles l'ont fait nommer membre du Conseil général pour le canton de Messei (Orne).

Pendant le siége de Paris, il s'est consacré aux travaux de défense comme président de la commission d'armement du Ministère des travaux publics, et membre du comité scientifique de défense.

Réélu représentant à l'Assemblée nationale par 59,000 suffrages, il a voté avec la gauche républicaine pour l'ajournement de l'abrogation des lois d'exil.

M. Gévelot est à la tête d'une manufacture de cartouches et capsules qui a pu livrer, dans l'année 1868, cent millions de cartouches au ministère de la guerre. Il a été fait chevalier de la Légion d'honneur à l'Exposition de Londres, en 1861.

GILLON (**Paulin**) — *Meuse* — né à Rubécourt (Meuse); il est âgé de 51 ans. Son père, honorable propriétaire, avait des tendances politiques très-libérales; il marcha sur ses traces et professa des principes démocratiques, mais de ces principes qui aspirent à la liberté et sont les adversaires déclarés du désordre et de l'anarchie.

M. Gillon est un homme distingué, doué d'un esprit fort éclairé. Il s'est fait remarquer comme avocat au barreau de Bar-le-Duc et a exercé les fonctions de maire dans ce chef-lieu. Ce n'est pas la première fois qu'il siège dans nos assemblées. Il fut élu, en 1848, dans son département. Après avoir été nommé à la Constituante, il le fut à l'Assemblée législative et appuya à cette époque le ministère présidé par M. Odilon-Barrot.

A l'avénement de l'Empire, il retourna à son poste d'avocat et ne reparut plus dans nos assemblées.

GINOUX DE FERMON (comte) — *Loire-Inférieure* — propriétaire. Il est né en 1807. Nous ne connaissons rien de particulier sur ce député sinon qu'il vote avec la droite.

GIRAUD (Louis-Alfred) — *Vendée*. — Il appartient au groupe libéral modéré. Il a été favorable au projet de loi relatif aux préliminaires de paix, mais a émis un vote négatif lorsqu'il a été question de transférer l'Assemblée nationale à Versailles.

M. Giraud a quarante-trois ans. Son pays de naissance est Fontenay-le-Comte, dans la Vendée. Docteur en droit, il exerce les fonctions de vice-président au tribunal de Blois.

Il a fait paraître, outre un volume de poésies et un assez grand nombre d'articles de littérature et de jurisprudence publiés dans différentes revues, un ouvrage qui a pour titre : *Éléments de droit municipal.* C'est l'abrégé d'un cours professé dans une école normale. M. Giraud est officier d'Académie.

GIRERD (Cyprien) — *Nièvre* — né en 1832. Il exerce à Nevers la profession d'avocat. Homme aux opinions avancées, il a été nommé préfet de la Nièvre par M. Gambetta. Il a obtenu plus de 36,000 voix et le troisième rang parmi les députés de son département. Il a voté contre la paix, contre l'abrogation des lois d'exil et l'admission des princes d'Orléans. M. Girerd est déjà monté plusieurs fois à la tribune. Il a pris la parole sur la proposition relative aux concordats amiables et dans la discussion concernant les élections municipales.

GLAS — *Rhône* — né en 1812. Il a administré autrefois la commune de Givors. C'est un orléaniste conciliateur. Il a voté pour l'abrogation des lois d'exil et pour l'admission du prince de Joinville et du duc d'Aumale. Il fait partie de la réunion Feray.

GODET DE LA RIBOULLERIE (Louis) — *Vendée* — né en 1828. C'est un des hommes importants de la Vendée.

Il est président du comice agricole de Fontenay-le-Comte. M. Godet de la Riboullerie fait partie de la réunion présidée par M. Saint-Marc-Girardin.

GODIN — *Aisne* — né en 1807. C'est un grand industriel. Il dirige à Guise une importante fonderie. On le dit très-compétent en matière financière.

M. Godin ne se contente pas de prendre part aux travaux des commissions et de voter, il prend la parole à son tour. Nous avons lu un de ses discours dans la discussion de la loi municipale. M. Godin fait partie de la gauche radicale.

GONTAUT-BIRON (Elie, vicomte de) — *Basses-Pyrénées* — propriétaire, né en 1817. Il a été élu par les conservateurs des Basses-Pyrénées. C'est un homme doué d'un caractère fort conciliant. Il fait partie de la réunion des Réservoirs. Il a été désigné pour prendre part aux travaux de la commission chargée d'examiner tous les marchés passés par les administrations publiques depuis le 18 juillet 1870.

GOUIN (Alexandre) — *Indre-et-Loire.* — Banquier, ancien ministre de l'Agriculture et du commerce, ex-député de 1831 à 1848, ex-représentant à la Constituante, ex-représentant à la Législative, membre du Conseil général d'Indre-et-Loire, administrateur du chemin de fer de Paris à Lyon, M. Gouin est né en 1792, d'une ancienne famille de négociants honorables de Tours. Il entra de bonne heure dans les affaires, qu'il devait mener plus tard de front avec la politique. Spécialiste dans les matières de finances, il fit partie, sous la Monarchie de Juillet, de la majorité conservatrice, et fut, pendant plusieurs années consécutives, chargé du rapport du budget des recettes. C'est lui qui, comme ministre de l'Agriculture et du commerce, a présenté et fait accepter l'importante loi concernant le travail des enfants dans les manufactures. A la mort de M. Laffite, M. Gouin lui succéda comme directeur de la Caisse commerciale, fondée par cet habile financier.

Élu député en 1852, réélu en 1857, M. Gouin a obtenu une troisième fois la majorité dans les élections de 1863. Il fut nommé sénateur en 1867 et continua à faire preuve sur les bancs du Sénat d'une grande compétence dans les questions financières. Membre de presque toutes les commissions concernant le budget, il a pris souvent la parole au sein du Corps législatif et présenté une foule d'observations judicieuses. Il rendit les mêmes services étant sénateur.

M. Gouin était maire de Tours lorsque les Prussiens se sont emparés de cette cité. Il s'est conduit d'une façon patriotique durant l'occupation. Grâce à son intervention énergique, Tours n'a pas été atteint par les contributions considérables prélevées ailleurs par l'ennemi.

Dans la Chambre actuelle, M. Gouin vote généralement avec la majorité. Il ne fait partie d'aucune des réunions politiques qui se tiennent à Versailles en dehors de l'Assemblée.

GOULARD (**Eugène de**) — *Hautes-Pyrénées* — né à Versailles en 1808. C'est un de ces députés qui ne disent rien, mais qui n'en pensent pas moins. Il ne compte parmi les membres d'aucune réunion. On le dit orléaniste et il s'est abstenu au vote du 8 juin. M. de Goulard a obtenu le premier rang sur la liste de son département.

GOUVION SAINT-CYR (**Laurent, marquis de**) — *Eure-et-Loir*. — Il est né le 31 décembre 1815. M. le marquis de Gouvion Saint-Cyr porte un nom célèbre dans nos annales militaires. Le maréchal de Gouvion Saint-Cyr fut un des généraux les plus distingués de la République et du premier Empire. Il devint ministre de la Guerre sous la Restauration, et attacha son nom à des réformes aussi importantes qu'utiles qu'il introduisit dans nos armées.

Quant à l'honorable député de Versailles, qui, sous le gouvernement de Juillet faisait partie de la Chambre des pairs, c'est la première fois qu'il figure dans nos Assemblées électives. Il vivait retiré dans son château de Reverseaux près

Voves, où il est fort connu par sa bienfaisance, lorsque 26,000 électeurs du département d'Eure-et-Loir lui accordèrent leurs suffrages. Nous ne croyons pas qu'il fasse partie d'aucune des réunions qui délibèrent en dehors de l'Assemblée. A la Chambre, M. Gouvion Saint-Cyr siége au centre gauche.

GRAMMONT (Ferdinand marquis de) — *Haute-Saône* — est né à Villersexel (Haute-Saône) le 6 juin 1805, d'une famille noble de la Franche-Comté. Son père siégea longtemps à la Chambre des députés.

Jeune, il rendit des services à l'agriculture et à l'industrie métallurgique. Aussi, en 1837, il fut nommé député par l'arrondissement de Lure. Après la révolution de février, il fut élu, par 68,620 voix, représentant à l'Assemblée nationale, siégea également à l'Assemblée législative et depuis 1852 au Corps législatif. Grand propriétaire et maître de forges, M. le marquis de Grammont représente à la fois l'agriculture et l'industrie. C'est une noble et importante mission dont son patriotisme ne rejette pas le poids. Il a été longtemps membre du Conseil général de la Haute-Saône.

Les électeurs de ce département viennent de lui confier par 23,454 voix le mandat de représentant à l'Assemblée nationale. Il a pris place à la droite.

GRANDPIERRE — *Meuse* — né en 1814. Il est avocat à Bar-le-Duc. C'est un ardent républicain comme la plupart de ses collègues de la Meuse. Il appartient à la réunion de la gauche républicaine dite du Jeu de Paume.

GRASSET (Henri de) — *Hérault* — propriétaire, né à Pezenas en 1821. Tout dévoué au parti légitimiste, il vote avec la droite et compte parmi les membres de la réunion des Réservoirs.

GREPPO (Louis) — *Seine* — est né le 8 janvier 1810 à Pouilly, près Villefranche (Rhône). Ancien chef d'atelier dans une manufacture de soieries à Lyon, il se fit connaître dans cette ville en se mettant à peu près à la tête de la fraction la plus avancée du parti républicain. Aussi en 1848, après la révolution de février, il fut nommé représentant du peuple par les électeurs de Lyon. Il obtint 43,194 voix et ne passa pourtant que le dernier sur quatorze candidats. Il fit partie du Comité du travail et vint siéger à la Montagne qu'il appuya de son vote dans toutes les questions politiques et sociales.

Le 31 juillet 1848, lorsque Proudhon développa sa fameuse proposition relative à l'impôt sur le revenu, demandant qu'un tiers des fermages, des loyers, des intérêts du capital fût saisi par l'État afin de fonder le crédit et d'assurer par là la République, M. Greppo soutint seul, par un vote d'adhésion, cette proposition qui fut repoussée et blâmée par 691 votants.

Républicain ardent, il combattit de toutes ses forces le coup d'État du 2 décembre ; après l'élection du 10 décembre, il se signala par son opposition, et à l'occasion du siége de Rome, il fut au nombre des députés qui signèrent la demande de mise en accusation du président Louis-Napoléon et de ses ministres.

Aux élections pour l'Assemblée législative, il fut nommé le septième et reprit sa place à l'extrême gauche. Banni de France après le coup d'État du 2 décembre, il se réfugia en Belgique, puis en Angleterre. A la faveur de l'amnistie, il est rentré en France vers 1860. Réélu aux dernières élections il siége naturellement à la Chambre parmi les républicains avancés.

GRÉVY (Albert) — *Doubs*. — C'est le frère de l'honorable président de l'Assemblée. Il exerce comme lui la profession d'avocat. Bâtonnier de son ordre au barreau de Besançon, il s'est fait connaître dans cette cité par ses aptitudes oratoires et par ses opinions.

M. Albert Grévy est aujourd'hui à Versailles, un des membres marquants de la gauche républicaine. Il a voté contre l'abrogation des lois d'exil et la validation de l'élection des princes d'Orléans.

GRÉVY (François-Paul-Jules) — *Jura*. — L'éminent président du Corps législatif aura au mois d'août prochain soixante-quatre ans. Il est né à Mont-sous-Vaudrez, dans le département qu'il représente, le 15 août 1813. Le choix de la Chambre ne pouvait se porter, surtout dans des circonstances difficiles, sur un homme doué à la fois de plus de résolution, de prudence et de sagacité. M. Grévy avait en outre au barreau et au Corps législatif de glorieux antécédents qui ont aussi contribué puissamment à le faire arriver à la présidence de l'Assemblée nationale.

C'est à Paris qu'il fit son droit et il commença dès sa jeunesse à indiquer la pente sur laquelle l'entraîneraient ses aspirations politiques. Il fut l'un des combattants qui s'emparèrent de la caserne de Babylone aux journées de juillet 1830. Quarante ans plus tard, c'est-à-dire aux dernières élections, s'adressant à ses mandataires il leur résumait ainsi son programme : *La République, toujours ; la paix, sauf revanche par tous les moyens acceptables.* Aussi a-t-il émis un vote affirmatif au scrutin ouvert relativement au projet de loi pour les préliminaires de paix. Il s'est en outre rallié au groupe républicain modéré.

Esprit solide plutôt que brillant, M. Grévy se fraya dans le barreau, après plusieurs années de travail assidu, une glorieuse carrière. Il succéda à M. Berryer comme bâtonnier de l'ordre des avocats en 1868.

Une fois sur la scène parlementaire qu'il aborda après les événements de 1848, l'honorable président du Corps législatif donna la mesure de ses capacités, tantôt par ses discours pleins de clarté, tantôt par ses amendements où il laissa toujours percer une grande sagacité politique. Le célèbre amendement qui porte son nom et qu'il proposa après les événements de février grandit singulièrement sa réputation naissante. M. Grévy prononça à cette occasion un discours éloquent qui eut un grand retentissement et dans lequel il demandait que l'Assemblée déléguât le pouvoir exécutif à un citoyen qui aurait reçu le titre de « président du Conseil des ministres. » Elu pour un temps illimité il était toujours révocable. Si sa proposition avait été acceptée, la France aurait sans doute conservé son gouvernement républicain.

Les allures physiques de M. Grévy s'accordent parfaitement avec son poste de président. D'une complexion assez forte, l'air calme, le port plein de dignité, il conserve dans son fauteuil l'attitude qui inspire le respect et la sympathie. Il vient d'être réélu président de l'Assemblée nationale.

GRIVART (**Louis**) — *Ille-et-Vilaine.* — Né à Rennes en 1829, avocat au barreau de cette ville. Il est attaché au parti orléaniste et il va sans dire qu'il a été favorable au vote du 8 juin. M. Grivart a obtenu aux élections 88,611 voix. Il fait partie de la réunion Saint-Marc-Girardin et de la réunion des Réservoirs.

GROLLIER (**Alphonse-Benjamin**) — *Orne.* — Il est né à Mauzé (Deux-Sèvres) le 25 mars 1807. Ses parents étaient d'honorables commerçants dans cette contrée.

Le jeune Grollier fit ses études au collége d'Alençon et entra ensuite dans l'industrie. Il fut nommé en 1848, conseiller municipal de cette ville; devenu maire il donna sa démission en 1850. Le gouvernement impérial le mit de nouveau à la tête de l'administration d'Alençon en 1861. Il y resta jusqu'en 1868 et fut pendant cet intervalle appelé aux fonctions de juge au tribunal de commerce et de président. Il est encore, à l'heure qu'il est, président du tribunal de commerce. C'est la septième fois que cet honneur lui est accordé.

Administrateur de l'hôpital, homme dévoué au soulagement de toutes les misères, M. Grollier a été élu en 1869, député au Corps législatif. Son nom a figuré sur la liste des représentants qui ont signé la demande d'interpellation des cent-seize. C'est un esprit sage, partisan d'une liberté modérée. Il a voté avec empressement toutes les propositions utiles soumises à l'Assemblée actuelle. Il prend part aux délibérations des réunions Feray et Saint-Marc-Girardin.

GUEIDAN (Emile) — *Isère.* — Avocat à Vienne où il est né vers 1830. Il vote avec la droite. Les habitants de l'Isère lui ont accordé 57,293 voix aux élections. M. Gueidan ne fait partie d'aucune des réunions formées en dehors de la Chambre.

GUIBAL (Paul-David-Armand) — *Tarn.* — Il est âgé de soixante ans et a reçu le jour à Castin (Tarn). Il se fit d'abord recevoir avocat, mais il laissa le barreau pour se livrer à l'agriculture où il a conquis une des places les plus honorables, autant par ses lumières que par son activité. On lui doit l'invention de machines agricoles qui portent son nom et qui ont obtenu des médailles d'or dans les concours régionaux et généraux. De 1854 à 1869 il fut appelé à faire partie du jury agricole dans plusieurs de ces concours et la Société du Comice agricole de Castres s'estima heureuse de le nommer son président. M. Guibal a été en outre vice-président de la section du génie rural de la Société des agriculteurs de France et membre de la Chambre consultative d'agriculture pour le département du Tarn.

Cet agronome distingué est un député libéral de la nuance Feray. Il a voté pour le transfert de l'Assemblée nationale à Versailles. Il a aussi voté pour l'adoption de la loi municipale, et comme la plupart de ses collègues, il a reconnu l'urgence d'adopter le projet de loi relatif aux préliminaires de paix.

M. Guibal est chevalier de la Légion d'honneur; cette distinction lui a été accordée pour services rendus à l'agriculture. Il a obtenu en 1859 une prime d'honneur dans le département du Tarn.

GUICHARD (Victor) — *Yonne.* — Publiciste, né à Paris en 1803. Reçu avocat, il se fixa à Sens, pays de sa famille, et y devint le chef du parti républicain. Élu en 1848, maire de Sens, il fut, peu après, appelé à siéger à l'Assemblée constituante. Élu le premier sur la liste, il vota presque toujours avec la gauche. Ce fut un des députés qui montrèrent le plus d'énergie le 15 mai et repoussèrent l'invasion de l'Assemblée. M. Guichard ne fit point partie en 1849, de l'Assemblée législative. Il se retira dans son département et s'y occupa principalement d'agriculture.

On doit à la plume de ce député divers ouvrages, notamment sur l'histoire et la politique : *Manuel de politique*; *la Propriété sous la monarchie*; *l'Instruction primaire obligatoire rendue gratuite au moyen de la mise en valeur des terrains communaux*; *la Liberté de penser, fin du pouvoir spirituel*.

M. Guichard a conservé sa nuance politique; il vote à Versailles avec la gauche républicaine et prend part aux délibérations de la réunion du Jeu de Paume.

GUINARD (Auguste) — *Savoie*. — Il est né en 1836. Son père, ardent républicain, déjà célèbre par la part active qu'il prit aux fameuses journées de 1830, fut impliqué en 1835, dans le procès des accusés d'avril. Condamné à la déportation, il parvint à s'évader de Sainte-Pélagie et à se réfugier à Londres. M. Auguste Guinard naquit dans cette cité. Il entra à l'école Polytechnique sous l'empire et devint ingénieur des Ponts-et-Chaussées à Chambéry. C'est dans le département dont cette ville est le chef-lieu, qu'il a été nommé à la députation aux élections de février.

M. Guinard est resté fidèle aux traditions de sa famille. Il siége à l'Assemblée sur les bancs de l'opposition et assiste aux réunions de la gauche républicaine, avec MM. Parent et Viallet, ses collègues de la Savoie.

GUIRAUD (Léonce de) — *Aude*. — Né en 1829, a fait partie de nos assemblées où il a siégé au centre gauche. Il a obtenu aux dernières élections 33,473 voix et a été nommé le deuxième sur la liste de l'Aude. M. Léonce de Guiraud prend part aux délibérations de la réunion Saint-Marc-Girardin et de celle des Réservoirs. Il a voté avec la droite, depuis l'ouverture de la Chambre.

GUITER (**Théodore**) — *Pyrénées-Orientales*. — Il est né à Perpignan le 15 février 1797; il a exercé les fonctions de notaire dans sa ville natale pendant plus de vingt ans.

Dans sa jeunesse il a été secrétaire de M. le comte Destutt de Tracy, membre de l'Institut, et auprès de ce penseur profond, il a pris le goût, qu'il a conservé toute sa vie, des études philosophiques; auprès de lui aussi, il a senti se confirmer les aspirations démocratiques qu'il avait déjà trouvées dans sa famille et notamment chez un de ses oncles, membre de la Convention nationale.

Après un assez long séjour à Paris, rentré dans son pays natal pour succéder à son père, décédé notaire à Perpignan, il fut nommé par le parti démocratique, auquel il a toujours appartenu, membre du Conseil municipal de cette ville et du Conseil général de son département.

En 1848 et 1849, il fut envoyé par ses concitoyens aux Assemblées constituante et législative.

Proscrit par le coup d'État du 2 décembre, il se réfugia à Chambéry, où depuis lors il a fixé sa résidence, et dont son fils Eugène Guiter est aujourd'hui préfet.

Après la chute du second Empire, il fut nommé membre de la Commission municipale de Chambéry, et dans le mois de février, il reçut du département des Pyrénées-Orientales, dont il était absent depuis vingt ans, le mandat de député à l'Assemblée nationale, où il fait partie de la gauche républicaine.

H

HAENTJENS (**Alfred-Alphonse**) — *Sarthe* — est né en 1824 à Nantes, d'une famille d'armateurs. Lui-même s'est occupé de grandes affaires industrielles, et il a été l'actionnaire le plus important d'une publication qui tient un des premiers rangs dans la presse littéraire et artistique, le *Monde illustré*.

Possesseur d'une grande fortune due à son intelligence
et à son initiative, M. Haentjens, qui habite une partie de
l'année le château de la Périne, commune de Saint-Corneille,
dans la Sarthe, multiplie autour de lui les bienfaits et les secours de toute espèce. Jamais on ne fait appel en vain à sa
générosité. Non content de se servir de sa haute position pour
être utile à ses compatriotes, M. Haentjens a défendu avec
zèle les intérêts de son pays, au sein du Conseil général, dont
il a été membre depuis 1858 et dont pendant plusieurs années
il a été le secrétaire.

M. Haentjens a été décoré en 1848 de l'ordre de la Légion
d'honneur, après avoir reçu, en combattant comme volontaire, un coup de feu qui lui traversa la poitrine.

M. Haentjens qui était au Corps législatif un député indépendant et libéral a été, à Bordeaux, l'un des rares députés
qui ont voté contre la déchéance de l'Empereur. Ajoutons
qu'il a épousé la fille du brave maréchal Magnan. Les électeurs de la Sarthe l'ont choisi pour l'un de leurs représentants
à l'Assemblée, en lui donnant plus de 50,000 suffrages.

HAMILLE (Victor) — *Pas-de-Calais.* — Il est né à Mon-
treuil-sur-Mer le 3 septembre 1812. Il débuta dans le barreau
et exerça la profession d'avocat à la cour royale de Douai de
1834 à 1841. Il se faisait déjà remarquer à cette époque par
sa prodigieuse activité. Le ministre de la justice d'alors était
M. Martin du Nord, oncle de l'honorable député. Il appela
son neveu auprès de lui et ne tarda pas à le faire nommer
chef de bureau dans l'administration des cultes. M. Hamille
se montra constamment à la hauteur de ses nouvelles fonctions.

Après l'annexion de la Savoie et du comté de Nice à la
France, il fut chargé de plusieurs missions importantes,
tant dans les nouveaux départements qu'en Italie. Il se com-
porta avec tant de zèle et d'habileté, il travailla avec tant
d'assiduité à organiser le service religieux dans les diocèses
récemment annexés, et réussit si bien à défendre les intérêts

français dans ses diverses missions, qu'il reçut de vives félicitations de la part du gouvernement et fut nommé, en 1862, directeur de l'administration à laquelle il avait déjà consacré une partie de sa vie. L'honorable directeur des cultes a été, sur sa demande, admis à la retraite le 5 septembre dernier. Avant de siéger à la chambre, il avait déjà été élu deux fois, à l'unanimité, membre du conseil général du Pas-de-Calais. A l'Assemblée nationale, il vote avec la majorité. Il a par conséquent été favorable au projet de loi relatif aux préliminaires de paix et au transfert de l'Assemblée à Versailles. Il a été favorable aussi à la loi municipale.

M. Hamille est directeur honoraire de l'administration des cultes, officier de l'instruction publique, commandeur de la Légion d'honneur, de Saint-Grégoire-le-Grand et grand officier des Saints Maurice et Lazare et de l'ordre de Perse.

HARCOURT (duc d') — *Calvados.* — Petit-fils de François-Eugène-Gabriel duc d'Harcourt, député puis pair de France, ambassadeur à Rome en 1848, né à Jouy le 22 août 1786 et décédé le 2 mai 1865. Le duc d'Harcourt, représentant à l'Assemblée de Versailles, a été officier d'ordonnance du maréchal de Mac-Mahon en Crimée, en Italie, en Afrique et dans la dernière campagne. Emmené prisonnier après Sedan, il est revenu d'Allemagne pour occuper son siége de député. Il fait partie de la majorité.

HAUSSONVILLE (Gabriel-Paul-Othenin, vicomte d') — *Seine-et-Marne* — né le 21 septembre 1843, à Gurcy-le-Chatel, canton de Donnemarie en Montois, est le fils de M. le comte Jean-Othenin-Bernard d'Haussonville, ancien secrétaire d'ambassade, ancien député de Provins, conseiller général de Seine-et-Marne du 4 juin 1838 au 30 août 1848, membre de l'Académie française. Toute la famille d'Haussonville est dévouée à la branche d'Orléans. La mère de M. d'Haussonville, le député actuel, est Mme Louise-Albertine de Broglie.

HESPEL (Octave, comte d') — *Nord* — né en 1827, propriétaire à Wavrin, dans les environs de Lille. Il est dévoué au principe légitimiste. Il a voté avec la droite dans toutes les propositions importantes. Il a été un des signataires de la proposition de loi ayant pour objet l'abrogation des lois d'expulsion concernant les princes de la maison de Bourbon. M. le comte d'Hespel a obtenu 205,556 voix. Il fait partie de la réunion des Réservoirs.

HOUSSARD (Georges-Eugène) — *Indre-et-Loire* — né à Cérelles (Indre-et-Loire), le 28 octobre 1814. Après avoir terminé ses études classiques, il se fit recevoir avocat. Mais nous ne pensons pas que l'honorable député ait occupé une place quelconque au barreau. Nous croyons plutôt qu'il se voua entièrement à l'agriculture. Il a été successivement maire de Chanceaux et de Souzay, puis membre du Conseil général d'Indre-et-Loire.

En 1868, lors de l'élection partielle pour remplacer M. Gouin, nommé sénateur, il obtint 11,000 voix sur 19,000 votants et fut envoyé à la Chambre où il siégea sur les bancs de l'opposition. Aux élections générales de 1869, il fut encore nommé avec une très-forte majorité.

M. Houssard est un député libéral modéré. Il appartenait dans l'ancienne Chambre au tiers-parti et a voté au mois de juillet dernier la demande d'interpellation dite des 116.

HULIN (Léopold) — *Indre-et-Loire* — né à Richelieu (Indre-et-Loire), est âgé de cinquante ans. Après avoir fait avec succès de brillantes études de droit, il travailla successivement, dès sa jeunesse, dans plusieurs ministères. Nommé auditeur au Conseil d'État, son aptitude aux affaires le fit bientôt remarquer : il fut appelé dans diverses sous-préfectures et il sut s'attirer constamment l'estime de tous ses administrés. Mais ce fut surtout dans la sous-préfecture de Saint-Amand (Cher) où il se trouvait en 1846, époque mémorable par la cherté des grains et les inondations, qu'il joua un rôle important: Son habile direction, sa prévoyance incessante et surtout son dévouement sans bornes, lui valurent la décoration de la Légion d'honneur, récompense qui fut sollicitée pour lui par les principales autorités du pays et fut accueillie avec satisfaction par la population tout entière.

M. Hulin a épousé la fille de M. Laurence, ancien député du département des Landes qui fut pendant fort longtemps directeur général des affaires d'Afrique où il a rempli d'importantes et de célèbres missions. C'est M. Laurence qui réorganisa l'administration en Algérie.

Depuis 1848, M. Hulin n'a voulu recevoir aucune nouvelle fonction ni de la République, ni de l'Empire et il a tenu à honneur de n'être appelé aux postes administratifs que par le suffrage universel. Il fut nommé à l'unanimité membre du Conseil général en 1861. En 1869, M. Hulin soutint avec beaucoup d'énergie la candidature de M. de Flavigny.

C'est à lui qu'appartient l'ancien château du cardinal de Richelieu, dans le parc duquel il a fondé d'importantes industries qui lui ont valu comme chimiste de premier ordre une médaille d'or à l'exposition de 1865.

Bien que M. Hulin n'ait figuré dans son département que sur une seule liste, il est arrivé le troisième à la députation d'Indre-et-Loire et a ainsi reçu la juste récompense de son dévouement à la cause de l'ordre et des services immenses qu'il rend chaque jour à son pays.

HUMBERT (Gustave) — *Haute-Garonne.* — C'est le frère de Louis Humbert, député de la Moselle. Comme lui, il naquit à Metz, le 28 juin 1822. Il étudia le droit à Paris et y obtint le premier prix de doctorat pour un mémoire sur les *Conséquences des condamnations pénales*, publié ensuite avec un commentaire sur la loi abolitive de la mort civile.

M. Gustave Humbert fut sous-préfet de Thionville de 1848 à 1851. Il se retira à cette époque à Paris, où il devint simple répétiteur de droit. Un mémoire remarquable sur les

Régimes nuptiaux, présenté en 1857, lui valut l'honneur d'obtenir un prix de l'Institut. Il fut reçu agrégé des Facultés de droit, au concours de 1859, et à la suite attaché à l'École de Toulouse, puis à celle de Grenoble, où il resta pendant deux ans. On le nomma professeur de droit romain à l'École de Toulouse en 1864 et bientôt après secrétaire de l'Académie de législation.

M. Humbert appartient à la gauche modérée. C'est un républicain de l'école d'Armand Carrel. Il a voté pour le transfert de l'Assemblée à Versailles, s'est montré l'adversaire du projet de loi relatif aux préliminaires de paix et a émis un vote favorable au scrutin ouvert au sujet de la loi municipale.

On doit à l'honorable député de la Haute-Garonne beaucoup de travaux juridiques qui ont paru dans des revues.

HUMBERT (**Louis-Amédée**) — *Moselle*. — Fils aîné de Louis-Nicolas Humbert, volontaire en 1792, il est né à Metz, le 23 avril 1814. Après avoir appartenu au conseil municipal de sa ville natale et y avoir rempli pendant plusieurs années les fonctions de secrétaire, il fut élu membre du tribunal de commerce. En 1848, le gouvernement provisoire le nomma adjoint au maire de Metz et il acquit dans ces fonctions une grande popularité pour son dévouement envers les classes laborieuses.

En 1852, il refusa de prêter serment à l'Empire et rentra dans la vie privée jusqu'en 1857. Il se présenta alors aux élections et fut élu à la presque unanimité. En 1863, son départ de Metz, qu'il quitta pour aller habiter une campagne aux environs, ne lui permit pas d'accepter un nouveau mandat de conseiller municipal. Il demeura seulement membre de la chambre de commerce et y fit adopter le vœu que les membres des chambres de commerce fussent à l'avenir élus par le vote des individus patentés dans la circonscription.

M. Humbert figure sur la liste républicaine modérée. Né à

Metz, il a naturellement voté contre le projet de loi qui devait séparer sa ville natale de la mère-patrie.

HUON DE PENANSTER (Charles-Marie-Pierre) — *Côtes-du-Nord* — propriétaire, né à Lannion le 11 octobre 1832. Ses études terminées il entreprit de très-longs voyages dans un but scientifique et parcourut successivement les cinq parties du monde. De retour en France, il se fixa dans sa ville natale. Aux élections du mois de juin 1861, pour le Conseil général des Côtes-du-Nord, une grande partie des habitants du canton de Plestin lui accordèrent leurs suffrages. Il fut réélu en 1867. Devenu adjoint au maire de Lannion en 1868, il fut révoqué par le préfet en novembre 1870.

M. Huon de Pénanster jouit dans son arrondissement d'une influence légitime due à l'honorabilité de son caractère et à sa bienfaisance. Il est président de la société de Secours mutuels de Lannion.

Il figure à l'Assemblée parmi les membres de la majorité et assiste aux réunions de la rue des Réservoirs.

J

JAFFRÉ (Abbé) — *Morbihan*. — Recteur de la paroisse de Guidel, arrondissement de Lorient. M. l'abbé Jaffré a été autrefois supérieur de Sainte-Anne-d'Auray, lieu de pèlerinage célèbre en Bretagne. Il appartient au parti légitimiste. Il a signé la proposition ayant pour objet l'abrogation des lois du 10 avril 1832 et du 26 mai 1848, concernant les princes de la maison de Bourbon. M. l'abbé Jaffré fait partie de la réunion des Réservoirs. Par suite de la démission de l'abbé de Marhallach, député du Finistère, le clergé ne compte plus à la Chambre que deux membres, Mgr Dupanloup et l'abbé Jaffré.

JAMME (Auguste) — (*Tarn*). — Né en 1814. M. Jamme habite le château de Lagoutine-Mazamet (Tarn). Membre du conseil municipal de cette commune depuis 1845, il a fait plusieurs fois partie de son administration. Il est membre du bureau de bienfaisance et de la commission administrative de l'hospice de Lagoutine-Mazamet, petite ville très industrielle. Président et fondateur de la société de Saint-Vincent de Paul, M. Jamme est connu par les bienfaits qu'il répand autour de lui. Il a obtenu aux élections 58,141 voix. Il siège sur les bancs de la droite.

JAUBERT (Hippolyte-François, comte) — *Cher*. — Fils d'un conseiller à la Cour de cassation mort en 1822, M. le comte Jaubert devint tour à tour ministre, pair de France et membre de l'Institut. Il est né à Paris le 28 octobre 1798. Il fut d'abord avocat; il quitta ensuite le barreau pour se lancer dans l'industrie métallurgique. Sa carrière politique commença après 1830. Le département du Cher lui confia le mandat de député, et on le vit siéger à la Chambre, de 1831 à 1844. Il fut nommé ministre des travaux publics dans le ministère Thiers en 1840, puis pair de France quatre ans après.

M. Jaubert est un botaniste très-distingué. On a pu lire dans les journaux la lettre qu'il a adressée récemment au président des « Curieux de la nature, » en session à Dresde, et dans laquelle il donnait sa démission de membre de cette Académie, alléguant pour motif qu'après les excès commis par les Allemands sur notre territoire, *un Français ne pouvait plus, sans compromettre sa dignité, entretenir des relations, même scientifiques, de l'autre côté du Rhin.*

L'honorable député du Cher est célèbre aussi dans le monde des savants, en qualité de philologue. On lui doit des ouvrages remarquables sur la linguistique et la botanique. Homme politique, il figure à l'Assemblée dans la fraction libérale Féray. Il a voté pour le transfert de l'Assemblée, mais contre la paix et s'est montré favorable au projet de loi relatif aux élections municipales.

M. le comte Jaubert est membre de la Société de botanique et il a été élu membre de l'Académie des sciences en 1858.

JAVAL (Léopold) — *Yonne* — est né à Mulhouse, le 1ᵉʳ décembre 1804. Son père, homme d'initiative, fut le créateur d'une de nos premières lignes de chemins de fer. Le député actuel fit en Algérie la campagne de 1830, comme sous-lieutenant, à la suite de l'escadron de cavalerie légère, et sa brillante conduite dans plusieurs rencontres, lui valut la décoration de la Légion d'honneur.

Mais il quitta bientôt le service militaire pour les affaires. En 1852, il fut élu membre du Conseil général de l'Yonne, et a siégé dans cette assemblée jusqu'en 1861. Il a été nommé député au Corps législatif en 1857 et réélu en 1863. Il ne faisait pas partie de la dernière législature.

Au sein de l'Assemblée, cet honorable député prenait assez fréquemment la parole et apportait dans la discussion beaucoup d'énergie et de conviction. Il sait conserver le sang-froid qui sied à un ancien militaire, et nous l'avons vu, au milieu des orages de la Chambre, faire face sans se troubler aux bruyantes interruptions et reprendre paisiblement le fil de ses discours. Les questions de finances ont été souvent traitées par lui avec beaucoup de sagacité.

Aux élections pour l'Assemblée nationale, M. Javal a été nommé le second sur la liste des sept députés de l'Yonne. Il a obtenu 41,851 suffrages. Le premier nommé est M. Ed. Charton, l'ancien concurrent de M. Javal aux élections.

JOCTEUR - MONROZIER (Jean-Baptiste-Alphonse) *Isère.* — Né à Chatonnay dans l'arrondissement de Vienne, le 9 octobre 1811. Il appartient à une famille connue de vieille date pour son honorabilité et dont les membres ont appartenu, de temps immémorial, au notariat. M. Jocteur-Monrozier, dont nous esquissons la biographie, s'est lui-même trouvé à la tête d'un office ministériel à Grenoble, de 1836 à 1865. Il est resté notaire honoraire.

L'honorable représentant de l'Isère réside une partie de l'année à Grenoble et l'autre à Chatonnay, qu'il administre depuis 1836. Il n'a jamais fait partie de nos assemblées. Les lourdes charges d'une étude très-importante ne lui ont du reste pas permis de consacrer beaucoup de temps à la politique. M. Jocteur-Monrozier doit surtout l'honneur que lui ont accordé les électeurs de l'Isère, en le nommant député, à la droiture et à l'indépendance de son caractère. Il se conduit en homme éclairé et en bon citoyen en soutenant, à l'heure qu'il est, la politique du Gouvernement.

JOHNSTON (Nathaniel) — *Gironde.* — Appartient à l'une des familles protestantes les plus honorables de Bordeaux.

Ancien élève de l'École polytechnique. M. Johnston a aujourd'hui trente-cinq ans. Il fut élu en 1869 par la première circonscription de la Gironde. C'est un libéral modéré. Il siégea, à cette époque, au centre droit après avoir signé la demande d'interpellation des cent-seize et protesté contre la déclaration de guerre, en demandant, avec quatre-vingt-trois de ses collègues, communication préalable des pièces diplomatiques. Il appartient au parti libre-échangiste du pays et, comme tel, a pris part aux discussions économiques de la session de 1870.

Il tenta, au 4 septembre, de réunir à son domicile, bon nombre de ses collègues chassés, comme lui, des bancs de l'Assemblée, mais dut céder à la violence.

Réélu en 1871, il est le seul des anciens députés de la Gironde qui siége aujourd'hui à l'Assemblée nationale, où il remplit les fonctions de secrétaire.

JOIGNEAUX (Pierre) — *Côte-d'Or.* — Ce vétéran de la presse démocratique est né à Varennes, dans le département qu'il représente, en 1815. — Il fut d'abord élève à l'École centrale des arts et manufactures, puis son tempérament l'entraîna à fournir une collaboration active aux journaux de l'opposition sous Louis-Philippe. En 1848 il fut élu à la Constituante et siégea dans les rangs de la Montagne. Expulsé après le coup d'État, M. Joigneaux continua en Belgique les travaux agronomiques qu'il avait entrepris quelques années auparavant. Très versé dans les questions agricoles, il publia sur des matières relatives à cette science, des écrits très-variés qui ont paru, soit en articles dans les journaux, soit en volumes chez les libraires. Ses œuvres sont fort nombreuses.

Le savant agronome appartient toujours à la gauche radicale. Il n'a pas pris part dernièrement au vote émis au scrutin ouvert pour le projet de loi concernant les élections municipales, et s'est montré opposé aux opinions qui se sont prononcées favorablement au sujet d'un traité de paix entre la France et la Prusse.

JOINVILLE (**François-Ferdinand-Philippe-Louis-Marie-d'Orléans, prince de**) — *Manche.* — Troisième fils de Louis-Philippe, il naquit à Neuilly, le 14 août 1818. Comme ses frères, il fit ses études classiques dans un collége public et embrassa ensuite la carrière de la marine. Admis à en faire partie à la suite d'un brillant examen, il y conquit successivement tous les grades, y compris celui d'amiral, par ses capacités et sa belle conduite. Ainsi, lors de l'expédition du Mexique en 1838, on le vit, le 27 novembre, près le fort Saint-Jean-d'Ulloa, faire preuve d'une habileté extraordinaire et d'une grande bravoure. A la tête d'un détachement de matelots, il força les portes de la Vera-Cruz, et prit de sa main, au milieu d'un feu nourri, le général Arista. Le courage militaire particulier à ce prince, lui fit quitter l'Angleterre où il s'était retiré avec sa famille exilée, lorsque les Prussiens eurent envahi le territoire français. Revenu en France, il se mêla à nos soldats dans l'armée de Chanzy, et combattit héroïquement pendant quelque temps. Mais un ordre de M. Gambetta le fit reconduire à la frontière.

C'est le prince de Joinville qui reçut en 1840 la mission d'aller chercher à Sainte-Hélène les restes de Napoléon Ier. Il se maria trois ans après, et épousa à Rio-Janeiro, le 1er mai 1843, la princesse Francesca de Bragance, sœur de don Pedro II. De ce mariage sont issus deux enfants : Françoise-Marie-Amélia, née en 1844 et Pierre-Philippe, duc de Penthièvre, né en 1845.

Comme son frère, le duc d'Aumale, le prince de Joinville est un homme instruit et intelligent. Lorsque, parvenu au grade de contre-amiral, il fut autorisé à assister, avec voix délibérative, aux séances du Conseil de l'amirauté, il prit une part active aux travaux de la Commission supérieure pour l'examen des questions relatives à l'organisation de la marine à vapeur. Ce prince a publié dans la *Revue des Deux-Mondes* diverses études sur la marine française qui ont été fort remarquées.

JORDAN (**Alexandre**) — *Saône-et-Loire* — né en 1817. Il a été attaché comme ingénieur en chef au corps des ponts-et-chaussées et a obtenu aux élections 66,495 voix. M. Jordan ne fait partie d'aucune réunion parlementaire, mais il vote avec la droite.

JOUBERT-BONNAIRE (**Ambroise**) — *Maine-et-Loire.* — Dans un livre que nous avons publié en 1868, sous ce titre : *Les annales de l'exposition du Hâvre,* nous parlions en ces termes des magnifiques produits de la fabrique de toiles à voiles de la maison Joubert-Bonnaire : « Cet établissement a plus d'un siècle d'existence. Il fut fondé par M. François Bonnaire en 1754, et, en 1757, il fut érigé en manufacture royale de toiles à voiles. Un tableau qui couronne la vitrine est constellé de médailles remportées par les produits de la maison Joubert-Bonnaire et, au centre, on remarque la croix de la Légion d'honneur qui est venue l'année dernière, à l'exposition universelle, récompenser l'aîné des frères Joubert. Du reste, rien de plus admirablement confectionné, de plus régulier et de plus solide que les tissus exposés par cette maison dont la réputation n'est plus à faire. »

C'est l'un des deux honorables et si estimés chefs de cet important établissement industriel, M. Ambroise Joubert, qui a été investi aux élections de février du mandat de représentant.

Né à Angers, en 1830, M. Ambroise Joubert a passé par l'École polytechnique, qui a fourni tant d'hommes distingués à l'Assemblée nationale. Esprit ferme et droit, intelligence active et caractère sympathique, l'honorable député de Maine-et-Loire, n'a pas tardé à se faire apprécier à la Chambre et dans les importantes commissions dont il a fait partie. Tout récemment encore, M. Ambroise Joubert a présenté un projet de loi sur le travail des enfants dans les manufactures, qui a été fort apprécié, montrant ainsi sur les bancs de la Chambre qu'il poursuit son œuvre de sollicitude pour les ouvriers.

En politique, M. Ambroise Joubert est conservateur-libéral. Il désire la liberté, mais il veut avant tout le maintien de l'ordre, et il le veut avec énergie.

JOURDAN (Eugène) — *Isère* — propriétaire, né en 1833. M. Jourdan vote avec la droite. Il a été nommé représentant par 57,868 voix. Il ne compte pas au nombre des députés qui prennent part aux délibérations d'une des réunions parlementaires.

JOURNAULT — *Seine-et-Oise* — né à Paris en 1827. M. Journault était maire de Sèvres avant de devenir député. C'est un des représentants qui ont adhéré au programme de la gauche radicale. Il a obtenu aux élections 19,771 voix.

JOURNU (Paul) — *Gironde*. — Il est issu d'une famille très-connue à Bordeaux. Son grand-père mourut sur l'échafaud en 1794. Son père fut élu à l'Assemblée législative en 1849; sa mère était sœur de M. Élie Gautier, qui fut sous-gouverneur de la Banque, député et pair de France.

M. Paul Journu n'a point d'antécédents politiques. Il se

trouve à Bordeaux à la tête d'une des plus importantes maisons dans le commerce des vins, et il est appelé à prendre une part active aux délibérations relatives à la question commerciale. Comme MM. de Carayon La Tour et Johnston, ses collègues de Bordeaux à la Chambre, il a voté contre le transfert de l'Assemblée à Versailles.

JOUVENEL (baron de) — *Corrèze* — né en 1812, ancien député. M. de Jouvenel habite le château de Doubs dans les environs de Tulle. Il s'est occupé d'entreprises industrielles et a été le fondateur du fameux jardin d'hiver, aux Champs-Élysées.

M. le baron de Jouvenel est attaché au parti légitimiste. Il compte parmi les députés qui assistent à la réunion des Réservoirs.

JOZON (Paul) — *Seine-et-Marne* — né à la Ferté-sous-Jouarre le 12 février 1836. M. Jozon est docteur en droit et avocat au Conseil d'État et à la Cour de cassation. Il a été nommé premier adjoint au maire du sixième arrondissement pendant le siége de Paris. Il appartient par la tradition de sa famille et ses opinions personnelles au parti républicain. Élu en cette qualité dans le département de Seine-et-Marne, il siége à la Chambre sur les bancs de la gauche modérée. Partisan de réformes radicales, dans un sens démocratique, libéral et décentralisateur, il n'admet d'autres moyens d'action pour les obtenir que la persuasion et la légalité.

Le nom de M. Jozon fut mis en évidence lors du mouvement électoral qui eut lieu à Paris en 1863. Impliqué dans le célèbre procès des *Treize*, il fut condamné à 500 francs d'amende.

M. Jozon a écrit un grand nombre d'articles dans les recueils de jurisprudence; il a publié en collaboration avec M. Gérardin, professeur agrégé à la Faculté de droit de Paris, une traduction de l'ouvrage allemand de M. de Savigny, intitulé : *Le Droit des obligations*. C'est un homme extrêmement laborieux que son intelligence et ses travaux ont désigné au choix des électeurs. Doué de l'esprit d'initiative, il est l'auteur de plusieurs propositions sur la refonte des lois électorales et municipales, et sur la révision des services publics, qui ont été prises en considération par l'Assemblée.

JUIGNÉ (Comte de) — *Loire-Inférieure.* — M. le comte de Juigné est un des riches propriétaires de la Bretagne. Agronome distingué, il a consacré tous ses soins aux travaux de l'agriculture. Il a introduit au sein de ses propriétés des améliorations importantes et fait des entreprises qui ont servi de modèles aux cultivateurs.

M. le comte de Juigné a siégé au conseil général de la Loire-Inférieure. Il a obtenu plus de soixante-six mille voix aux élections législatives. C'est un homme fort dévoué au principe monarchique. Nous avons lu son nom sur la liste des députés qui ont présenté la proposition de loi ayant pour objet l'abrogation des lois du 10 avril 1832 et du 26 mai 1848, concernant les princes de la maison de Bourbon.

Depuis le commencement de la session, ouverte à Bordeaux, il a toujours voté avec la majorité. Il fait partie de la réunion des Réservoirs.

JUIGNÉ (Ernest Leclerc, marquis de) — *Sarthe.* — Né en 1825. Il n'usa pas du droit qu'il aurait eu de siéger à la chambre des pairs de 1845 à 1848. Il fut élu, en 1865, membre du conseil général de la Sarthe pour le canton de Sablé, et obtint une majorité considérable contre le candidat du gouvernement.

M. de Juigné a obtenu aux élections 48,990 voix. Il vote avec la droite, et compte parmi les membres de la réunion des Réservoirs.

JULLIEN (Alexandre) — *Loire.* — Il est né à Lyon le 23 juillet 1823. Directeur de la compagnie anonyme des fonderies et forges de Terre-Noire, la Voulte et Bessèges, il a été maire de Pélussin et membre du conseil général de la

Loire de 1851 à 1871. Avant d'exercer les fonctions de directeur des fonderies de Terre-Noire, M. Jullien a été administrateur de la succursale de la banque de France à Lyon, du
crédit Lyonnais et de plusieurs sociétés financières et industrielles. Il a été envoyé à l'Assemblée de Bordeaux par
quarante-neuf mille cent suffrages. Sa compétence en matières
financières et administratives lui a valu sa nomination dans
des commissions importantes.

Il a appartenu notamment au dixième bureau de la commission chargée d'examiner les marchés passés avec les
administrations publiques depuis le 18 juillet 1870. M. Jullien
vote généralement avec la majorité. Il assiste aux réunions de
la rue des Réservoirs. Il est chevalier de la Légion d'honneur.

K

KERGARIOU (Henri comte de) — *Ille-et-Vilaine* — né
en 1807. Il a obtenu 87,719 suffrages. Grand propriétaire de
l'Ille-et-Vilaine, il est, depuis quinze ans, président du Comice
agricole de Saint-Servan. M. le comte de Kergariou appartient par ses souvenirs de famille et par ses convictions
personnelles au parti légitimiste. Il compte parmi les membres
de la réunion des Réservoirs.

KERGORLAY (Florian-Henri, comte de) — *Oise* — né
en 1801, à Paris. C'est le fils aîné de M. de Kergorlay, ancien
pair de France, mort en 1856.

M. de Kergorlay s'est beaucoup occupé d'agriculture. Il a
fondé une ferme-modèle où il s'est appliqué à faire des découvertes dans la science agronomique. Il vécut longtemps
retiré des affaires publiques; mais il siégea au Corps législatif de 1852 à 1863 et vota avec la majorité. Il vote encore avec
elle dans la Chambre actuelle.

M. le comte de Kergorlay est chevalier de la Légion d'honneur. Il a fait partie pendant longtemps de l'administration
générale des établissements hospitaliers de Paris.

KÉRIDEC (**Thomé de**) — *Morbihan* — grand propriétaire, né le 12 août 1804, à Hennebont (Morbihan). L'honorable député a exercé dans sa jeunesse les éminentes fonctions de magistrat : mais sur son refus de prêter serment à la Constitution, en 1830, il fut obligé de donner sa démission. Il vécut dans la retraite sous Louis-Philippe et entra dans la carrière politique en 1849. Il fut aussi membre du Conseil général du Morbihan. Lors du coup d'État, M. de Kéridec protesta contre la politique napoléonienne et fut interné à Vincennes. Il est resté ce qu'il était autrefois, un conservateur catholique, fidèle aux traditions de sa famille, dévoué à Dieu et à la royauté légitime.

M. de Kéridec est inspecteur de la Société des Antiquaires et de la conservation des monuments pour le Morbihan.

KERJÉGU (**François-Marie-Jacques Monjaret de**) — *Finistère*. — Fils d'un ancien député sous Louis XVIII et Charles X, il est né à Montcontour de Bretagne le 1er mars 1809. Ses ancêtres ont depuis deux siècles fait partie des États de Bretagne à diverses époques. Quant à lui, négociant à Brest et consul de Belgique, il a été sans interruption conseiller général du Finistère depuis 1843. M. de Kerjégu est aussi membre du Conseil municipal de Brest. Président du comice agricole de Scaër, il a été à diverses reprises élu président du tribunal et de la chambre de commerce du chef-lieu qu'il habite. Les élections de 1869 lui firent obtenir un siège à la Chambre. Il se rangea du côté des *116* et signa le 3 septembre la proposition Thiers. On le nomma le second parmi les dix-huit députés qui furent chargés par le Corps législatif de procéder à l'enquête relative à la marine marchande. M. de Kerjégu apporta dans cette mission une grande activité et fit preuve de beaucoup de compétence.

L'honorable député du Finistère a publié une notice sur l'établissement de lignes transatlantiques aboutissant à Brest et une autre relative à diverses questions concernant les chemins de fer de Bretagne. On cite encore de lui deux discours importants prononcés à la Chambre en 1870, l'un sur la marine marchande et le second sur le budget des départements. C'est un conservateur libéral, ami du progrès et prêt à réclamer les libertés publiques dans la mesure du possible. Il a voté dernièrement en faveur de la loi municipale. Il avait voté auparavant pour la paix, mais ses préférences eussent été pour le maintien à Bordeaux, jusqu'à l'apaisement des esprits, du siége de l'Assemblée nationale; il a émis par conséquent un vote négatif lorsque l'on a proposé son transfert à Versailles.

M. de Kerjégu a obtenu comme consul la croix de chevalier de l'ordre de Léopold de Belgique, et celle de chevalier de la Légion d'honneur pour son dévouement dans les fonctions gratuites et électives qu'il a occupées.

KERMENGUY (Émile de) — *Finistère*. — Propriétaire né en 1810. C'est un homme nouveau en politique que jusqu'à ce jour ses discours n'ont pas encore fait connaître. Il s'est déjà cependant rendu fort utile dans les commissions. M. de Kermenguy a obtenu aux élections 57,124 voix. Il fait partie de la réunion des Réservoirs.

KOLB-BERNARD (Charles-Louis-Henri) — *Nord*. — Il est né à Dunkerque le 16 janvier 1798. Associé, dès sa jeunesse, à une importante fabrique de sucre située à Lille, il s'occupa activement des améliorations susceptibles d'être introduites dans cette industrie. On le nomma chevalier de la Légion d'honneur à l'exposition de 1849. Devenu membre du Conseil municipal et de la chambre de commerce de Lille, il fut élu député après la révolution de 1848. Il rentra deux ans après dans la retraite. Ce n'est qu'en 1859 qu'il reparut sur la scène politique. L'honorable député du Nord prit constamment fait et cause pour la question romaine et, en matière commerciale, se montra l'adversaire opiniâtre du libre échange. M. Kolb-Bernard conserva son siége de représentant dans les diverses élections qui suivirent celle de 1859 et il est toujours resté à la Chambre un conservateur catholique. Il a voté pour la paix et le transfert de l'Assemblée, mais s'est abstenu au scrutin relatif à la loi municipale.

L

LA BASSETIERE (Édouard de) — *Vendée* — né en 1825, propriétaire. Ce représentant a obtenu 59,221 voix. M. de la Bassetière est nettement et franchement légitimiste, comme l'ont été les siens. Il appartient, à Versailles, à la réunion des Réservoirs, comme il appartenait à celle de la rue Rolland, à Bordeaux.

A l'Assemblée, il a pris plusieurs fois la parole avec autorité et compétence. Nous citerons principalement son discours sur le projet de loi départemental, que la *Gazette de l'Ouest* apprécie en ces termes : « M. de la Bassetière a fait un excellent discours en faveur du projet. Dans la commission, il avait été l'un des membres les plus écoutés et les plus laborieux. Il a traité son sujet en homme qui le connaissait dans tous ses détails, et non sans relever de quelques idées élevées un excellent langage d'affaires. M. de la Bassetière a consolidé par ce discours l'excellente position que lui avaient déjà donnée à la Chambre ses travaux dans les commissions. »

LABITTE (Auguste) — *Oise.* — Né en 1821, directeur de la maison de santé de Clermont. Il vote avec la droite. il ne fait partie d'aucune des réunions parlementaires de Versailles. C'est un homme nouveau dont les opinions politiques ne paraissent pas encore bien tranchées, mais au fond, croyons-nous, très-libéral. Il a obtenu 26,330 voix.

LA BORDERIE (Louis-Arthur, Le Moyne de) — *Ille-et-Vilaine.* — Il est né à Vitré le 5 octobre 1827. Homme plein d'érudition et sorti le premier de l'École des Chartes, en 1852, il s'est toujours occupé avec passion et avec talent d'études historiques, littéraires, politiques et administratives.

De 1852 à 1857, il fut chargé d'un travail spécial sur les archives historiques des ducs de Bretagne, à Nantes.

Il fonda dans cette ville, en 1857, la *Revue de Bretagne et de Vendée*, recueil historique et littéraire, l'un des meilleurs qui se publient en province et qui subsiste encore aujourd'hui. Il a fait imprimer de nombreux travaux historiques, principalement relatifs à la Bretagne, entre autres : *Histoire de la conspiration de Pontcallec (1717-1720)*; *La révolte du papier timbré, advenue en Bretagne en 1675*; *Lutte des Bretons insulaires contre les Anglo-Saxons du V⁰ au VII° siècle*, etc.

Il contribua aussi largement à la fondation et aux travaux de la classe d'archéologie de l'*Association bretonne*, société qui a beaucoup contribué en Bretagne à l'avancement des études historiques et au progrès de l'agriculture. De 1862 à 1868, il a présidé la Société archéologique d'Ille-et-Vilaine et pris une part très-active à ses travaux.

En politique, M. de La Borderie se rattache au parti catholique et monarchique; mais c'est avant tout un esprit modéré, conciliant, très-libéral. Il fut nommé en 1852 conseiller d'arrondissement, et trois ans après conseiller général du canton de Vitré (Est), après avoir été vivement combattu par l'administration.

Aux élections législatives de 1863 et depuis lors jusqu'à la chute de l'Empire, M. de La Borderie prit une part active à toutes les luttes électorales engagées dans le département d'Ille-et-Vilaine. De 1864 à 1870, dans le Conseil général d'Ille-et-Vilaine, il a présenté de nombreuses propositions tendant à provoquer des réformes libérales dans l'organisation municipale et départementale, l'enseignement, les élections, etc. En 1868, il a fondé dans le département d'Ille-et-Vilaine une *Société de l'enseignement libre* qui, en provoquant et recueillant de nombreuses souscriptions privées, a soutenu efficacement les écoles libres de ce département.

M. de La Borderie a été élu membre de l'Assemblée nationale le 8 février 1871, pour le département d'Ille-et-Vilaine, par 88,286 voix.

LA BOUILLERIE (Joseph de) — *Maine-et-Loire.* — Est né à Paris le 26 mars 1822. Il est fils de M. Alphonse de la Bouillerie, intendant du trésor de la couronne du roi Charles X et neveu de M. le comte de la Bouillerie, dernier ministre de la maison du roi.

M. de la Bouillerie habite le château de la Rochue, dans l'arrondissement de Baugé, et il jouit d'une popularité qui s'explique par les services qu'il rend autour de lui. Il passe pour très-compétent dans les questions financières. Il fait partie de la réunion des Réservoirs.

LACAVE-LAPLAGNE (Louis) — *Gers* — né à Paris le 3 octobre 1835. Il est le fils de M. Lacave-Laplagne, mort en 1849 et qui avait été successivement capitaine d'artillerie, magistrat, conseiller maître à la Cour des comptes, député de 1834 à 1848, ministre des finances de 1837 à 1839, et de 1842 à 1847, administrateur des biens du duc d'Aumale, et enfin après la révolution de février représentant du peuple à l'Assemblée législative.

M. Louis Lacave-Laplagne n'a pas encore siégé à la Chambre. Candidat de l'opposition sous l'Empire, il a échoué deux fois dans le Gers contre M. Granier de Cassagnac. Mais il eut aux élections de 1869 une honorable défaite, car il obtint 12,000 suffrages. Il a été nommé aux élections de février le troisième sur la liste des députés du Gers, avec plus de 60,000 voix.

Cet honorable représentant est propriétaire dans l'arrondissement de Mirande, il a fait partie du Conseil général du Gers de 1861 à 1871, jusqu'au moment de la dissolution des Conseils généraux. Il vote à l'Assemblée de Versailles avec la majorité et assiste aux réunions de la rue des Réservoirs.

LA CAZE (Louis) — *Basses-Pyrénées.* — Né en 1826, propriétaire. Député éclairé, partisan de la liberté mais de la liberté dans l'ordre. M. La Caze paraît avoir de grandes sympathies pour la maison d'Orléans. Il a été envoyé à l'Assemblée avec 58,734 voix et le premier sur la liste des Basses-Pyrénées. Il compte parmi les membres de la réunion Saint-Marc Girardin et de la réunion Feray.

LACOMBE (Étienne-Charles-Mercier de) — *Puy-de-Dôme*. — Il est né à Paris le 25 septembre 1832. Son tempérament l'entraîna de bonne heure dans la carrière des lettres, où il ne tarda pas à conquérir par son talent une place très-importante. Sa plume a fourni de nombreux articles au *Correspondant* et à la *Gazette de France*. C'est lui qui, de concert avec des hommes politiques de nuances diverses, fonda en 1868, à Clermont-Ferrand, l'*Indépendant du Centre*. Outre ses articles dans les journaux, il a publié des brochures politiques et un ouvrage historique qui a pour titre : *Henri IV et sa politique*. Cet ouvrage remarquable valut à son auteur le deuxième prix Gobert, dans un concours ouvert par l'Institut.

M. de Lacombe avait soutenu en 1867, comme candidat indépendant pour le Conseil général, une lutte très-vive dans le canton d'Auzon (Haute-Loire), lutte dont les journaux du temps ont rapporté les détails.

C'est un homme dévoué entièrement à l'opinion conservatrice libérale. Il a voté pour le transfert de l'Assemblée à Versailles, pour la paix et pour la loi municipale.

Ami du regretté M. Berryer, il prépare une histoire de sa vie d'après le vœu du grand orateur. « Ce qui m'importe le plus, » lui écrivait M. Berryer, « ce que je ne puis confier qu'à vous, c'est l'exposé de ma vie politique... Soyez mon successeur dans la Haute-Loire et l'introducteur de mon souvenir auprès de la génération que vous êtes appelé à honorer. »

M. de Lacombe saura donner satisfaction au désir exprimé autrefois par son illustre ami.

LAFAYETTE (Oscar-Thomas-Gilbert du Motier, **comte de**) — *Seine-et-Marne* — petit-fils du général Lafayette. Il naquit en 1816 à Paris, où il fit partie de l'École polytechnique de 1833 à 1835. Entré à la fin de cette année à l'École d'application de Metz, il en sortit officier d'artillerie. Il obtint, en Algérie le grade de capitaine ainsi que la croix de la Légion d'honneur. M. de Lafayette prit part, en 1848, au mouvement républicain. Le gouvernement provisoire l'envoya dans le département de Seine-et-Marne en qualité de commissaire général. Lorsqu'on procéda aux élections, il fut envoyé à la Constituante par ce département. Il fut nommé plus tard à la Législative. Son attitude dans ces Assemblées fut celle des membres du tiers parti républicain. M. de Lafayette resta à l'écart de la politique après le coup d'État. Il a été nommé aux dernières élections le deuxième sur la liste des députés de Seine-et-Marne. C'est un homme libéral et plein d'initiative. Il s'est associé à l'Assemblée de Versailles à toutes les propositions importantes. Il est l'auteur de celle qui était relative à l'éligibilité des préfets et sous-préfets.

M. Oscar de Lafayette fait partie de la réunion de la rue Jean-Jacques-Bell, présidée par M. Henri Martin.

LAFLIZE (Georges-Charles-Camille) — *Meurthe.* — Avocat et doyen du barreau de Nancy, où il est né le 19 février 1798. C'est un des avocats les plus distingués de la Lorraine. Il a été élu plusieurs fois bâtonnier de l'ordre des avocats. Quant à ses opinions, elles sont républicaines. Nommé en 1848 président de la Commission départementale provisoire, il fut élu représentant du peuple à la Constituante à une immense majorité. Assis sur les bancs de la gauche, il appuya quelquefois la politique du général Cavaignac. Il fut arrêté au mois de janvier 1852 et interné à Metz pendant quelque temps. Il ne figura point dans nos assemblées sous l'Empire. Élu représentant de la Meurthe aux dernières élections, il a voté contre les préliminaires de paix. M. Laflize est resté profondément attaché à ses opinions républicaines. Il siége sur les bancs de la gauche avec MM. Berlet et Ance-

lon, ses collègues de la Meurthe, et assiste aux réunions du
Jeu de Paume.

LAGRANGE (Alexis-Aimé-Charles baron de) —
Nord — né à Douai (Nord) vers 1825. M. le baron de Lagrange est un ancien élève de l'Ecole polytechnique. Après y
avoir suivi les cours d'une manière distinguée, il retourna
dans sa ville natale où il est propriétaire et où il vit entouré
de l'estime de ses concitoyens.

Nouveau venu sur la scène politique, l'honorable député
du Nord a obtenu aux élections de février plus de 200,000
suffrages. Il vote avec la majorité et prend part aux délibérations de la réunion des Réservoirs, composée surtout d'éléments attachés au principe monarchique. Il s'est montré
favorable, il y a quelques jours, à la proposition de loi ayant
pour objet l'abrogation des lois du 10 avril 1832 et du 26 mai
1848, concernant les princes de la maison de Bourbon.

LA GUICHE (marquis de) — *Saône-et-Loire.* — Propriétaire. M. le marquis de la Guiche n'a point de passé politique.
Il siége à la Chambre au sein du parti conservateur.

LALLIÉ (Alfred) — *Loire-Inférieure.* — Il est né à Nantes
en 1832. Il fit ses études de droit à la Faculté de Paris et fut
reçu docteur en 1857.

Un journal peu sympathique à ses opinions a, lors des
dernières élections, écrit sur lui ces lignes caractéristiques :
« Sa famille est connue par son attachement à la légitimité.
C'est un clérical nuance Montalembert. Il a publié, il y a plusieurs années, un livre d'histoire locale, le *District de Ma-
checoul en* 1793. Son impartialité n'est peut-être pas à l'abri
de toute épreuve, mais cet ouvrage accuse un notable talent
et de sérieuses recherches. »

M. Lallié a publié aussi plusieurs études sur la Révolution
à Nantes et dans la Vendée. Elles ont paru dans la *Revue de
Bretagne et de Vendée.* En 1859, il fonda avec trois avocats la
Revue de jurisprudence commerciale et maritime de Nantes. Il y a

collaboré pendant dix ans. Au mois de septembre 1869, il contribua encore à la fondation de la *Gazette de l'Ouest* et fournit un actif concours à ce journal jusqu'en ces derniers temps.

L'honorable député de Nantes vote à la chambre avec la majorité. Il a mis un bulletin affirmatif en faveur de la paix et de la loi municipale. Mais il eût désiré le maintien du siége de l'Assemblée à Bordeaux et vota *non* lorsqu'on proposa son transfert.

LAMBERT DE SAINTE-CROIX (Charles) — *Aude.* — Propriétaire, né en 1827. Il siége au centre gauche et fait partie de la réunion Saint-Marc-Girardin. Ancien collaborateur du *Courrier du dimanche* et du *Journal de Paris*, candidat de l'opposition aux élections de 1869. M. Lambert de Sainte-Croix appartient au groupe conservateur libéral qui n'a cessé de revendiquer les institutions parlementaires et auquel on a plus spécialement donné le nom d'Orléaniste.

LAMBERTERIE (de) — *Lot.* — M. de Lamberterie est avocat à la Cour d'appel de Paris. Fils d'un ancien émigré, il est légitimiste et catholique, mais franchement libéral et libéral avancé. Il est de ceux qui, dans la constitution à donner à la France, veulent la république à la base et la monarchie au faîte, ou bien la république avec un président héréditaire.

LAMBRECHT (Félix-Edouard-Hippolyte) — *Nord.* — Il est né le 5 avril 1819. Ses études à l'Ecole polytechnique se signalèrent par des succès éclatants. Il en fut un des élèves les plus remarquables. Devenu par la suite ingénieur des ponts-et-chaussées, il donna plus tard sa démission et se livra tout entier à la politique. Ses débuts dans la carrière parlementaire commencèrent en 1863. Il prit rang parmi les députés de l'opposition et siégea à côté de M. Thiers. Ses discours fixèrent l'attention de la chambre, et l'on put écrire de lui que sa place se trouvait à la tête du ministère des travaux publics. Le chef du pouvoir exécutif a rendu justice à son mérite en le nommant d'abord ministre de l'agriculture et du commerce et, plus récemment, ministre de l'intérieur. Depuis qu'il occupe ces hautes fonctions M. Lambrecht a pris plusieurs fois la parole. Sa personne est très-sympathique à la Chambre et ses discours sont fort appréciés.

Le ministre de l'intérieur est membre du conseil d'administration des mines d'Anzin, situées à trente kilomètres du lieu de sa résidence. Il jouit d'une fortune considérable dont il consacre les revenus à fournir des travaux aux ouvriers de sa localité. Ce dévouement à l'égard des classes laborieuses, joint à son mérite intellectuel l'ont rendu fort sympathique aux habitants de l'arrondissement de Douai.

M. Lambrecht figure à la Chambre parmi les conservateurs libéraux, amis de l'ordre et du progrès. Il a voté pour la paix, pour le transfert de l'Assemblée et pour le projet de loi relatif aux élections municipales.

LAMY (Étienne) — *Jura.* — C'est peut-être le plus jeune député de la Chambre : il n'a que vingt-cinq ans. — Les années qu'il a passées à Paris dans l'étude du droit ont été laborieuses et ont mis en relief ses aptitudes. Le prix décerné chaque année aux jeunes avocats les plus méritants, lui fut décerné par le Conseil de l'ordre des avocats de Paris, lorsqu'il eut été reçu docteur en droit. Si M. Lamy n'a pas encore fixé l'attention publique, par quelque plaidoyer éloquent, c'est, croyons-nous, parce qu'il a dirigé exclusivement son attention vers la politique. On l'a vu parler au sein de la conférence Molé d'une façon remarquable. On sait que c'est dans cette conférence que nos hommes d'État les plus illustres ont fait leurs essais depuis 1830; c'est là qu'ils ont commencé à révéler leurs aptitudes dans l'art oratoire. L'Assemblée a donc rencontré dans le jeune représentant du Jura un homme de talent. C'est en outre un républicain consciencieux et modéré. Il siége au centre gauche.

M. Lamy a pris part, comme volontaire, à la guerre contre
la Prusse, voulant, malgré la faiblesse de sa vue, défendre
son pays envahi et faire ainsi acte de patriotisme.

LANEL — *Seine-Inférieure.* — M. Lanel n'a jamais fait
partie de nos assemblées parlementaires. A la tête d'une
belle position dont il sait faire un noble usage, il doit sa nomination à l'influence qu'elle lui donne. M. Lanel est un
républicain conservateur. Il compte parmi les membres de la
réunion Feray.

LANFREY (Pierre) — *Bouches-du-Rhône.* — Son père,
ancien officier sous Napoléon Ier, s'était retiré à Chambéry
après les guerres de l'Empire. C'est dans cette ville que
M. Pierre Lanfrey naquit en 1828 et qu'il fit ses études jusqu'à la rhétorique, chez les pères Jésuites. Il les termina à
Paris, où il suivit ensuite les cours de l'Ecole de droit. Son
choix pourtant ne se fixa point sur le barreau. Il préféra la
carrière des lettres, et il dirigea ses efforts vers l'étude de
l'histoire et de la philosophie. Sa réputation de littérateur
commença le jour où il publia l'*Eglise et les philosophes du*
XVIIIe *siècle.* Il fit paraître un an après son *Essai sur la Ré-*
volution française et, un peu plus tard, l'*Histoire politique des*
papes. L'ancien élève des Jésuites de Chambéry manifesta
dans ses écrits un grand esprit d'indépendance. Il s'était du
reste déjà fait connaître lorsqu'il était en rhétorique par un
essai de pamphlet à l'adresse des Révérends Pères. On cite
encore de M. Lanfrey un ouvrage historique très-passionné
qui a pour titre : *Histoire de Napoléon Ier.* Ce livre fut vivement discuté. Diverses feuilles quotidiennes de Paris ont
aussi publié plusieurs articles dus à sa plume.

L'honorable député des Bouches-du-Rhône appartient à la
gauche républicaine. Il a voté pour la paix et le transfert de
l'Assemblée. Son nom n'a pas figuré au scrutin à propos de
la loi municipale.

LANGLOIS — *Seine*. — M. Langlois est un ancien officier de marine. Pendant le siége de Paris, on l'a vu se comporter vaillamment comme colonel d'un régiment de marche de la garde nationale mobilisée, et il fut blessé à Buzenval à la tête de son bataillon. Aussi bouillant à la Chambre que sur le champ de bataille, il oublie parfois à l'Assemblée de Versailles que la France a signé la paix et remis son épée dans le fourreau. Il est toujours prêt à monter à l'assaut. Excellent homme du reste, même quand il est obligé de souffleter un insolent comme à Bordeaux. Ce dernier, jeune lieutenant, soutenait en public que les gardes nationaux de Paris étaient des *lâches*. Le colonel Langlois écoutait le bras en écharpe. Il protesta vigoureusement avec son bras valide. C'était un acte de justice fort sommaire, mais le jeune lieutenant avait tort.

M. Langlois est un homme riche et un ardent républicain. Il siége sur les bancs de la gauche et assiste aux délibérations de la réunion du Jeu du Paume.

LA PERVENCHÈRE (**Richard de**) — *Loire-Inférieure* — né en 1827. Issu d'une ancienne famille qui a donné au pays de nombreuses preuves de dévouement, il s'est présenté en 1869 aux élections législatives ; il échoua devant le candidat officiel dans le collége électoral de Châteaubriant. Cet honorable représentant est sincèrement libéral, mais c'est avant tout un esprit modéré et clairvoyant. Il s'est énergiquement rallié à la politique du gouvernement dans les circonstances si difficiles que nous venons de traverser, et a voté en faveur de toutes les propositions utiles soumises à l'approbation de la Chambre depuis le commencement de la session.

M. de la Pervenchère a été, croyons-nous, pendant la guerre contre la Prusse, colonel d'un régiment de gardes nationaux mobilisés. Nommé un des premiers sur la liste des députés de la Loire-Inférieure, il siége sur les bancs de la droite et assiste aux délibérations de la réunion politique de la rue des Réservoirs.

LAPRADE (**Pierre-Marin-Victor de**). — *Rhône*. — Il est né le 13 janvier 1813 à Montbrison (Loire). Il se fit inscrire au barreau de Lyon en 1839, mais il porta ses affections vers la carrière des lettres. Poète, il débuta par un poëme respirant une douce mélancolie et intitulé : *Les parfums de Madeleine*. Il en publia d'autres successivement, ainsi que divers écrits en prose, qui lui valurent un jour l'honneur de devenir académicien.

A son retour d'une mission que lui avait confiée M. de Salvandy, le poste de professeur de littérature à la Faculté de Lyon avait été offert à M. de Laprade qui l'accepta, mais il livra à la publicité, en 1861, une pièce de vers qui amena sa révocation. Elle avait pour titre : *les Muses d'Etat*. C'était une satire mordante à l'adresse du gouvernement. Atteint par un décret impérial, le poète rentra dans la retraite où il continua à se livrer à ses travaux littéraires.

A la chambre, il partage les opinions des membres de la majorité. Il a voté pour la paix, le transfert de l'Assemblee et la loi municipale.

LARCY (**Charles-Paulin-Roger de Jaubert, baron de**) — *Gard*. — Notre ministre des travaux publics, à qui les électeurs du Gard ont accordé plus de 52,000 suffrages en février, est né au Vigan, dans le département qui l'a élu, le 20 avril 1805.

« Monsieur de Larcy, » dit un écrivain distingué à qui nous empruntons ces détails, « est l'un des plus honorables vétérans de nos assemblées politiques. Magistrat avant 1830, ensuite avocat, il se plaça parmi les plus ardents défenseurs de la cause légitimiste. Nommé député en 1839 et réélu à plusieurs reprises, il combattit sans relâche le gouvernement de Louis-Philippe. Il fut, en 1843, un des cinq députés qui allèrent à Londres, auprès du comte de Chambord, et qui, *flétris* par un vote de la Chambre, donnèrent leur démission et furent tous réélus. De 1833 à 1851, M. de Larcy a fait partie du conseil général du Gard. Très-populaire dans le

Languedoc, il fut, en 1848, l'objet d'une double élection dans le Gard et dans l'Hérault. Il fut réélu à la législative et vota constamment avec l'extrême droite. Après le coup d'État, il protesta et rentra dans la vie privée. En 1863 et 1869, il se présenta pour le Corps législatif, et deux fois il échoua devant les candidats officiels. »

M. le baron de Larcy n'est pas seulement un grand orateur, c'est aussi un écrivain distingué. Il reçut en 1831 les vives félicitations de Châteaubriand pour sa brochure intitulée : *La Révolution de la France*. Il collabora depuis à plusieurs journaux importants. Son grand ouvrage historique : *Des vicissitudes politiques de la France*, a paru il y a quelques années. C'est un livre qui sera toujours d'actualité.

LARGENTAYE (Rioust de) — *Côtes-du-Nord*. — L'un des plus riches propriétaires fonciers de la Bretagne, M. de Largentaye a représenté au conseil général le canton de Plancoët qu'il habite. C'est un homme très-religieux et dont les convictions légitimistes sont connues depuis longtemps. Il a été élu par 63,845 voix. M. de Largentaye fait partie de la réunion des Réservoirs.

LA ROCHE-AYMON (François-Marie-Paul-Renaud marquis de) — *Creuse*. — Propriétaire, né à Paris le 29 novembre 1817. Il est depuis vingt-sept ans maire de la commune de Mainset qu'il habite, et où il possède un château et de grandes propriétés. Officier de cavalerie dans sa jeunesse, il est resté pendant vingt ans membre du Conseil général de la Creuse.

M. de la Roche-Aymon assiste assidûment aux réunions de la rue des Réservoirs et émet dans les plus importantes questions des votes conformes à ceux de la majorité. Il est dévoué au parti monarchique et sincèrement attaché à la famille des Bourbons. Son nom figure sur la liste des députés qui ont présenté la proposition de loi ayant pour objet l'abrogation des lois de bannissement relatives aux princes d'Orléans et au représentant de la branche aînée.

Avant de faire partie de l'Assemblée, l'honorable représentant de la Creuse s'occupait beaucoup d'agriculture au sein de ses propriétés. Il a introduit dans cette science beaucoup d'améliorations utiles. C'est pour reconnaître ses services et ses lumières qu'on l'a élu président du Comice agricole d'Aubusson, et c'est pour rendre hommage à son dévouement et à la droiture de son caractère, que les habitants de la Creuse l'ont envoyé siéger à l'Assemblée nationale.

M. le marquis de la Roche-Aymon est officier d'Académie et chevalier de la Légion d'honneur.

LA ROCHEFOUCAULD (duc de Bisaccia, **Sosthènes** de) — *Sarthe* — né en 1825. Il est le fils du duc de La Rochefoucauld-Doudeauville, qui joua un rôle politique assez important sous Charles X, et qui est mort en 1864. Il avait marié sa fille au duc de Luynes, tombé glorieusement au combat de Patay, à l'âge de vingt-cinq ans.

M. de La Rochefoucauld n'a pas encore paru dans nos assemblées. On devine aisément à quelle fraction de la Chambre il appartient. Fidèle aux traditions de sa famille, il est resté attaché à la maison de Bourbon et vote avec la majorité. Il fait partie de la réunion des Réservoirs. De concert avec un grand nombre de représentants du parti légitimiste, il a signé la proposition tendant à l'abrogation des lois du 10 avril 1832 et du 26 mai 1848, concernant les princes de la maison de Bourbon.

M. le duc de Bisaccia a épousé en secondes noces la princesse Marie de Ligne, fille du prince de Ligne, président du Sénat belge.

LA ROCHEJAQUELEIN (Julien-Gaston du Vergier, marquis de) — *Deux-Sèvres* — né à Chartres (Eure-et-Loir) le 27 mars 1833. Seul représentant d'une famille qui a été si dévouée à la France, M. le marquis de La Rochejaquelein est le fils du sénateur de ce nom, mort en 1867. Quant à lui, il n'a pas encore fait partie d'une assemblée législative, mais il s'est présenté comme candidat indépendant aux élections de 1869. Il fut combattu très-vivement par l'administration et subit une glorieuse défaite.

M. de La Rochejaquelein était membre du Conseil général des Deux-Sèvres, lors du fameux décret Gambetta qui prononça la dissolution des Conseils généraux. Envoyé à la Chambre par un grand nombre de voix, il prit place au sein de la majorité, à l'Assemblée nationale.

L'honorable représentant des Deux-Sèvres est commandeur de l'ordre royal de François Ier, depuis 1860.

LA ROCHETTE (Ernest de) — *Loire-Inférieure.* — Il est né à Saint-Etienne-de-Montlieu et est âgé d'environ soixante-sept ans. Il a fait partie du conseil d'arrondissement de Savenay et des Assemblées de 1848 et 1849. Il jouit d'une grande considération dans le pays qu'il habite et est réputé pour sa bienfaisance. C'est un homme fort compétent en matière financière et qui peut rendre des services très-précieux dans les questions relatives à l'impôt. Il a collaboré à l'*Espérance du Peuple*, de Nantes, dont son frère est le rédacteur en chef.

M. de la Rochette est profondément attaché au parti légitimiste. Lors du coup d'État, il était présent à la mairie du onzième arrondissement. Il fut arrêté avec les autres membres présents à cette réunion et passa quelques jours en prison. Cet honorable représentant fait partie de la réunion des Réservoirs.

LA RONCIÈRE-LE-NOURY (Le baron Clément de) — *Eure* — est né le 31 octobre 1813. Fils du général comte de la Roncière, adopté par son oncle, le général baron Le Noury, il porte un nom doublement glorieux.

Entré en 1829 à l'Ecole navale, placé en rade de Brest sur le vaisseau l'*Orion*, la vivacité des impressions produites par

cette existence maritime si nouvelle, le spectacle constant de
la mer et des manœuvres qui s'exécutent en rade, déterminèrent chez M. de la Roncière une prédilection marquée pour
la partie pratique du métier de la mer, et, dès le début,
contribuèrent à développer chez lui cet esprit de décision et
d'à-propos qui le distingue à un haut degré.

Il fit, comme élève de la marine, ses premières campagnes
de 1830 à 1833, à bord des frégates l'*Herminie* et la *Vestale*,
puis sur la corvette l'*Orythie*, au Brésil et dans l'Océan Pacifique.

De retour en France, il fut nommé lieutenant de frégate
le 6 janvier 1834, et embarqué successivement sur les vaisseaux la *Ville de Marseille* et le *Montebello*.

Dans la période de 1838 à 1840, M. de la Roncière remplit
les fonctions de second à bord du brick la *Cigogne*, en station sur les côtes méridionales d'Espagne.

Lorsqu'en 1840 se forma, sous le commandement du vice-
amiral Lalande, cette escadre du Levant, si justement ad-
mirée de nos rivaux eux-mêmes, et qui, dans l'entraînement
excité par l'imminence de la guerre, put se croire un instant
appelée à dominer la Méditerranée, M. de la Roncière se
trouvait, comme aide de camp, auprès de M. le contre-amiral
de La Susse, dont le pavillon flottait à bord du *Montebello*.

Cette escadre de 1840 brilla d'un court mais vif éclat. Les
souvenirs et les traditions qu'elle a laissés, n'ont pas moins
puissamment contribué que les progrès de l'art aux perfectionnements réalisés par la nouvelle marine. Commandée par les
chefs énergiques et habiles qui dirigeaient alors le grand
mouvement de notre génération navale, l'escadre de 1840 fut
l'école où se formèrent tant d'officiers distingués. M. de la
Roncière sut mettre à profit de tels enseignements, et le con-
tact fréquent de nos vaisseaux avec les flottes étrangères,
réunies dans les mêmes parages, lui fournit l'occasion de
se livrer à l'observation comparative de l'organisation des
escadres française et anglaise, études fécondes auxquelles

ses goûts et ses aptitudes le portaient naturellement [1].

Les fluctuations de la politique ayant ramené à Toulon l'escadre du Levant, M. de la Roncière suivit, sur le vaisseau *l'Inflexible*, M. le contre-amiral de La Susse, appelé au commandement en chef de la station du Levant, station qu'il devait lui-même commander un jour.

Il fut promu au grade de lieutenant de vaisseau le premier novembre 1843, puis chargé d'une mission spéciale en Angleterre, dans le cours de l'année 1845.

En 1846, il obtint le commandement du cutter *le Renard*, chargé de la protection de la pêche côtière dans les parages de Granville. — Envoyé de nouveau en Angleterre pour y remplir une mission délicate et difficile, la distinction avec laquelle il s'acquitta de ce mandat le fit désigner pour commander l'aviso à vapeur *la Védette*, destiné à stationner dans le Bosphore, aux ordres de notre ambassadeur près la Sublime-Porte.

Cette situation exigeait les qualités les plus variées : M. de la Roncière sut y marquer son passage par sa courtoisie et par les nouvelles preuves qu'il donna de ses talents comme marin et de son aptitude aux affaires.

A son retour en France, en 1849, il fut nommé rapporteur de la commission chargée de réviser l'ordonnance de 1827 sur le service à la mer. — Si l'élaboration du projet de décret qui sert aujourd'hui de base à notre organisation navale [2], fut en grande partie l'œuvre des hommes distingués qui composaient cette commission, on ne peut s'empêcher de reconnaître que la plume élégante et facile du rapporteur s'y fit plus d'une fois remarquer.

Le grade de capitaine de frégate devint la récompense d'un travail aussi remarquable.

---

1 A son retour en France, M. de la Roncière publia un résumé succinct de son travail dans une brochure que l'on consulte encore avec fruit, malgré les changements survenus dans les deux marines.

2 Le décret du 15 août 1851, rendu sous le ministère de M. le comte de Chasseloup-Laubat.

M. de la Roncière, après avoir été, en 1851, nommé aide de camp de M. le comte de Chasseloup-Laubat, alors ministre de la marine, fut appelé aux fonctions de chef d'état-major de l'escadre d'évolutions.

En 1853, au moment où l'attitude de la Russie à l'égard de la Porte trahissait des projets que la France et l'Angleterre devaient à tout prix déjouer, M. de la Roncière fut nommé au commandement de la corvette à vapeur *le Roland* et reçut l'ordre de se rendre dans la mer Noire. La réputation déjà établie du commandant du *Roland* lui valut l'honneur de porter en Orient le prince Napoléon.

Lorsque le maréchal de Saint-Arnaud, impatient de mettre le pied sur la terre ennemie, voulut reconnaître le point le plus favorable à un débarquement, M. de la Roncière fut chargé de conduire sur les côtes de Crimée les officiers généraux chargés de cette importante mission.

Le *Roland*, après avoir concouru au transport de l'armée sur les plages criméennes, assista à la bataille de l'Alma.

Il n'est pas inutile de rappeler ici que M. de la Roncière, en explorant dans son canot l'embouchure de l'Alma, découvrit et indiqua le gué où passa l'intrépide division Bosquet pour exécuter le mouvement tournant devenu si célèbre.

Quand le siége de Sébastopol fut résolu, ce fut encore M. de la Roncière qui pénétra le premier dans les baies de Kamiesch et de Streletzka, et qui désigna Kamiesch comme susceptible à la fois d'abriter la flotte et d'assurer les communications de l'armée.

L'activité du *Roland* devint bientôt proverbiale dans la mer Noire. Après avoir pris part au combat du 17 octobre 1854, contre les forts de Sébastopol, et à toutes les opérations de la flotte jusqu'en 1855, le *Roland* fut rappelé en France.

D'aussi brillants services désignaient le commandant de la Roncière pour le grade de capitaine de vaisseau, qu'il obtint le 3 février 1855. — Quelque temps après il était appelé à siéger au conseil d'amirauté.

Lorsque le prince Napoléon conçut, en 1856, la pensée

d'explorer ler mers du Nord sur la corvette *la Reine Hortense*,
il dut, avant tout, songer à mettre le commandement de ce na-
vire en bonnes mains, et son choix se fixa sur l'ancien commandant du *Roland*.

Ce voyage, entrepris un peu tardivement, par suite de circonstances indépendantes de la volonté du prince, présentait des dangers sérieux. Le commandant de la Roncière déploya, dans le cours de cette difficile navigation, l'activité, la
hardiesse réfléchie qui assurent le succès des expéditions
maritimes.

Après avoir, en trois mois vingt-cinq jours, parcouru
douze mille cinq cents milles marins, presque toujours au
milieu des glaces, visité l'Ecosse, l'Islande, le Groënland,
l'île de Jean Mayen, la Norwége, le Danemark, les côtes de
Prusse et de Hollande, c'est-à-dire des parages où la navigation offre des périls presque incessants, M. de la Roncière
ramena en France sa corvette intacte.

A l'issue de cette mémorable campagne, M. de la Roncière
fut nommé commandeur de la Légion d'honneur, et reprit
son poste au conseil d'amirauté.

En 1858, il fut appelé au commandement de la division
navale de Terre-Neuve, où son infatigable activité produisit
une impression dont le souvenir ne s'est point effacé. Sur ces
côtes, où la politique joue un rôle important, où de graves
dissidences existent depuis si longtemps entre la France et
l'Angleterre, M. de la Roncière sut concilier bien des intérêts
et jeter un jour nouveau sur des questions jugées presque
insolubles.

Dans l'hiver de 1858 à 1859, M. de la Roncière est envoyé
deux fois en Russie chargé d'une importante mission diplomatique se rattachant au projet de guerre contre l'Autriche.
Cette guerre éclate, et il est nommé au commandement de la
division des canonnières destinées à opérer dans l'Adriatique.
Bientôt la division est prête, grâce à son énergique impulsion.
Mais les glorieux succès de l'armée, si promptement suivis de
la paix de Villafranca, viennent arrêter l'essor de la flotte de

siége et la condamner au désarmement, alors que, pleins de confiance et d'entrain, nos marins allaient paraître devant Venise.

De 1859 à 1861, M. de la Roncière exerça le commandement en chef de la station du Levant. Lors des massacres du Liban, il porta les premiers secours aux chrétiens de Syrie, leur ouvrit un asile à bord des bâtiments de sa division et couvrit de la généreuse protection du pavillon français les populations fugitives, jusqu'au moment de l'arrivée des escadres européennes et du corps expéditionnaire français.

Elevé au grade de contre-amiral le 4 mars 1861, il avait été appelé, quelque temps avant, aux doubles fonctions de chef d'état-major du ministre de la marine et de directeur des mouvements et opérations militaires.

Un poste de cette importance ne pouvait que mettre mieux en relief la remarquable vigueur d'esprit et les talents du contre-amiral de la Roncière. Profondément pénétré de ses devoirs, organe d'un ministre d'une haute intelligence, M. de la Roncière a su rendre dans cet important emploi, autant par son active fermeté que par la bienveillance de son caractère, des services que la marine n'oubliera pas.

L'amiral de la Roncière ne pouvait rester trop longtemps éloigné de la mer. En 1865, il quitte son poste au ministère, et il est chargé d'organiser la division cuirassée de Cherbourg avec laquelle il parcourt les côtes de France, en faisant les premiers essais de la nouvelle artillerie de gros calibre, dont il était depuis longtemps un des champions les plus convaincus. Il montra dans cette difficile navigation, au milieu des écueils, avec de si grands bâtiments, une hardiesse et une sûreté de manœuvre qui firent appeler sa division l'*Escadre des roches*. Il est alors nommé grand officier de la Légion d'honneur.

Au commencement de 1867, il est envoyé au Mexique pour diriger et protéger le rapatriement du corps expéditionnaire. Il exécute cette opération avec rapidité et avec un rare bonheur. A la fin de 1867, il quitte le commandement de cette division qu'il avait créée et dont il avait d'emblée élevé la valeur à la hauteur de la vieille escadre de la Méditerranée.

Le 4 mars 1868, il est nommé vice-amiral, et il entre au conseil des travaux, puis au conseil d'amirauté.

Enfin, au commencement de la guerre dernière, il est nommé au commandement de la flotte qui était destinée à opérer un débarquement dans la Baltique. Les retards apportés à la préparation de cette flotte et la malheureuse bataille de Reischoffen ne permirent pas de donner suite à ce projet d'expédition. M. de la Roncière est alors nommé au commandement des marins détachés à Paris et chargés de la défense des forts de Romainville, Noisy, Rosny, Ivry, Bicêtre et Montrouge. Il déploie dans l'organisation de ces forts l'activité d'esprit et la sûreté de jugement qui le distinguent. Résistant à des traditions surannées, il organise chacun de ces forts comme un vaisseau, et il maintient parmi les marins une discipline d'autant plus appréciée qu'elle se relâche partout.

Au commencement de novembre, M. de la Roncière est nommé, en outre, au commandement du corps d'armée de Saint-Denis, où il introduit les habitudes de discipline de la marine. Diverses expéditions conduites avec succès le font nommer grand'croix de la Légion d'honneur.

L'armistice du 28 janvier le surprend au milieu du plus terrible bombardement qu'une ville ait jamais éprouvé, et où par son sang-froid, par sa présence aux points les plus exposés, il maintient pendant toute cette terrible période le moral des habitants de cette malheureuse ville de Saint-Denis et le courage des défenseurs des forts qui l'entourent.

Bientôt après, il est nommé, le premier de la liste, député du département de l'Eure, au conseil général duquel il appartient depuis dix-neuf ans; ses concitoyens lui devaient cette digne récompense d'une carrière non interrompue de services aussi brillants qu'utiles.

LASERVE (**Alexandre-Marie-Nicolas-Robinet** de) — *Ile de la Réunion* — né à Paris le 30 mars 1821. Il fit ses études dans cette cité et partit en 1840 à la Réunion, où il rédigea pendant un an la *Feuille hebdomadaire*. Il s'adonna après à l'industrie sucrière. En 1847, il collabora à un journal clandestin, le *Cri public*, fondé pour braver la censure. En 1848, M. de Laserve fut nommé par le suffrage universel membre d'une Assemblée coloniale réunie pour aviser à la situation nouvelle que faisaient aux colonies les décrets émancipateurs de 1848 (Abolition de l'esclavage).

Candidat républicain aux élections de 1852 pour l'Assemblée législative, il retira sa candidature devant celle de son coréligionnaire politique, M. Bellier, qui fut élu. Le coup d'État de décembre 1851 rendit ces élections nulles.

Il refusa le serment après le 2 décembre et fut chassé du conseil municipal de sa commune, Saint-André (Réunion).

En 1860, M. de Laserve engagea ses concitoyens à faire au Sénat une pétition pour réclamer les droits des colons aux faibles libertés dont jouissait la France. A partir de cette époque, il devint le collaborateur assidu du *Journal du Commerce*, feuille libérale et démocratique, et se livra à une campagne en règle pour obtenir les libertés coloniales.

Ses concitoyens l'ont récompensé de ses efforts en l'envoyant à l'Assemblée actuelle avec 12,800 voix sur 14,300 votants.

N'oublions pas de mentionner que lors du massacre qui eut lieu le 2 décembre 1868 à Saint-Denis (Réunion), M. de Laserve fut accusé d'avoir fomenté les troubles, tandis qu'il usait au contraire de toute son influence pour calmer le peuple et rétablir l'ordre. Ce fait a été reconnu publiquement par l'amiral Dupré, gouverneur de la colonie, et par un arrêt de la cour d'appel de la Réunion en date du 17 décembre 1869 (Affaire Laserve contre Paul de Villèle).

Outre ses articles, M. de Laserve a publié une petite brochure sur la réforme coloniale, dont M. Jules Simon a suffisamment apprécié le mérite en disant qu'elle valait un livre.

LA SICOTIÈRE (**Pierre-François-Léon Duchésne de**) — *Orne*. — Avocat à Alençon depuis 1835, il est né à Valframbert, près de cette ville, le 3 février 1812. C'est à Caen qu'il étudia le droit, et il occupa bientôt au barreau une place distinguée. Élu plusieurs fois bâtonnier, M. de la Sicotière eut aussi l'honneur d'être appelé par la ville d'Alençon aux fonctions de conseiller municipal et d'arrondissement. Un siége au conseil général lui était en outre réservé, et il y fut élu, il y a une dizaine d'années. Choisi comme vice-président de cette assemblée, il continua à déployer dans ses nouvelles fonctions un grand zèle et à faire preuve d'un véritable talent. Expositions, réunions scientifiques, instruction publique, chemins de fer, etc., tel est le vaste champ qui resta toujours ouvert à son activité et à ses lumières. Il s'est constamment dévoué, avec la plus entière abnégation, aux intérêts de ses concitoyens. Une existence aussi méritoire devait être entourée d'estime et de considération. M. de la Sicotière a donc obtenu le second rang dans le département de l'Orne aux élections pour l'Assemblée nationale. Membre de la majorité, il vote avec elle dans les questions importantes. Ami de l'ordre et des vrais principes, sans lesquels un gouvernement ne peut pas exister dans les conditions d'honnêteté qui doivent faire le bonheur des peuples, il est dévoué au progrès véritable et n'a point de parti pris contre la république.

M. de la Sicotière a été autrefois directeur de la Société des antiquaires de Normandie. Membre correspondant des Comités historiques, il a publié de nombreux écrits relatifs principalement à l'histoire de la Normandie et à celle de la Révolution française.

LASSUS (**Marc-Marie, baron de**) — *Haute-Garonne* — né à Toulouse le 6 décembre 1829, appartient à une ancienne famille parlementaire du Languedoc. Grand propriétaire dans le Midi, le baron de Lassus a été appelé en 1868 au conseil général de la Haute-Garonne, où il représente le canton de Montrejeau.

Pour répondre au choix de ses concitoyens qui l'ont envoyé par soixante-dix-huit mille suffrages à l'Assemblée nationale, il a fait trêve aux études d'art, d'histoire et d'archéologie vers lesquelles ses goûts l'avaient toujours porté de préférence. Par ses traditions de famille et par ses relations, le baron de Lassus peut être considéré comme acquis aux idées monarchiques.

LASTEYRIE (Adrien-Jules, marquis de) — *Seine-et-Marne.* — M. le marquis de Lasteyrie est le beau-frère de M. de Rémusat, le petit-fils du général La Fayette et le cousin du célèbre comte de Lasteyrie, membre de l'Institut. On peut dire qu'il débuta dans la politique par des services *actifs*, car il s'enrôla en 1832 dans les troupes de don Pedro et prit part à l'expédition qui chassa don Miguel du trône de Portugal. Il fut nommé député en 1842 par le collège électoral de La Flèche. Il siégea au centre gauche, où il occupa une place très-honorable. M. le marquis de Lasteyrie fut entre autres choses chargé du rapport du projet de loi sur le régime des colonies. Il fit partie de la Constituante et de l'Assemblée législative en 1848 et 1849, comme représentant de Seine-et-Marne, et prit dans la chambre une attitude hostile à la révolution et à la politique napoléonienne. Exilé, lors du coup d'État, il revint en France quand parut le décret d'amnistie du mois d'août 1852.

M. de Lasteyrie s'est présenté aux élections de 1869 comme candidat indépendant, dans le département de Seine-et-Marne; il a obtenu deux mille voix de moins que le candidat patronné par l'administration. Il a été nommé un des premiers sur la liste aux élections dernières.

M. le marquis de Lasteyrie est connu comme publiciste. La *Revue des Deux-Mondes* lui doit beaucoup d'articles traitant de questions d'histoire et d'économie politique.

LAURENCEAU (Baron Adolphe) — *Vienne.* — Est né à Poitiers le 10 janvier 1815. Peu de jours après l'avénement de la République de 1848, bien qu'appartenant à l'opinion légitimiste, ses idées modérées, ses tendances franchement libérales, le souvenir de l'administration de son père, qu avait été longtemps maire de Poitiers sous la Restauration, l'indiquèrent au choix des habitants de cette ville et même du département de la Vienne. Il fut successivement élu membre du Conseil municipal de Poitiers, membre du Conseil général pour le canton rural de Vouillé et, l'année suivante, membre de l'Assemblée nationale législative.

Son attitude y fut, comme celle de la majorité, sans opposition à la République, qui était alors le gouvernement de fait, mais ferme et inflexible contre l'insurrection et les doctrines socialistes. Il se rangea également parmi les opposants à l'Empire.

M. Laurenceau ne parut que rarement, comme rapporteur, à la tribune de l'Assemblée législative. Il y fut favorablement écouté en décembre 1849, en s'y faisant l'interprète d'une pétition qui, sans demander l'obligation du chômage du dimanche, demandait que l'État, les départements et les communes donnassent du moins le bon exemple aux populations dans leurs chantiers et travaux publics.

L'Assemblée accueillit cette conclusion et le Gouvernement, par l'organe de M. Rouher, alors garde des sceaux, prit l'engagement de faire exécuter et respecter cette décision dans tous les cahiers des charges des adjudications ultérieures des travaux publics.

Au 2 décembre, M. Laurenceau fit partie de la réunion qui eut lieu chez le comte Daru et aussi de celle qui eut lieu à la mairie du dixième arrondissement. Il fut au nombre des représentants arrêtés à la mairie et incarcérés au Mont-Valérien.

Rendu à la liberté, il fit partie du Conseil général de la Vienne jusqu'en 1867.

Élu en février 1871 membre de la nouvelle Assemblée nationale, M. le baron Laurenceau fut, en arrivant à Bordeaux, nommé président de son bureau et membre de plusieurs commissions. Il fit partie de la commission des quinze chargée de la lourde et pénible mission d'assister les négociateurs français dans les préliminaires de paix élaborés à Versailles avec le gouvernement prussien.

LAVERGNE (Louis-Gabriel-Léonce de) — *Creuse*. — Il fut élevé à Toulouse, mais il est né à Bergerac (Dordogne) le 24 janvier 1809. Il débuta dans la littérature en publiant des articles dans la *Revue du Midi*. Il devint plus tard l'un des principaux collaborateurs de la *Revue des Deux-Mondes* et du *Journal des Economistes*. Il a fait paraître bon nombre d'ouvrages remarquables, dont voici les principaux : *Economie rurale de l'Angleterre*, traduit dans toutes les langues de l'Europe ; *Economie rurale de la France; l'Agriculture et la population; les Assemblées provinciales sous Louis XVI ; les Economistes français du* XVIIIe *siècle*.

Doué d'un talent supérieur, M. de Lavergne ne pouvait pas rester dans l'oubli dans les sphères gouvernementales. Il devint donc maître des Requêtes au Conseil d'Etat, et il exerçait les fonctions de chef de division au ministère des affaires étrangères lorsque la révolution de février éclata. Il avait été élu député du Gers en 1846. Il obtint au concours, en janvier 1850, la chaire d'économie rurale à l'Institut agronomique de Versailles. Celui-ci fut supprimé en 1852. Ce savant distingué fut appelé trois ans après à l'Institut, Académie des sciences morales et politiques. M. de Lavergne fait aussi partie de la Société centrale d'agriculture de France qui l'a élu président en 1865; il est en outre vice-président de la Société des économistes et de la Société de statistique de Paris; membre honoraire de la Société d'agriculture d'Angleterre, de l'Académie des sciences politiques de Madrid, de l'Académie des sciences de Lisbonne, etc. Il a été sous l'empire candidat de l'opposition dans le Gers en 1863.

A la chambre, il appartient, comme avant 1848, à la majorité conservatrice. Il a voté pour le projet de loi relatif aux préliminaires de paix, pour le transfert de l'Assemblée à Versailles et pour l'élection des maires par les Conseils municipaux dans toutes les communes sans exception.

M. de Lavergne est officier de la Légion d'honneur depuis 1846, commandeur de l'ordre du Christ de Portugal et grand'croix de l'ordre espagnol d'Isabelle-la-Catholique.

LEBAS (**Louis**) — *Nièvre.* — Né à Decize (Nièvre) en 1815. Avocat à Nevers, il fut nommé juge de paix en 1848, puis secrétaire général de la Nièvre. C'est un homme fort estimé. Il a été élu plusieurs fois bâtonnier de l'ordre des avocats. M. Lebas a été nommé le deuxième sur la liste des députés de la Nièvre. Républicain conservateur, il fait partie de la réunion Feray.

LEBLOND (**Désiré-Médéric**) — *Marne.* — Il est né à Paris le 9 mai 1812. Il choisit la carrière d'avocat, et devint le secrétaire du célèbre jurisconsulte Merlin, de Douai. Il se fit remarquer sous le règne de Louis-Philippe par ses opinions républicaines. Divers procès qu'il soutint en faveur d'accusés politiques et de journaux de l'opposition, mirent en relief sa personnalité. Il fut nommé en 1848 substitut du procureur général près la cour d'appel de Paris. Il se démit de ses fonctions pour se présenter aux élections et fut nommé à la Constituante par le département de la Marne, où il obtint près de 49,000 voix. Il vota avec la fraction modérée du parti Cavaignac. A partir de cette époque, nous ne l'avons plus vu figurer dans nos assemblées.

M. Leblond reprit, sous l'Empire, sa place au barreau de Paris, et il devint membre du conseil de l'ordre. Il a été nommé procureur général à la cour de Paris après le 4 septembre.

L'EBRALY (**Charles-Marie-Gabriel**) — *Corrèze* — avocat, né à La Tour-d'Auvergne (Puy-de-Dôme), le 15 avril 1843. Il est le fils de M. Eugène L'Ebraly, qui siégea à la Constituante en 1848. Comme son père, il s'est toujours montré sincèrement attaché aux idées libérales. Elu député de la Corrèze, le troisième sur six, M. L'Ebraly s'est efforcé, depuis le commencement de la session législative, de s'acquitter consciencieusement du mandat que lui ont confié ses électeurs. Il a pris part assidûment aux travaux de l'Assemblée et a été désigné dernièrement pour faire partie du deuxième bureau de la commission chargée du projet de loi tendant à déclarer inaliénables les propriétés publiques ou privées soustraites à Paris depuis le 18 mars.

C'est un homme très-éclairé et très-laborieux. Il n'a jamais exercé de fonction publique, mais il a collaboré à divers journaux de Paris traitant de questions de jurisprudence. Il a publié aussi divers rapports sur l'agriculture.

M. L'Ebraly assiste aux délibérations de la réunion qui a pour président M. Saint-Marc-Girardin.

LECAMUS (Alexandre) — *Tarn* — est né à Mayenne, le 4 avril 1807.

Ayant manifesté dès son jeune âge un goût particulier pour les sciences physiques et chimiques, il se livra, à sa sortie du collège, à des études sérieuses qu'il a utilisées à Paris, comme essayeur du commerce, et au Pérou où il a séjourné quelques années.

A son retour d'Amérique, il vint se fixer à Castres, berceau de sa famille paternelle, où il s'est voué à l'industrie.

M. Lecamus possède et dirige une belle filature de laine qui par son installation remarquable et sa parfaite organisation peut être comprise dans les établissements industriels de premier ordre du Midi.

M. Lecamus n'a pas borné ses soins aux nombreux perfectionnements mécaniques de son industrie, il s'est livré aussi aux travaux agricoles avec succès, ainsi que le témoignent les médailles et les mentions honorables qui lui ont été décernées.

Ce député jouit à Castres de la plus grande popularité, popularité bien méritée, du reste, par sa bonté et son obligeance pour tout le monde et par son dévouement à la chose publique. Il a été élu par 60,000 voix.

M. Lecamus est premier conseiller municipal, président de la Chambre consultative des arts et manufactures, administrateur des hospices, etc. Il a été longtemps juge au tribunal de commerce.

M. Lecamus débute dans la vie politique.

Il n'a consenti à venir siéger à l'Assemblée nationale que par suite des sollicitations les plus pressantes de ses nombreux amis.

En se dérobant aux douceurs de la vie intime de famille et à ses nombreux labeurs, M. Lecamus n'a eu qu'un but, celui d'être utile à son pays et de donner son concours le plus dévoué avec ses collègues du Tarn à la réorganisation si nécessaire de notre malheureuse France.

LECHATELAIN — *Mayenne.* — M. Lechatelain jouit d'un grand crédit à Mayenne où il a rempli longtemps les fonctions de juge de paix. C'est un des députés qui ont obtenu le plus de suffrages dans le département de la Mayenne. M. Lechatelain vote avec la majorité et fait partie de la réunion des Réservoirs.

LEFÈVRE-PONTALIS (**Amédée**) — *Eure-et-Loir* — né à Paris en 1833. Il a débuté à vingt et un ans dans la vie littéraire par un discours sur la vie et les écrits du duc de Saint-Simon, qui a remporté le prix d'éloquence mis au concours par l'Académie française. Il a publié depuis une Etude sur la liberté de l'*Histoire*, à propos de la diffamation envers les morts, et divers articles dans le *Correspondant* et dans la *Revue des Deux-Mondes*.

Reçu avocat en 1855, M. Lefèvre-Pontalis a constamment exercé depuis lors sa profession au barreau de Paris, où il a conquis très-jeune une situation considérable et a lutté contre les maîtres les plus illustres de la parole.

Esprit indépendant et fortement attaché aux idées de liberté constitutionnelle, il s'est toujours tenu, sous l'Empire, à l'écart de toute fonction, même élective, qui lui eût imposé l'obligation du serment.

M. Lefèvre-Pontalis a été nommé le troisième sur la liste des députés d'Eure-et-Loir. Il fait partie de la réunion des Réservoirs (Cercle de l'Union).

LEFÈVRE-PONTALIS (Antoine) — *Seine-et-Oise*. — Frère du précédent. Il est né à Paris le 19 août 1830. Il y fit ses études de droit et obtint le diplôme de docteur avec une thèse qui avait pour titre : *De la condition de la femme mariée*. Il fit imprimer plus tard *Les lois et les mœurs électorales en France et en Angleterre*; *La liberté individuelle*; *Un coup d'État manqué* (discours prononcé à la salle Barthélemy). Il a en outre publié divers articles politiques et littéraires dans le *Journal des Débats* et la *Revue des Deux-Mondes*.

M. Lefèvre-Pontalis avait déjà fait partie de nos assemblées. Au mois de mai 1859, il fut nommé député comme candidat de l'opposition dans la troisième circonscription de Seine-et-Oise. Il prit plusieurs fois avec succès la parole et fut, au mois de juillet, l'un des signataires de la fameuse demande d'interpellation des cent-seize du tiers-parti libéral.

Aux élections de février, M. Lefèvre-Pontalis a été un des représentants qui ont obtenu le plus de voix dans le département de Seine-et-Oise. Il partage les opinions de M. Feray son collègue de Seine-et-Oise et le président de la réunion qui porte ce nom. On l'écoute avec beaucoup d'attention lorsqu'il monte à la tribune, et nous nous rappelons avoir lu un discours prononcé par l'honorable député, dans la discussion du projet de loi concernant les élections municipales, qui a mérité l'approbation d'une grande partie de l'Assemblée.

LE FLÔ (Adolphe-Emmanuel-Charles, général) — *Finistère* — est né à Lesneven (Finistère) le 2 novembre 1804. Dès son jeune âge il se destina à la carrière militaire; ses études terminées, il entra à l'École militaire de Saint-Cyr, en sortit lieutenant et fut envoyé en Afrique en 1831. Il y fut nommé capitaine, et sa brillante conduite au siége de Constantine l'ayant fait remarquer, il devint chef de bataillon. Dès lors son avancement fut rapide, le 20 octobre 1844 il était promu colonel et le 12 juin 1848 nommé général.

Aux élections supplémentaires de septembre 1848, élections pour la Constituante, il fut élu représentant par le département du Finistère. En mars 1849, le gouvernement le chargea d'une mission diplomatique pour Saint-Pétersbourg, il s'en acquitta avec honneur. A son retour, il vint prendre rang à l'Assemblée parmi les membres de la droite, et il soutint la politique et la ligne de conduite suivie par Louis-Napoléon. Aux élections pour l'Assemblée législative, il passa le deuxième sur la liste des députés du Finistère et il continua à siéger avec la droite jusqu'au moment de la rupture d'une partie de ses membres avec le palais de l'Élysée. Attaché à la droite parlementaire, il combattit la politique napoléonienne. Nommé questeur de l'Assemblée, il compta au nombre des plus énergiques adversaires du président. Le matin du coup d'État du 2 décembre il fut arrêté, et bientôt après, le 2 janvier 1852, expulsé de France. Retiré d'abord en Belgique, il passa en Angleterre, dans l'île de Jersey. Il revint en 1859 ; aux dernières élections il fut élu député, et dernièrement M. Thiers, devenu président du pouvoir exécutif, lui a confié le portefeuille de la guerre. Il vient d'être nommé ambassadeur de France à Saint-Pétersbourg.

Le général Le Flô est commandeur de la Légion d'honneur depuis le 23 janvier 1848 ; il possède en outre beaucoup d'autres décorations.

LEFRANC (Pierre-Joseph) — *Pyrénées-Orientales.* — Est né à Montmirey-la-Ville (Jura) en 1815. Fils d'un cultivateur, il se livra d'abord à des travaux agricoles, consacra à l'étude les loisirs que lui laissaient ses occupations et fut à même plus tard d'aller suivre à Paris les cours de l'école de droit. Il embrassa en même temps la carrière littéraire et, sous le pseudonyme de *Jean Bonhomme*, il écrivit dans la *Revue indépendante* des articles qui fixèrent sur leur auteur l'attention publique. Vers la fin du règne de Louis-Philippe, M. Lefranc fonda dans les Pyrénées-Orientales un journal d'opposition intitulé : l'*Indépendant*. Il devint député à la Constituante et professa dans sa carrière parlementaire les principes qu'il avait soutenus dans la presse.

M. Pierre Lefranc fait partie de la gauche républicaine. Il a voté contre l'abrogation des lois de proscription et l'admission des princes d'Orléans.

LEFRANC (Édouard-Victor) — *Landes.* — Ce représentant de la démocratie, né à Garlin (Basses-Pyrénées), fit ses études classiques à Aire, dans un collége dirigé par des prêtres. Reçu avocat, il débuta au barreau de Mont-de-Marsan et se mit à la tête du parti libéral dans les Landes. Devenu membre du Conseil municipal du chef-lieu de ce département, il fut nommé, en 1848, commissaire général de la République. Après son élection à l'Assemblée constituante, il se rallia au parti du général Cavaignac. Son attitude dans le vote relatif à la proposition Rateau, sa désapprobation au sujet de l'expédition de Rome, le firent rééélire à l'Assemblée législative le premier sur la liste des représentants de son département. Il y siégea jusqu'au 2 décembre et il devint après avocat au barreau de Paris.

Républicain convaincu, appartenant à la gauche libérale, il n'entend point partager les principes de M. Quinet. Il l'a déclaré formellement dans un discours fort applaudi. Ce neveu d'un conventionnel girondin veut la République, mais il la veut *acceptée par la nation, c'est-à-dire à la fois par la majorité des villes et par la majorité des campagnes.* Il repousse le socialisme, il est l'adversaire implacable de la démagogie, ennemie non moins acharnée de la prospérité que de l'honneur de la France.

On sait que M. Victor Lefranc vient d'être nommé ministre du Commerce.

LEGGE (comte Henri de) — *Finistère* — né à Rennes en 1813. Son tempérament l'entraîna vers la carrière militaire. Il s'engagea comme volontaire et conquit rapidement le grade d'officier. M. le comte de Legge assista en cette qualité, en 1859, à la guerre livrée en Italie contre l'Autriche. Il abandonna en 1863 le métier des armes et alla s'occuper d'agriculture dans son département. L'aménité de son caractère, sa position de fortune ainsi que son mérite intellectuel lui firent acquérir beaucoup d'influence au milieu de ses concitoyens. Nommé commandant d'un bataillon de mobiles, on le vit prendre une part glorieuse à la défense de Paris. La renommée de sa bravoure et les talents militaires dont il fit preuve dans les divers combats livrés sous les murs de la capitale, augmentèrent encore sa popularité dans le Finistère. Il fut donc nommé par les électeurs dans ce département.

M. le comte de Legge appartient à la droite libérale. Il a voté pour l'adoption des préliminaires de paix, mais s'est opposé à l'article 2 du traité de Francfort.

LEGRAND (Arthur) — *Manche* — né à Paris le 28 octobre 1833. Son père a été député de la Manche pendant dix-sept ans et a rempli sous Louis-Philippe les fonctions importantes de sous-secrétaire d'État au département des Travaux publics.

M. Arthur Legrand a été successivement auditeur et maître des requêtes au Conseil d'État. Il a été maire de Milly et conseiller général de la Manche jusqu'en ces derniers temps. Très-versé dans la science de l'économie politique, il a publié sur ce sujet divers articles qui ont paru dans la *Revue contemporaine*.

En politique, M. Legrand s'est rallié à la fraction libérale de l'Assemblée. Il a voté pour le transfert de la Chambre à Versailles, pour le traité de paix, pour le projet de loi tendant à déclarer inaliénables les propriétés saisies à Paris depuis le 18 mars, etc.; en un mot pour les mesures importantes proposées à l'Assemblée dans l'intérêt de la France.

. M. Legrand est officier d'Académie et chevalier de la Légion d'honneur. Il a obtenu cette dernière distinction en 1862, à la suite d'une mission en Angleterre où il accompagna M. Michel Chevalier lors de l'Exposition universelle.

LE LASSEUX (Ernest) — *Mayenne.* — Propriétaire et agriculteur, né à la Flèche (Sarthe) le 14 mars 1813. M. Le Lasseux doit sa nomination de député à ses lumières, à son honorabilité et aux longs services qu'il a rendus à ses concitoyens avec le plus grand dévouement et l'abnégation la plus complète. Il a été maire de L'huisserie pendant vingt-cinq ans et a siégé dix ans au Conseil général de la Mayenne. Président du Comice agricole de Laval, de la Société libre des agriculteurs de la Mayenne et membre du Conseil de la Société des agriculteurs de France, il a été président du Congrès agricole, au concours régional de 1870, ouvert à Laval.

M. Le Lasseux a prononcé, comme président des Comices agricoles, divers discours qui ont été livrés à la publicité. Il appartient, à la Chambre, à la fraction monarchique libérale.

LENOËL (Émile) — *Manche.* — M. Lenoël a été d'abord avocat. Il occupait une place distinguée au barreau de Paris lorsqu'il fut appelé, en 1851, à remplir les fonctions de chef de cabinet du ministre de l'intérieur. Il donna sa démission lors du coup d'État et se fit inscrire au barreau de la Cour de cassation. On y a beaucoup apprécié ses lumières et son intelligence.

Élu conseiller municipal de Montmartain en Graignes, puis conseiller d'arrondissement de Saint-Jean-de-Daye, il se présenta plusieurs fois à la députation, mais il échoua devant les candidatures officielles. Il a été nommé préfet de la Manche après le 4 septembre et il a rempli ces délicates fonctions d'une façon très-honorable.

M. Lenoël est un homme sympathique. Républicain modéré, il partage les opinions de M. Ernest Picard, dont il est
du reste l'ami. Il partageait en même temps les lourdes
charges de son administration ; car il avait été appelé par
l'ex-ministre de l'intérieur à remplir les fonctions de chef du
personnel dans ce département.

LÉON (**Adrien**) — *Gironde*. — Agé de quarante-trois
ans, est un des commerçants les plus notables de Bordeaux.
Sorti de Saint-Cyr, M. Léon avait embrassé à vingt ans la
carrière militaire. Il fit acte de patriotisme durant la guerre
contre la Prusse en marchant, comme lieutenant-colonel, à
titre auxiliaire, à la tête d'un régiment. Tout à la fois ennemi
de l'arbitraire et de l'anarchie, il a voté en faveur des mesures
importantes proposées devant la Chambre. Il fait partie des
réunions Feray et Saint-Marc-Girardin. Sa parole est favorablement accueillie au sein des bureaux et des commissions.

LEPÈRE (**Charles**) — *Yonne*. — Journaliste et avocat à
Auxerre, né le 1er février 1823. Il a fait partie du Conseil général de l'Yonne. Il siége comme la plupart de ses collègues
de l'Yonne sur les bancs de la gauche. Il prend part aussi
aux délibérations de la salle du Jeu de Paume.

M. Lepère a voté contre l'adoption des préliminaires de
paix et du projet de loi tendant à déclarer inaliénables les
propriétés saisies à Paris depuis le 18 mars.

LEROUX (**Émile-Auguste**) — *Oise* — né à Épineux
(Oise). Il étudia le droit, fut reçu avocat et conquit une place
distinguée au barreau du chef-lieu de son département. Il
devint bâtonnier de l'ordre et fit partie du Conseil général de
l'Oise.

En 1848, il fut nommé maire de Beauvais. Son administration fut difficile ; des troubles éclatèrent dans sa ville contre
les commissaires que le gouvernement avait envoyés et qui
furent chassés par la population, ayant le maire à leur tête. Il
rétablit l'ordre dans sa ville par l'énergie dont il fit preuve.

Envoyé à l'Assemblée constituante par 77,000 suffrages, et plus tard à l'Assemblée législative, il prit une part très-active aux travaux de ces deux grandes Assemblées. Il fit souvent partie de commissions et fut nommé rapporteur de plusieurs lois très-importantes, notamment des lois sur le jury, sur le timbre des effets de commerce, des actions, obligations et polices d'assurances, sur l'abrogation des lois de bannissement, etc., etc.

Ses opinions furent toujours très-libérales mais modérées. Grand ami de l'ordre et de la liberté, il soutint le gouvernement de la République contre le coup d'État. Au 2 décembre 1851, il fit partie des députés qui, réunis au dixième arrondissement, sous la présidence de M. Vitet, prononcèrent la déchéance du président de la République française.

Après le coup d'État il rentra dans la vie privée, reprit sa profession et se fit inscrire au barreau de Paris où il acquit une grande réputation.

En 1869 il se présenta aux élections dans l'arrondissement de Clermont (Oise), il obtint de 14 à 15,000 voix contre le candidat officiel qui fut nommé par 17,000. Sa défaite n'a été dûe qu'aux intrigues électorales de l'administration.

Aux dernières élections il fut le premier nommé des huit députés de l'Oise par 55,000 voix. Depuis son entrée à l'Assemblée nationale il a fait partie de beaucoup de commissions, a été nommé président et rapporteur de plusieurs de ces commissions et président de son bureau. Il prend part d'une manière très-active aux travaux de l'Assemblée, et par ses votés il figure au nombre des députés qui soutiennent le gouvernement et la politique de M. Thiers.

LEROUX (Aimé) — *Aisne*. — (*Voir à l'appendice.*)

LE ROYER (Élie) — *Rhône* — né à Genève de parents français, en 1816, il fit son droit à Paris et débuta comme avocat à la Cour, en plaidant un procès politique à la Chambre des pairs. En 1843, il quitta Paris et alla se fixer à Châlons-sur-Saône où il resta jusqu'en 1854, époque à laquelle il alla passer une année à Genève. A la fin de 1855, il se fixa à Lyon, se fit inscrire au tableau des avocats et devint aussi l'un des chefs du parti républicain libéral.

Homme de talent et de cœur, il fut à la révolution du 4 septembre nommé procureur général à Lyon. Aussitôt installé dans ses fonctions, il lutta sans relâche et souvent avec courage contre la démagogie et s'efforça de rétablir le règne oublié des lois et de réparer tout au moins le mal qu'il n'avait pu empêcher. Il mit toute son activité à obtenir l'élargissement d'honorables citoyens arbitrairement détenus, parmi lesquels il faut citer le préfet, M. Moutard-Sencier, l'avocat-général, M. Bérenger, le procureur général, M. Massin, etc. Les ordres d'élargissement arrivèrent, mais il fallut à M. Le Royer de longs jours de lutte pour en assurer l'exécution.

Toutes les mesures de violence furent combattues par lui et jamais il ne fit servir sa position aux mesquines rancunes de parti. L'Empire l'avait pourtant mis sur une liste de proscription future avec d'autres hommes de cœur et de talent ; par sa noble conduite, il sut se concilier les sympathies de tous, aussi fut-il nommé deuxième des treize représentants du peuple envoyés par le Rhône à l'Assemblée nationale. Porté par la démocratie dans Saône-et-Loire, il obtint une forte minorité, mais ne fut pas élu.

M. Elie Le Royer a été nommé vice-président de la réunion républicaine de la gauche formée à Bordeaux. Son frère, M. Rodolphe Le Royer est membre du Conseil municipal et adjoint au maire de Châlons-sur-Saône; en 1870 il a été élu membre du Conseil d'arrondissement de Châlons.

LESPÉRUT (François, baron de) — *Haute-Marne* — né à Paris le 5 août 1813. Agronome distingué et maître de forges, M. le baron de Lespérut est un des hommes les plus importants de la Haute-Marne. Maire d'Eurville, il fit partie du Conseil général de son département et reçut, en 1849, le mandat de député à l'Assemblée législative. Sous l'Empire, il fut nommé dans les diverses élections et siégea à la chambre sur les bancs de la majorité. Il vota avec elle dans la plupart des questions, mais il s'en sépara et se rangea du côté de MM. Pouyer-Quertier et Brame, lorsqu'on entama la discussion au sujet du libre échange. M. le baron de Lespérut s'en montra l'ardent adversaire. Son attitude en cette occasion augmenta grandement sa popularité aux yeux des électeurs de la Haute-Marne, centre métallurgique, dont le libre échange a lésé gravement les intérêts industriels.

M. de Lespérut est chevalier de la Légion d'honneur depuis 1859. Il figure après M. le prince de Joinville, nommé, en février, le premier sur la liste des députés de la Haute-Marne.

LESPINASSE (Raymond) — *Tarn-et-Garonne.* — M. Lespinasse habite Moissac où il jouit d'une excellente réputation comme avocat. Il n'a point de passé politique. Il a été nommé représentant par le parti conservateur du Tarn-et-Garonne. Légitimiste, par conséquent il a voté constamment avec la droite. Nous avons lu son nom sur la liste des députés qui ont présenté l'abrogation des lois d'expulsion relatives aux princes de la maison de Bourbon. M. Lespinasse fait partie de la réunion des Réservoirs.

LESTAPIS (Paul-Jules-Sever de) — *Basses-Pyrénées.* — Le père de cet honorable député a été receveur général à Pau. Né dans cette ville en 1814, M. de Lestapis y acheva ses études classiques et se fit recevoir à Saint-Cyr d'où il entra à l'école d'état-major. Sa carrière militaire ne fut pas de longue durée. Il passa quelques années en Algérie et donna sa démission une fois arrivé au grade de capitaine d'état-major. Rentré dans son département, M. de Lestapis s'occupa d'agriculture et de politique. Les événements de 1848 lui permirent de donner l'essor à ses opinions libérales. Les électeurs des Basses-Pyrénées fixèrent sur lui leur attention et le

nommèrent à la députation. Il fit partie du Comité d'agriculture et vota généralement avec la fraction Cavaignac. Il
vécut peu après dans la retraite au sein de ses propriétés du
Midi. Les élections de février l'ont fait rentrer dans l'arène
politique, et il est arrivé à l'Assemblée de Bordeaux favorisé
par les suffrages de ses concitoyens, car il a été nommé le
troisième sur la liste des neuf députés des Basses-Pyrénées.

M. de Lestapis a été décoré de le Légion d'honneur en
1839, pour une blessure reçue pendant l'expédition des Portes
de Fer.

LESTOURGIE (**Marie-Casimir-Auguste**) — *Corrèze.*
— Il est né à Argentat (Corrèze) le 12 novembre 1833. Il fut
nommé maire de sa commune dans le courant de l'année
1858 et il l'administra jusqu'au 4 septembre 1870. M. Lestourgie a été réintégré dans ses fonctions le 8 mai 1871. Il
est membre du Conseil général de la Corrèze depuis 1865.

C'est un homme sympathique qui passe sa vie à être utile
à ses concitoyens. Ami des lettres et poète à ses heures, il a
publié à Paris, chez Plon, en 1858, un volume de poésies où
se réflète la bienveillance de son caractère et qui a pour titre :
Près du Clocher. M. Lestourgie a aussi fait paraître à Limoges,
en 1863, les *Rimes limousines*. Du reste, l'honorable député
a été couronné lauréat aux Jeux Floraux. Il est en outre chevalier de Saint-Grégoire-le-Grand. C'est celui des représentants de la Corrèze qui a obtenu le plus grand nombre de
suffrages aux dernières élections, dans ce département.

M. Lestourgie fait partie de la réunion des Réservoirs,
réunion assez mélangée quant aux opinions politiques, et
dont les membres n'ont véritablement de commun que l'idée
religieuse.

LEURENT (**Jules**) — *Nord.* — Il est né à Roncq (Nord)
en 1814. Reçu docteur en médecine, il abandonna la carrière médicale pour se livrer à l'industrie et il y a joué cons-

tamment un rôle important. Ses aptitudes et ses lumières lui ont mérité la confiance des habitants de Tourcoing, grand centre manufacturier, où il est associé à plusieurs établissements de premier ordre. Aussi fait-il partie depuis une vingtaine d'années du Conseil municipal et de la chambre consultative de cette ville. Ces diverses fonctions et son élection au Conseil général du Nord, où il eut l'honneur dêtre appelé à trois reprises différentes, lui fournirent l'occasion d'être utile à son pays et de donner des preuves éclatantes de ses capacités administratives et industrielles. Protectioniste convaincu, il a pris la défense des industries textiles dans les enquêtes de 1860. Dans le meeting qui eut lieu à Lille en 1870, il prononça un discours qui eut un grand retentissement. M. Leurent a fait partie pendant cinq ans du comité central de la sucrerie indigène et joué un rôle important dans toutes les enquêtes qui eurent lieu durant cette période devant le Conseil d'Etat, le Conseil supérieur du commerce et devant les commissions des douanes au Corps législatif. Des services aussi éminents ne pouvaient pas rester inaperçus. Le Gouvernement crut donc accomplir un acte de justice, et en même temps de bonne politique, en offrant la croix de la Légion d'honneur à cet honorable industriel, bien qu'il eût donné précédemment des preuves manifestes de son indépendance envers l'Empire.

M. Leurent représente à la Chambre le grand parti de l'ordre. Ce sont ses principes qui lui ont fait obtenir une immense majorité dans l'arrondissement de Lille. Il a voté pour la paix et pour la loi municipale. Il a aussi donné son adhésion à la proposition relative au transfert de l'Assemblée à Versailles.

LIGNIER — *Aube.* — Né à Pongy en 1805. Voici ce que M. Lesaulnier a écrit en 1848, sur M. Lignier nommé à cette époque à l'Assemblée constituante :

« Il a exercé la profession d'avocat à Troyes, jusqu'à l'époque où, s'étant par son travail fait une honorable indépendance, il se consacra aux fonctions publiques.

« Peu d'hommes ont acquis plus de titres à la confiance et aux sympathies de ses concitoyens que M. Lignier. Tout entier aux devoirs qu'il s'était imposés par amour du bien public, il a toujours lutté avec un courage et une fermeté au-dessus de tout éloge contre tous les envahissements d'un pouvoir corrupteur. Poussant le libéralisme et la générosité de ses opinions jusqu'à l'abnégation la plus absolue, il sut résister à toutes les séductions à l'aide desquelles on voulait enchaîner ses idées trop avancées.

« Depuis l'ouverture de l'Assemblée nationale, il a pris une honorable part aux discussions de la tribune. »

M. Lignier continue à voter avec la gauche. Il figure parmi les députés qui ont adhéré au programme de la réunion du Jeu de Paume (Gauche républicaine).

LIMAIRAC (**Jules de**) — *Tarn-et-Garonne* — né le 24 janvier 1806. Fils d'un ancien préfet sous la restauration, secrétaire particulier de son père, lorsqu'il était préfet de Vaucluse, M. de Limairac vit sa carrière brisée par les événements de 1830. Il rentra dans la vie privée et se livra à l'agriculture et à l'industrie. Adversaire du gouvernement impérial, il posa sa candidature en 1869 et échoua contre le candidat de l'administration. Porté en 1871 sur une liste de conciliation, il a été nommé à l'Assemblée nationale. M. de Limairac siége à l'extrême droite.

LIMAYRAC (**Léopold**) — *Lot*. — Il est né à Castelnau-de-Moutratier, le 29 août 1819. En sa double qualité de maire et de conseiller général, il a rendu de grands services aux administrations communale et départementale. C'est un partisan dévoué de la décentralisation. Au mois d'août 1869, il a publié une brochure remarquable dans laquelle il a attaqué vivement le service vicinal actuel, lequel *opprime les communes et est aussi funeste au point de vue administratif que dangereux au point de vue politique*. « La brochure de M. Limayrac, » dit la *Décentralisation*, à laquelle nous empruntons ces détails, « énumère un à un tous les abus de la comptabilité vicinale et toutes les infractions qui se commettent contre les lois qui régissent cette matière. »

Après avoir signalé ces abus, l'honorable député prescrit un remède. Ce serait un appel aux hommes de bonne volonté pour soutenir le principe de décentralisation. Il demande la suppression des fonds communs comme étant une source cachée de favoritisme, et en attendant que les lois décentralisatrices soient mises en pratique, il fait un appel éloquent à l'initiative individuelle.

Le travail, si éminemment utile, publié par M. Limayrac, a fixé l'attention de plusieurs organes importants de la presse et a été recherché avec curiosité par les conseils municipaux intéressés à voir triompher les idées qui s'y trouvent développées. On a applaudi vivement à ses appréciations et à la justesse de ses principes. Aussi son nom, devenu populaire et entouré de l'estime publique, figure-t-il le premier sur la liste des députés du Lot.

M. Limayrac a voté pour la paix, pour le transfert de l'Assemblée à Versailles et pour la loi municipale.

Il fait partie de l'ordre de la Légion d'honneur.

·**LIMPÉRANI** (Léonard) — *Corse* — est né à Bastia le 3 avril 1831. Son père, membre de la Chambre des députés de 1831 à 1842, a constamment fait partie de la majorité conservatrice, dévouée au gouvernement de Juillet.

Reçu avocat en 1853, M. Limpérani rentra en Corse pour y exercer sa profession et ne tarda pas à occuper une position importante au barreau de Bastia. Il se mêla en même temps aux diverses luttes locales. En 1869, il était, avec quelques-uns de ses amis, l'un des fondateurs du journal *la Revanche*, destiné à propager en Corse les principes de l'opposition, mais il l'abandonnait bientôt en raison de la collaboration de M. Paschal Grousset et de l'exagération d'une polémique qui finissait par aboutir à l'affaire de Victor Noir.

Aux élections pour l'Assemblée nationale M. Limpérani a été

élu député le cinquième de la liste, par 16,800 suffrages, et avec une profession de foi dans laquelle, après avoir rappelé les antécédents de sa famille, il ajoutait : « Chaque génération qui entre dans la vie doit faire un pas en avant dans la voie du progrès. J'appelle depuis longtemps de tous mes vœux une République capable de maintenir dans la société un ordre inviolable, capable de sauvegarder tous les droits, de garantir toutes les libertés, et de concilier tous les esprits. »

M. Limpérani a constamment voté avec la gauche modérée ou le centre gauche. Il est l'auteur d'une proposition importante, tendant à l'abrogation de la loi de 1807 sur l'intérêt de l'argent.

LITTRÉ (**Maximilien-Paul-Émile**) — *Seine.* — Publiciste, savant de premier ordre et membre de l'Institut, il naquit à Paris le 1er février 1801. Il est bien moins connu comme homme politique que comme écrivain et comme philologue, car c'est la première fois qu'il siége à l'Assemblée. Il s'est néanmoins distingué autrefois par ses articles dans les journaux de l'opposition et ses opinions démocratiques dans le *National*, dont il est resté, jusqu'en 1851, l'un des principaux rédacteurs.

L'œuvre capitale de M. Littré est le *Dictionnaire de la langue française*. Il a en outre traduit *La vie de Jésus* du fameux docteur Strauss ; l'*Histoire naturelle de Pline*, etc. Il a collaboré à l'*Histoire littéraire de la France*, écrit l'*Histoire de la langue française*, inséré des articles de philosophie dans la *Revue positive*; publié d'autres articles dans le *Journal des savants* ; la *Revue des Deux-Mondes* ; etc.

Il s'était voué à la médecine dans sa jeunesse, il avait même été reçu interne dans les hôpitaux, mais il abandonna cette carrière. On lui doit toutefois une traduction des *Œuvres d'Hippocrate* et il a en outre fourni beaucoup d'articles à la *Gazette médicale* de Paris.

M. Littré a émis un vote affirmatif au scrutin ouvert pour statuer relativement au transfert de l'Assemblée. Il a égalementment voté *oui* pour les deux projets de loi proposés au sujet du traité de paix et des élections municipales.

LORGERIL (**Hippolyte-Louis, vicomte de**) — *Côtes-du-Nord.* — Né à Trébédan, au château de Chalonge (Côtes-du-Nord) le 24 mai 1811. Après avoir fait de brillantes études, il voyagea pendant quelque temps dans le midi de l'Europe et se livra après à des travaux littéraires. Il publia d'abord un volume de poésie intitulé : *Une étincelle,* plus tard il fit imprimer successivement : *La chaumière incendiée; Récits et ballades* ; un poëme satirique : l'*Art de parvenir.*

Il dirigea en 1842 et 1843 l'*Impartial de Bretagne,* journal légitimiste alors fort connu et y fit paraître des satires, des poëmes humoristiques, qui furent très-remarqués et reproduits dans divers journaux, ainsi que de nombreux articles politiques et littéraires.

Il fit en 1843 ce que l'on appelait alors le pèlerinage de Belgrave Square, où il reçut du comte de Chambord, l'accueil le plus flatteur. L'*Impartial de Bretagne* se distingua par la vigueur de sa polémique légitimiste:

Les occupations de la famille enlevèrent, vers 1844, M. de Lorgeril à tous ses travaux littéraires, et de cette époque jusqu'en 1867 il ne fit rien imprimer. Mais en 1868, il publia dans la *Revue de Bretagne et de Vendée* divers poëmes fort bien accueillis par les lecteurs de ce recueil.

En 1848, il fut élu conseiller général des Côtes-du-Nord. Il y a représenté jusqu'à ce moment, d'abord le canton de Plélan-le-Petit, puis le canton de Jugon où il demeure maintenant. La confiance et l'affection de ses concitoyens ont appelé M. de Lorgeril à l'Assemblée nationale. Il siége à droite et se montre fidèle aux principes qui ont toujours dirigé sa conduite.

LORTAL (**Louis-Joseph-Bruno**) — *Aveyron.* — Né à Villefranche (Aveyron) le 8 avril 1802. M. Lortal fit d'excellentes études classiques et obtint le diplôme de licencié ès-lettres. Il suivit après les cours de droit et fut reçu licencié. Il devint avoué puis juge suppléant au tribunal de Villefranche. Pendant le cours de sa carrière M. Lortal a rempli plusieurs fonctions administratives importantes. Il a été adjoint, maire de Villefranche et conseiller d'arrondissement. Il est resté pendant vingt ans à la tête de la municipalité de sa ville natale et a administré celle-ci avec tant de dévouement; il s'est comporté avec tant de patriotisme dans des circonstances difficiles, où le maire d'une ville surexcitée par les passions doit faire preuve d'abnégation et d'énergie, que ses concitoyens lui ont décerné une médaille d'honneur en reconnaissance de ses services.

M. Lortal est un ami de l'ordre. Il a voté en faveur de toutes les mesures utiles proposées à la Chambre depuis le mois de février et a pris place sur les bancs du parti conservateur.

LOYSEL (**Charles-Joseph-Marie**) — *Ille-et-Vilaine.* — M. Loysel appartient à l'armée; il est général de brigade. Né en 1825, il compte parmi nos plus jeunes généraux. Quant à nos assemblées parlementaires, il n'en a jamais fait partie. C'est un des députés qui ont obtenu le plus de voix dans l'Ille-et-Vilaine. Le général Loysel ne compte point parmi les membres des diverses réunions politiques.

LUR-SALUCES (**Marquis de**) — *Gironde.* — Homme dévoué à la France et à la monarchie légitimiste. Il a fait preuve d'un grand patriotisme pendant la guerre contre la Prusse et a été dernièrement l'un des signataires du projet de loi ayant pour objet l'abrogation des lois du 10 avril 1832 et du 26 mai 1848, concernant les princes de la maison de Bourbon. Il avait voté précédemment contre le transfert de l'Assemblée à Versailles et en faveur du traité de paix, de la loi municipale et du projet de loi tendant à déclarer inaliénables les propriétés soustraites à Paris depuis le 18 mars.

M. le marquis de Lur-Saluces fait partie de la réunion des Réservoirs.

LURO (**Victor**) — *Gers.* — Il est le fils d'un des propriétaires les plus importants du département qui l'a élu, et où son père exerce encore les fonctions de notaire.

M. Victor Luro, né à Villecomtal (Gers) le 16 octobre 1823, étudia d'abord le droit à Paris, et une fois reçu avocat il plaida devant le conseil d'État et la Cour de cassation. Un de ses plaidoyers après le coup d'État, fit beaucoup de bruit. Il soutint alors devant la Cour suprême qu'on devait annuler les décisions des conseils de guerre comme entachées d'excès de pouvoir et d'incompétence en tant que prononcées contre des citoyens qui ne s'étaient levés que pour la défense de la loi.

En 1849, M. Luro se prononça vivement, dans un discours, contre le socialisme et les doctrines de M. Louis Blanc. Le parti démocratique appuya chaudement sa candidature pour l'Assemblée législative mais il ne fut point élu. A partir de cette époque il vécut complétement retiré des affaires publiques, mais en 1866 il se proposa comme candidat aux élections pour le Conseil général du Gers et obtint la majorité des voix dans le canton de Mielan.

Outre son plaidoyer devant la Cour de cassation publié en 1852, M. Luro a fait paraître en 1848 une brochure dans laquelle il combattait les principes socialistes et qui a pour titre : *Du travail et de l'organisation des industries dans la liberté.* Un autre ouvrage intitulé : *Marguerite d'Angoulême* et qui est le résumé des intéressantes conférences qu'il a faites devant le public de Pau, a paru en 1866.

M. Luro a émis des votes en faveur du transfert de l'Assemblée à Versailles, du traité de paix et de la loi municipale.

M

MAGNIEZ (**Victor-Henri-Émile**) — *Somme.* — Cultivateur, âgé de trente-cinq ans, né à Ytres (Somme). Son père a fait partie de l'Assemblée constituante en 1848. C'était un homme fort aimé des classes agricoles. Il exerçait sur elles l'influence légitime que l'on obtient par d'importants services. Le fils a marché sur les traces du père, il s'est toujours montré fort dévoué à ses concitoyens. Nommé maire d'Ytres et conseiller d'arrondissement en 1861, il fut élu en 1864 membre du Conseil général de la Somme. Il a été envoyé à la Chambre par 96,299 suffrages.

M. Magniez est un conservateur libéral dévoué à l'ordre et à la liberté. Il fait partie de la réunion Saint-Marc-Girardin.

MAGNIN (Joseph) — *Côte-d'Or.* — Il est né à Dijon, le 1er janvier 1824. C'est le fils d'un ancien représentant du peuple. Avant d'être député, M. Joseph Magnin occupait déjà dans son département une haute position sociale. Riche propriétaire et ancien maître de forges, il a été membre du Conseil municipal de Dijon, membre du Conseil général de la Côte-d'Or, de la Chambre de commerce et enfin président du Tribunal de commerce. C'est un esprit libéral qui, pendant la législature de 1863 à 1869, signa la plupart des amendements présentés par l'opposition. Il prit une part active aux travaux de plusieurs commissions importantes et prononça quelques discours éloquents dans lesquels il critiqua notre système d'impôts et d'emprunts.

Lorsqu'il parle, il a du calme, de la modération et une autorité qui sait commander l'attention.

M. Magnin fut réélu en mai 1869. Au mois de décembre, il fut nommé l'un des secrétaires de la Chambre. Il a obtenu près de 64,000 voix aux dernières élections et a été élu le second des députés de la Côte-d'Or.

M. Magnin a fait partie du gouvernement formé le 4 septembre, en qualité de ministre du commerce.

MAILLÉ DE LA JUMELLIÈRE (Armand de) — *Maine-et-Loire* — ancien chef de bataillon des mobilisés de Maine-et-Loire. M. de Maillé appartient à l'une des plus anciennes et des plus honorables familles de l'Anjou. Il fut admis à l'École de Saint-Cyr et a appartenu pendant un certain temps à l'armée. Au moment de la guerre contre la Prusse, il s'empressa d'offrir ses services à la Défense nationale et fut nommé commandant des mobilisés de Maine-et-Loire. Il a pris une part importante au combat de Monnaie.

A la Chambre, M. de Maillé concourt avec zèle aux travaux des Commissions. Il appartient à l'opinion monarchique et fait partie de la réunion des Réservoirs.

MALARTRE (Florentin) — *Haute-Loire* — né en 1809. Il appartient à la haute industrie et fait partie du Conseil général de la Haute-Loire. Il vote avec la droite. M. Malartre a obtenu 33,350 voix aux élections.

MALENS (César-Jules-Antoine) — *Drôme.* — Avocat distingué du barreau de Valence, membre de la Société d'archéologie et de statistique de la Drôme, il est né à Anneyron, canton de Saint-Vallier, le 17 janvier 1829.

Il était peu connu avant 1869. Il collabora à cette époque à l'*Indépendant de la Drôme,* journal de l'opposition et prit la parole dans les réunions publiques.

Le 4 septembre 1870, il fut nommé membre du Comité préfectoral chargé d'administrer le département jusqu'à l'arrivée de M. Peigné-Crémieux.

Il a été élu en février sur la liste démocratique avec M. Chevandier. M. Malens vote avec la gauche et assiste à la réunion du Jeu de Paume.

MALEVILLE (Lucien, marquis de) — *Dordogne* — né en 1805. C'est un des représentants dévoués au principe monarchique. M. le marquis de Maleville n'a pas cessé de voter avec la droite depuis l'ouverture de l'Assemblée. Nous avions cru trouver son nom parmi ceux des députés qui sont inscrits sur la liste des représentants appartenant à la réunion des Réservoirs, mais M. le marquis de Maleville n'en fait point partie.

MALEVILLE (**Léon de**) — *Tarn-et-Garonne* — est né à Montauban, le 8 mai 1803, d'une des plus anciennes familles du Midi. Ses études littéraires terminées, il suivit les cours de droit à Paris et y fut reçu avocat en 1823. Il y était resté quelque temps lorsqu'en 1828 son oncle, M. de Preissac, ayant été nommé préfet du Gers, il l'y suivit comme secrétaire particulier. Après la révolution de juillet, M. de Preissac fut nommé préfet de Bordeaux, M. de Maleville le suivit encore et remplit près de lui les fonctions de secrétaire général jusqu'en 1833, époque où il donna sa démission.

En 1834 les électeurs de Caussade, canton du Tarn-et-Garonne, le nommèrent député ; il prit rang parmi la droite, il était le plus jeune des membres de la Chambre. Après avoir appuyé le cabinet de février 1836, il passa à l'opposition en 1837 et combattit avec la plus grande vigueur le ministère de M. Molé ; ce ministre renversé, il revint à la droite. En 1840, le cabinet du 1er mars le nomma sous-secrétaire d'État au ministère de l'intérieur, et peu après il reçut la croix de la Légion d'honneur.

Il soutint avec énergie le ministère de M. Thiers, combattit de toutes ses forces les doctrinaires et se fit à la Chambre une réputation d'éloquence et de probité.

En 1848, il fut envoyé à l'Assemblée constituante par 43,319 suffrages, le premier des six représentants du Tarn-et-Garonne. M. le comte de Maleville s'y montra républicain assez tiède et soutint par ses votes la politique contre-révolutionnaire du comité de la rue de Poitiers. Du 20 au 30 décembre, il fut ministre de l'intérieur dans le premier cabinet de Louis-Napoléon. Dans l'élection partielle du 13 juillet 1849, le département de la Seine le renvoya à l'Assemblée législative où il continua de faire opposition au parti républicain ; en 1850 il combattit les projets du palais de l'Élysée, et après le coup d'État du 2 décembre 1851, il rentra dans la vie privée. Il fut nommé député aux dernières élections et plusieurs fois, pendant l'absence de M. Grévy, il a été appelé à l'honneur de présider l'Assemblée.

M. le comte Léon de Maleville n'est pas seulement orateur, il manie aussi parfaitement la plume ; on a de lui une petite comédie politique très-gaie, publiée en 1827 : *Les tribulations de M. le Préfet.*

MALÉZIEUX (**François-Adrien-Ferdinand**) — *Aisne.* — Il est né à Petit-Fresnay, près Gricourt (Aisne), le 3 janvier 1821. Agriculteur et avocat, il a été élu bâtonnier au barreau de Saint-Quentin. Comme agriculteur, il est connu par ses importants travaux agronomiques. Il fit plusieurs voyages dans les contrées du Nord de l'Europe afin d'y recueillir des observations. Il les a réunies dans un ouvrage qui a paru sous le titre d'*Études agricoles sur la Grande-Bretagne.* On lui doit en outre plusieurs brochures et publications sur l'agriculture, entr'autres la *Question chevaline.*

C'est en 1863 que M. Malézieux se présenta, pour la première fois, comme candidat au Corps législatif. Il obtint la majorité des suffrages dans la deuxième circonscription de l'Aisne où il fut encore élu en 1869. Enfant de la contrée qui lui a confié le mandat de député, il lui est entièrement dévoué. Travailleur laborieux, ennemi des systèmes, il s'est occupé avec constance et sollicitude des intérêts de son pays natal.

Son nom figure aujourd'hui sur la liste de la gauche républicaine, à côté de ceux de ses autres collègues de l'Aisne. Comme eux il a voté pour la paix, le transfert de l'Assemblée nationale et pour le projet de loi au sujet des élections municipales. En 1869 il avait apposé sa signature au bas du manifeste rédigé par la gauche au mois d'octobre. Après le 4 septembre, M. Malézieux administra la ville de Saint-Quentin jusqu'au mois de février 1871.

MALLEVERGNÉ — *Haute-Vienne.* — M. Mallevergne est originaire de la Corrèze. Après avoir fait de brillantes études au collége de Limoges, il fit son droit à Paris et revint à Limoges en 1829 pour exercer la profession d'avocat.

Il créa, avec M. de Peyramont un journal qui fit au ministère Polignac une opposition vive, mais constitutionnelle.

Après la révolution de juillet, il fut nommé, quoique fort jeune encore, substitut du procureur général à Limoges, et resta dix-sept ans au parquet de la Cour, qu'il ne voulut pas quitter pour aller remplir ailleurs les fonctions de procureur général qui lui étaient offertes. Son mariage avec une nièce de Vergniaud, le grand orateur de la Gironde, lui avait créé une nouvelle famille et le retenait à Limoges.

Devenu président de Chambre en 1847, il donna sa démission lorsque parut le décret qui détruisait l'inamovibilité de la magistrature, et ne reprit ses fonctions que lorsque le principe de l'inamovibilité eut été rétabli.

A la veille des dernières élections, son nom fut porté à son insu sur une liste de candidats où figuraient MM. Saint-Marc-Girardin, de Peyramont, Tesserac de Bort, etc., etc., il fut élu le second de la liste avec 47,000 suffrages contre 15,000.

M. Mallevergne accepte la République comme une nécessité, et il la soutiendra loyalement tant qu'elle sera une sauvegarde pour l'ordre social, mais ses préférences, tout son passé l'indique, seraient pour une monarchie constitutionnelle.

MANGINI (**Louis-Lucien**) — *Rhône* — ingénieur civil, né le 30 novembre 1833. Chevalier de la Légion d'honneur, M. Mangini est président du Conseil d'administration de la Compagnie des Dombes et des chemins de fer du Sud-Est. Élu conseiller général en 1866, il a remplacé en 1870, au Corps législatif, M. Perras, décédé. Il siégea alors au centre gauche. M. Mangini est resté fidèle à ses opinions. Il continue de voter avec la fraction libérale de l'Assemblée.

MARC-DUFRAISSE — *Alpes-Maritimes.* — C'est un écrivain distingué, profondément attaché aux principes répu-

blicains mais adversaire de la démocratie révolutionnaire.
Après le renversement de la monarchie de juillet, on le vit
siéger à la chambre avec les membres de l'extrême gauche
et il se fit remarquer par son énergique opposition à la majorité. Mais l'honorable député fait de l'opposition par
principe et non par système. Ainsi au scrutin qui fut ouvert
à Bordeaux, au sujet du projet de loi relatif aux préliminaires de paix, il a émis un vote négatif. Il a avoué, dans
une lettre rendue publique, qu'il avait d'abord incliné pour
la paix, mais que les clauses lui en avaient paru si dures
qu'au dernier moment il n'avait pu se résoudre à les voter.

M. Dufraisse avait publié autrefois un livre remarquable
intitulé le *Droit de guerre et de paix*, dans lequel il exposait
les graves inconvénients qui résultent pour les peuples lorsqu'ils se mettent à la discrétion du pouvoir personnel. Les
événements devaient un jour donner raison à ses considérations politiques.

Il a voté pour le transfert de l'Assemblée et pour le projet
de loi relatif aux élections municipales.

MARCÈRE (**Émile-Louis-Gustave Deshayes de**) —
Nord — âgé de quarante-deux ans, né à Domfront (Orne);
actuellement conseiller à la Cour d'appel de Douai. Lauréat
de la Faculté de droit de Caen, M. de Marcère a été attaché
à la chancellerie pendant la République de 1848. Il devint
ensuite substitut à Soissons, à Arras, chef du parquet de
Saint-Pol et président du Tribunal civil et du Tribunal de
commerce d'Avesnes.

M. de Marcère est un conservateur libéral. Partisan très-
décidé de la décentralisation administrative et de l'unité politique, il est résolu à soutenir la politique affirmée par
M. Thiers dans ses diverses déclarations, mais également déterminé à contribuer dans la mesure de ses forces à introduire dans nos institutions des réformes radicales. En un
mot, il est moins attaché à la forme du gouvernement qu'à
l'esprit libéral des institutions.

M. de Marcère a publié en 1869 un ouvrage politique intitulé : *La politique d'un provincial.* Il a fait imprimer avant les élections un écrit qui a pour titre : *Lettre aux électeurs à l'occasion des élections pour la Constituante de 1871.*

MARCHAND (**Adolphe**) — *Charente* — propriétaire, né en 1820. Il a obtenu aux élections 33,566 suffrages. M. Marchand n'avait jamais siégé dans nos assemblées. Homme modéré dans ses opinions, il ne s'est pas encore prononcé d'une manière définitive dans tel ou tel sens, mais il semble plutôt appartenir à la droite avec laquelle il a voté jusqu'à ce jour. Il n'assiste à aucune des réunions politiques formées en dehors de l'Assemblée.

MARGAINE — *Marne.* — Ancien élève de Saint-Cyr et ancien capitaine d'infanterie, démissionnaire. Il a servi en dernier lieu au 58e de ligne, de 1858 à 1866, en Afrique. Il est âgé de quarante-un ans. Rentré dans la vie privée en 1866, M. Margaine est devenu successivement, et d'une façon fort rapide, conseiller municipal, puis maire de Sainte-Menehould, conseiller d'arrondissement et enfin membre du Conseil général de la Marne.

M. Margaine jouit à Sainte-Menehould de la considération que procure un caractère plein de franchise, une position élevée et une belle fortune. Il a été élu le premier sur la liste des députés de la Marne. Il fait partie de la gauche et compte parmi les membres de la salle du Jeu de Paume.

MARMIER (**Alfred-Philippe-Étienne-Gabriel-Ferdinand, duc de**) — *Haute-Saône* — est né vers 1810. Fils d'un ancien colonel de la garde nationale de Paris, il fut d'abord maître des requêtes, puis conseiller d'État honoraire. Il épousa, en 1833, Mlle Dubois de Courval, sœur du vicomte de Courval, gendre du général Moreau. De 1845 à 1848, il siégea à la Chambre, sur les bancs du centre, commé député de l'arrondissement de Jussey. Après la révolution de février,

M. le duc de Marmier s'était retiré de la vie politique. Il y rentra en 1863 avec le mandat de député au Corps législatif. Son concurrent était l'ancien député, M. Lelut.

Il a obtenu aux élections de février près de 23,000 voix. Il a voté pour l'abrogation des lois d'exil et l'admission des princes d'Orléans.

MARTEL (Louis-Joseph) — *Pas-de-Calais* — est né à Saint-Omer (Pas-de-Calais) le 15 septembre 1813. Ancien représentant du peuple à l'Assemblée législative, il a l'expérience des affaires et, en même temps qu'un très-grand sens, une grande facilité de parole. Envoyé par l'opposition au Corps législatif, où il a remplacé M. Lesergeant de Monnecove, il n'a manqué en toute occasion de défendre la cause de la liberté. Il est un des membres les plus actifs qui ont concouru à la formation du groupe des quarante-six, et dans la discussion de l'adresse en 1865 et en 1866, il a prononcé deux remarquables discours sur le régime de la presse, pour demander qu'elle fût rendue à la juridiction des tribunaux ordinaires, et pour réclamer l'abolition du timbre en faveur des journaux et brochures traitant de matières économiques et sociales, et pouvant contribuer utilement à l'éducation du suffrage universel.

M. Martel a été nommé le premier sur la liste des quinze députés du Pas-de-Calais à l'Assemblée nationale, avant même M. Thiers. Il a obtenu 147,867 suffrages. Son expérience et sa droiture politique ne sont pas moins appréciées dans la nouvelle Assemblée qu'elles l'avaient été à l'Assemblée législative et au Corps législatif.

MARTELL — *Charente*. — C'est un nouveau venu dans la politique. Il est originaire de Cognac et appartient à une riche famille, renommée surtout en Angleterre et dans les colonies britanniques, par la supériorité des eaux-de-vie qu'elle fabrique.

M. Martell est arrivé au premier rang sur la liste des députés de la Charente. Il figure à la chambre parmi les républicains conservateurs. C'est un des députés désignés pour faire partie de la commission chargée d'examiner tous les marchés passés par les administrations publiques depuis le 18 juillet 1870. M. Martell est membre de la réunion Feray.

MARTENOT — *Allier* — Très-riche propriétaire et maître de forges à Commentry. Il a été nommé maire de cette commune après le 4 septembre, sur la proposition des républicains de sa commune. Mais quand les libéraux s'aperçurent que M. Martenot sympathisait avec le parti conservateur et qu'il acceptait son patronage, ils lui retirèrent leur appui, ce qui n'a pas empêché ce représentant d'être nommé le premier sur la liste des députés de l'Allier. M. Martenot n'a affirmé ses opinions dans aucune profession de foi, mais nous savons qu'il vote avec la droite. Il fait partie de la réunion des Réservoirs.

MARTIN (**Charles**) — *Nièvre* — est le fils de M. Emile Martin, ancien représentant à l'Assemblée nationale de 1848, qui sut doner un si grand développement aux usines métallurgiques de Fourchambault. M. Charles Martin appartient, comme son père, à l'opinion libérale. Il fait partie de la réunion Feray. Il a voté pour l'abrogation des lois de proscription et pour l'admission à l'Assemblée des princes d'Orléans.

MARTIN (**Louis-Henri**) — *Aisne.* — C'est à Saint-Quentin qu'il naquit, le 20 février 1810. Son père était juge au tribunal de cette ville et il s'occupa soigneusement de l'éducation de son fils. Il le destinait au notariat, mais M. Henri Martin abandonna cette carrière pour se livrer à celle des lettres, où il débuta par des romans historiques qu'il publia sous un pseudonyme.

Parmi ses ouvrages sérieux, son *Histoire de France* est une œuvre capitale qui lui a mérité l'honneur de recevoir successivement le premier et le second prix Gobert. L'Institut lui a en outre décerné le prix biennal de 20,000 francs.

En 1848, M. Henri Martin professa pendant six mois l'histoire moderne à la Sorbonne. Il a continué depuis cette époque à s'occuper de littérature et de journalisme. Le *Siècle*, le *National*, l'*Encyclopédie nouvelle* ont publié une foule d'articles dus à sa plume, et des études historiques, telles que : *Daniel Manin*, *Jean Renaud*, *Pologne et Moscovie*, *Vercingétorix*, etc.

C'est la première fois que l'honorable député siège dans une Assemblée législative. Ses antécédents politiques faisaient prévoir qu'il prendrait place à la Chambre parmi les membres de la gauche républicaine. Il s'est abstenu lors de la proposition relative au transfert de l'Assemblée. Quant au traité de paix et au projet de loi concernant les élections municipales, il a émis à leur sujet un vote affirmatif.

MARTIN DES PALLIÈRES (le général) — *Gironde* — est né en 1823 à Courbevoie (Seine). Il entra à Saint-Cyr et, devenu officier, il prit rang dans l'infanterie de marine. La conduite du général Martin des Pallières fut signalée dans diverses circonstances, mais elle fut surtout mise en relief durant la guerre contre la Prusse. Le brave officier, blessé d'un coup de feu au combat de Bazeilles, lorsqu'il marchait à la tête de sa brigade d'infanterie de marine, fut évacué sur Mézières par l'autorité prussienne, sans condition, attendu que l'ennemi croyait le général hors d'état, vu la gravité de sa blessure, de servir pendant la guerre. Mais il put un peu plus tard aller commander un corps d'armée sur les bords de la Loire.

Le général Martin des Pallières a voté pour le traité de paix. Il a obtenu la majorité des suffrages de l'Assemblée pour les fonctions de questeur.

MATHIEU (Ferdinand) — *Saône-et-Loire* — ingénieur, né à Coblentz, de parents français, vers 1820. M. Mathieu a

dirigé pendant quinze ans, comme ingénieur en chef, les
usines du Creuzot. Il a pris une part active à leurs importants
travaux plus spécialement à ceux des ateliers de construction.
On a imprimé quatre atlas magnifiques résumant les diverses
créations de cet habile ingénieur.

M. Mathieu n'a pas d'antécédents politiques. Il a été élevé à
la députation par plus de 67,000 suffrages. Nous le croyons
partisan de l'unité politique et de la décentralisation administrative. C'est dans tous les cas un républicain sincère, dévoué à son pays, ami de la liberté, mais ardent adversaire
de la démagogie.

M. Mathieu est officier de la Légion d'honneur. Il fait partie
à Versailles de la réunion Feray.

MATHIEU-BODET — *Charente*. — M. Mathieu-Bodet
descend d'une famille de cultivateurs. Né à Moubède (Charente), il fit son droit, fut reçu docteur et devint avocat à la
Cour de cassation. Esprit libéral et indépendant, il fut
nommé, en 1848, député de la Charente, aux élections pour
la Constituante. Il fut réélu à l'Assemblée législative. Il appuya la politique napoléonienne et fit partie de la commission consultative après le coup d'État. Il se retira quelque
temps après et rentra au barreau de la Cour de Cassation où
il conquit un rang distingué.

M. Mathieu-Bodet a été nommé aux élections de février un
des premiers sur la liste des représentants de la Charente. Il
vote généralement avec la majorité, mais il n'a pas encore
pris d'attitude bien tranchée à l'Assemblée.

Nous avons oublié de mentionner que M. Mathieu-Bodet a
fait partie du Conseil général de la Charente. Il est chevalier
de la Légion d'honneur.

MATHIEU DE LA REDORTE (Maurice, comte)—*Aude*
—né en 1804. Ancien député, ancien pair de France, M. Mathieu de la Redorte a été aussi autrefois notre ambassadeur
près la cour d'Espagne. Dévoué à la maison d'Orléans, il
vote avec la droite.

MAURICE — *Nord.* — Agé d'une soixantaine d'années. Il est né à Douai, et avant d'être élu député, il y a exercé pendant longtemps les fonctions de maire. C'est un administrateur distingué. Il a fait preuve de beaucoup de dévouement dans l'exercice de ses fonctions. Son zèle et ses capacités lui ont permis de mener à bonne fin les différents projets qu'il soumit à l'assentiment de ses collègues, et qui avaient pour but d'introduire dans la ville de Douai des améliorations et des transformations importantes. Pour ne citer qu'un fait, c'est grâce à son initiative que cette cité est devenue le siége d'une Faculté des lettres.

M. Maurice est chevalier de la Légion d'honneur et membre du Conseil général du Nord. Il a pris dans cette assemblée une part très-active aux questions industrielles.

A la Chambre des députés, il partage les opinions des conservateurs libéraux. Il a voté avec eux dans les différents projets de loi importants, projet pour le transfert de l'Assemblée, pour le traité de paix; projet relatif aux élections municipales, etc., etc.

MAYAUD (**Paul**) — *Maine-et-Loire* — est né à Saumur en 1815. Grand industriel à Saumur, où il occupe un nombre considérable d'ouvriers, M. Mayaud est en outre un grand propriétaire et habite, aux portes de Cholet, le château de la Tremblay. Il a fait partie du Conseil général de Maine-et-Loire. M. Paul Mayaud fait partie de la réunion des Réservoirs

MAZERAT — *Dordogne.* — M. Mazerat est un des hommes les plus distingués de l'arrondissement de Nontron, dans la Dordogne. Il était depuis fort longtemps membre du Conseil général de ce département lorsque M. Gambetta a décrété la dissolution des Conseils généraux.

M. Mazerat a embrassé la carrière du barreau et il y a conquis une place honorable. Homme rempli de talent et jouissant, à Nontron, d'une grande considération, il eût été

nommé député en 1863 malgré les efforts de son concurrent,
M. de La Vallette, candidat officiel, si l'administration préfectorale n'avait pas démembré l'arrondissement de Nontron
en en joignant une partie à celui de Périgueux, et l'autre à
l'arrondissement de Ribérac. En février dernier, il est sorti
le second de l'urne électorale parmi les dix députés que
fournit la Dordogne, et cela avec le chiffre de 77,545 suffrages. Malgré ses travaux assidus et les devoirs de sa profession, M. Mazerat s'occupe beaucoup des courses qui ont
lieu dans le Midi; il est commissaire de celles de Périgueux,
et passe dans son département pour un sportman distingué.

MAZURE (**Napoléon**) — *Deux-Sèvres* — général, commandant supérieur de la région du Centre, né en 1812. C'est
un des généraux qui ont voté contre l'adoption des préliminaires de paix. Du reste le général Mazure appartient à la
gauche, mais c'est un homme d'ordre. Il a été favorable au
projet de loi tendant à déclarer inaliénables les propriétés
saisies à Paris par les membres de la Commune. Caractère
libéral, il a voté pour l'abrogation des lois d'exil et l'admission des princes d'Orléans.

MEAUX (**Vicomte de**) — *Loire.* — Nous ne pouvons
mieux faire pour caractériser M. le vicomte de Meaux que
d'emprunter à un témoin oculaire ces quelques détails :
« De la chaleur et de l'esprit ! L'un des deux suffit quelquefois. M. de Meaux a les deux. Des connaisseurs, qui l'ont
entendu, dans la discussion sur les élections municipales, lui
ont promis un des premiers rangs parmi nos orateurs politiques.
« M. de Meaux monte à la tribune. Comme la Chambre
distraite, maussade, ennuyée tout à l'heure va prêter son
attention ! On chuchotte encore, mais on ne cause plus, et
c'est sur M. de Meaux que ses collègues tournent les yeux, et
échangent les renseignements. « C'est le gendre de Montalembert. — Il est très instruit, très bon écrivain. — C'est un

libéral éprouvé ! » — Chut ! chut ! chut ! En deux phrases,
voilà M. de Meaux au cœur du sujet. Il n'a pas, comme font
les bons jeunes gens, prévenu la Chambre qu'il « abordait la
tribune pour la première fois, » et qu' « il sollicitait la bienveillance de l'Assemblée. » M. de Meaux sait bien qu'on
l'écoutera ; il attaque la question d'une manière vive, dégagée,
alerte, sans longueurs, sans pédantisme, mais en laissant voir
comme il la connaît bien. »

M. le vicomte de Meaux habite, croyons-nous, le château
d'Ecotay, situé dans l'arrondissement de Montbrison (Loire).
C'est un des secrétaires de la Chambre. Il appartient à la
réunion des Réservoirs et a été un des signataires de la proposition ayant pour objet l'abrogation des lois de proscription.

MELUN (Comte de) — *Nord.* — Propriétaire à Lille où
il jouit d'une grande considération. Il avait été membre de
l'Assemblée législative en 1849, et cette année il a obtenu
204,000 voix dans le département.

M. le comte de Melun a été chargé du rapport sur les
prières publiques et sur la proposition tendant à répartir les
charges imposées aux communes et aux départements en-
vahis.

MÉPLAIN (Armand) — *Allier.* — Il exerce la profession d'avocat. C'est un des membres les plus distingués du
barreau de Moulins. M. Méplain appartenait, en 1848, au
parti qui a voté pour le général Cavaignac, aux élections
présidentielles ; à Versailles, il fait partie de la réunion
Feray.

MÉRODE (Comte de) — *Nord* — né en 1816 au château
de Villersexel (Haute-Saône). M. le comte de Mérode a été élu
dans le Nord et dans le Doubs. Il avait déjà été nommé par
ce dernier département en 1846. Après la révolution de 1848
il fut envoyé à l'Assemblée législative par le département du

Nord. Réélu en 1852, il se démit de son mandat en 1853, par une lettre adressée au président, M. Billault, dans laquelle il déclarait ne pouvoir se résigner à siéger dans une assemblée à laquelle on enlevait tous ses pouvoirs.

M. le comte de Mérode est le frère aîné de l'ancien ministre des armes de Pie IX, à Rome. Il est le beau-frère de feu M. de Montalembert; sa famille est alliée aux plus grandes maisons de l'Europe. Son père décédé en 1857, a joué un grand rôle en Belgique comme homme d'État. Il est presque inutile d'ajouter que M. le comte de Mérode siége au sein du parti conservateur.

MERVEILLEUX DUVIGNAUX (François-Charles) — *Vienne.* — A 42 ans. Il est né à Poitiers. Il a appartenu à la magistrature. Successivement substitut à Saintes, procureur impérial à Fontenay-le-Comte et à Napoléon-Vendée, il devint ensuite avocat général près la Cour d'Angers, puis premier avocat général au même siége. Au mois de novembre 1867, il prononça un discours de rentrée où il traita *« de l'influence des tribunaux sur le progrès de la législation. »*

Deux ans plus tard, il prononça un second discours intitulé : *« Du spiritualisme dans le droit. »* Cette œuvre résume en quelque sorte le talent de M. Merveilleux-Duvignaux et constitue de sa part une véritable profession de foi.

M. Merveilleux Duvignaux est membre de la Légion d'honneur. Lorsqu'éclata la révolution du 4 septembre, il crut de son devoir de rester provisoirement à son poste ; mais l'action dissolvante du garde-des-sceaux, Crémieux, ne tarda pas à condamner à la retraite les magistrats prêts à servir leur pays, mais déterminés aussi à ne rien sacrifier de leur caractère ni de leur dignité personnelle.

M. Merveilleux Duvignaux fut de ce nombre, il se retira avec plusieurs de ses collègues.

Il a été nommé représentant du département de la Vienne par 55,082 suffrages.

METTETAL — *Doubs.* — M. Mettetal comme M. Guizot auquel il est attaché par des liens de parenté, est originaire du Doubs, mais il a passé à Paris la plus grande partie de son existence. C'est un homme d'une soixantaine d'années dont la vie s'est écoulée au sein de fonctions administratives très-importantes. Il a occupé longtemps avec honneur le poste de chef de division à la préfecture de police.

Comme son illustre parent M. Guizot, M. Mettetal appartient à la religion reformée. Il est membre de l'Église consistoriale de Paris.

C'est la première fois qu'il siége dans une Assemblée législative. Il fait partie de cette réunion Feray composée d'hommes qui, n'étant pas républicains par entraînement ni par position, sacrifient leurs relations et quelquefois leur penchant personnel, pour écarter les difficultés qui achèveraient de compromettre une situation politique déjà fort tendue.

M. Mettetal est officier de la Légion d'honneur.

MICHAL-LADICHÈRE — *Isère.* — Il est né en 1807. C'est un avocat laborieux et marquant du barreau de Grenoble. Il a exercé autrefois les fonctions de magistrat. Il a obtenu aux élections 64,578 voix, ce qui l'a placé au second rang sur la liste des douze députés de son département. M. Michal-Ladichère est un des chefs du parti républicain de l'Isère. Il vote avec la gauche et fait partie de la réunion du Jeu de Paume (gauche républicaine).

MICHEL (Eugène) — *Basses-Alpes.* — Né en 1821. C'est un homme que la parfaite honnêteté de ses opinions et de sa vie entière a fait placer en tête de la liste des députés de son département. C'est de plus un avocat de mérite du barreau de Digne. M. Michel compte parmi les membres de la réunion Feray.

MONNERAYE (comte de la) — *Morbihan.* — (*Voir à l'appendice.*)

MONNET — *Deux-Sèvres*. — Propriétaire, né à Mougon, dans le département qui l'a élu, le 17 décembre 1820. En 1860, il a été nommé adjoint, et en 1865, il est devenu maire de Niort. M. Monnet a été en outre élu deux fois conseiller général par le premier canton de cette cité. Il a passé en tête de la liste des représentants des Deux-Sèvres. C'est un homme très-compétent en matières administratives. Il a publié diverses brochures relatives à des questions municipales. Le Gouvernement a récompensé ses services, en lui décernant la croix de la Légion d'honneur. M. Monnet est un conservateur libéral attaché au principe monarchique.

MONNOT-ARBILLEUR — *Doubs*. — Né en 1818. C'est un des agriculteurs les plus distingués de son département. Sa fermeté, son indépendance, la sincérité de ses opinions démocratiques lui ont valu sa nomination à l'Assemblée nationale. M. Monnot-Arbilleur siége parmi les rangs de la gauche à côté de M. Albert Grévy, son collègue du Doubs. Il prend part aux délibérations de la réunion du Jeu de Paume (gauche républicaine). Il a obtenu aux élections 29,328 voix.

MONTAIGNAC (Louis-Raimond de Chauvance, marquis de) — *Allier*. — Descendant d'une très-ancienne famille originaire de la Haute-Manche, il est né à Paris en 1811, et il a fixé sa résidence au château de Gueutteville, à 20 kilomètres de Rouen, dans la Seine-Inférieure, où il a été élu conseiller général en 1856. Il a conservé jusqu'aujourd'hui ce poste d'honneur.

Porté par vocation vers la marine, il y débuta en 1828, à l'École navale de Brest. Il s'embarqua quelque temps après sur un des vaisseaux de l'État et navigua sans interruption jusqu'en 1840. Nous le retrouvons après cette époque lieutenant de vaisseau et chargé d'expérimenter l'hélice appliquée pour la première fois en France sur l'aviso à vapeur le *Napoléon*. Les annales maritimes de 1841 à 1854 ont fourni des détails sur quelques-uns des nombreux travaux accomplis

par cet officier dans toutes les parties de l'organisation navale. En 1855 il fut investi du commandement de la *Dévasta-
tion*, le premier vaisseau français cuirassé, qui joua un rôle
décisif dans la prise de Kinbourn, sur le Dnieper.

Élevé au grade de contre-amiral et promu grand officier de
la Légion d'honneur, le marquis de Montaignac devint major
général de la marine à Cherbourg et membre des Conseils
d'amirauté. Lors de l'arrivée des Prussiens devant Paris, il
s'est empressé de se dévouer au salut de la capitale. C'est lui
qui a commandé le septième secteur dont l'artillerie a si efficacement contribué à soutenir les forts d'Issy, de Vanves et
de Montrouge.

M. de Montaignac fait partie à la Chambre de la majorité.
Il a émis un vote affirmatif lorsque l'on a proposé de transférer l'Assemblée à Versailles. Il a aussi voté *oui* au scrutin
ouvert pour l'adoption de la loi municipale et celle du projet
de loi relatif aux préliminaires de paix signés à Versailles
en février dernier.

MONTEIL — *Dordogne*. — M. Monteil est l'aîné des fils
d'une des plus anciennes et plus honorables familles de
Bergerac. Il exerce depuis longtemps dans cette ville la profession d'avocat. Ses conseils sont très-recherchés et il jouit
d'un grand crédit dû à de nombreuses qualités. M. Monteil
est en effet entièrement dévoué à ses concitoyens; il leur en
a donné la preuve pendant les sept années qu'il les a administrés. Dans ses fonctions de maire, il a déployé beaucoup
de zèle et a montré dans bien des circonstances qu'il est doué
du tact exquis qui convient à l'administrateur d'une ville
comme Bergerac, habitée par une population mi-partie
catholique et mi-partie protestante. Il a été décoré de la
croix de la Légion d'honneur en octobre 1867.

L'honorable député est un homme d'énergie. Il résista
bravement, dans la nuit du 4 septembre dernier, à une
troupe d'énergumènes qui voulaient placer le drapeau rouge

à la mairie, et il réussit à les en empêcher après plusieurs
heures de lutte.

Nouveau venu dans nos assemblées, M. Monteil n'a pas
encore pris à la Chambre d'attitude bien caractéristique.
Nous ne croyons pas qu'il fasse partie d'aucun des quatre
grands groupes qui se distinguent par leurs lieux de réunion, mais nous savons qu'il a voté avec la plupart des députés de la gauche et quelques membres de la droite contre
les préliminaires du traité de paix, et avec la droite dans plusieurs propositions importantes. M. Monteil a été élu par
75,277 suffrages.

MONTGOLFIER (Pierre-Louis-Adrien de) — *Loire* —
arrière-neveu de Joseph Montgolfier, inventeur des aérostats
et du bélier hydraulique, âgé de trente-neuf ans, né à Beau-
jeu (Rhône). M. de Montgolfier est un ancien élève de l'École
polytechnique. Il est aujourd'hui ingénieur des ponts-et-
chaussées à Saint-Étienne. Il a exécuté dans cette ville ainsi
qu'à Saint-Chamond des travaux destinés à leur assurer l'a-
limentation en eau et à garantir les vallées du Furens et du
Gier contre les inondations. L'habileté dont M. de Montgolfier
a fait preuve dans la conduite de ces travaux considérables
lui a valu la décoration de la Légion d'honneur qui lui fut
décernée en 1865.

M. de Montgolfier a rendu de grands services pendant la
guerre en qualité de commandant de la garde nationale mobile. A la tête d'un bataillon organisé comme troupe du
génie, sous la dénomination du génie de la garde mobile, il
a pris part à tous les travaux de défense de Besançon et à
tous les engagements qui ont eu lieu aux abords de cette
place forte, d'octobre en février. Ses services signalés et son
dévouement lui ont mérité, après la conclusion de la paix,
des félicitations spéciales de la part du colonel Benoit, commandant du génie à Besançon. En outre les électeurs de la
Loire, heureux de témoigner à M. de Montgolfier leur sympathie pour sa conduite patriotique, l'ont envoyé à l'Assem-

blée en le nommant un des premiers sur leur liste. Il a voté pour l'adoption des préliminaires de paix.

MONTLAUR (Joseph-Eugène de Villardi, marquis de) — *Allier* — issu d'une famille italienne, il est né à Paris le 1ᵉʳ octobre 1815. Sa jeunesse se passa dans cette cité. Il y fit son droit et s'occupa ensuite de littérature. On le vit alors collaborer à plusieurs journaux et écrits périodiques importants, le *Courrier français*, l'*Art en province*, etc. On cite aussi de lui des brochures et quelques ouvrages intéressants où il s'est occupé d'études politiques, critiques et historiques. M. de Montlaur a en outre publié un volume qui a pour titre : *De l'agriculture en France*. Il se sentait du reste beaucoup d'entraînement pour cette science et il s'y est adonné tout spécialement en ces dernières années. Son nom, déjà connu dans le monde des lettres, le fut dans les concours agricoles où il fit plusieurs fois partie du jury et où il fut nommé deux fois rapporteur, fonctions qu'il remplit aujourd'hui à la Chambre. C'est comme agriculteur que l'honorable marquis a été nommé officier de la Légion d'honneur en 1868. Membre du Conseil général de l'Allier de 1852 à 1870, on l'a vu pendant la guerre abandonner ses champs et ses paisibles travaux pour marcher comme colonel à la tête des mobiles du Loir-et-Cher. Il a été blessé à la bataille de Loigny (Loiret), le 2 décembre 1870.

M. de Montlaur est membre correspondant des comités historiques (ministère de l'instruction publique), membre de l'Institut des provinces, de l'Institut historique, etc. A la Chambre il marche avec la majorité. Il a voté pour le projet de loi relatif aux préliminaires de paix, pour le transfert de l'Assemblée à Versailles et pour la loi municipale.

MONTRIEUX — *Maine-et-Loire.* — M. Montrieux est né à Angers le 24 décembre 1806. Propriétaire et industriel, M. Montrieux est président de la commission des ardoisières d'Angers. Dévoué aux intérêts de sa ville natale, jouissant de l'estime publique, M. Montrieux a rendu depuis trente ans, de nombreux services, comme conseiller municipal, de 1840 à 1870; comme adjoint au maire d'Angers, de 1845 à 1848; puis de 1855 à 1859; comme membre et président du conseil d'arrondissement, de 1849 à 1864; comme membre du conseil général, de 1864 à 1870; enfin, comme maire d'Angers pendant dix ans (1859 à 1870.) C'est, en effet, sous son administration que la ville d'Angers a inauguré une véritable transformation.

Les électeurs du département de Maine-et-Loire ont prouvé combien ils appréciaient le caractère bienveillant, les sentiments droits et sagement libéraux de M. Montrieux, en lui donnant plus de 100,000 suffrages.

MOREAU (Henri) — *Côte-d'Or*, — né à Saulieu le 15 mars 1810. La Révolution de 1848, le trouva notaire à Censerey, arrondissement de Beaune. Il y était déjà considéré comme un des plus chauds propagateurs des idées qui prévalaient et c'est à ce titre qu'il fut élu membre du conseil général pour le canton de Liernais. Cette fonction ne le mit point à l'abri des poursuites de la commission mixte nommée à la suite du 2 décembre. M. Moreau fut contraint de gagner la Belgique, d'où il revint plus tard. Lors de l'attentat d'Orsini, il fut de nouveau arrêté et on le dirigeait déjà sur la frontière lorsque grâce à d'actives démarches, il obtint de ne pas être expatrié.

M. Moreau a été élu en février dernier par plus de 40,000 suffrages. Il fait partie de la réunion de la gauche républicaine et vote avec elle à l'Assemblée.

MOREL (Jules) — *Rhône.* — Négociant, né à Villefranche (Rhône) le 27 janvier 1816. M. Morel a été maire de cette ville pendant six ans. Il s'est démis de ses fonctions il y a trois ans. Il a obtenu en février plus de 65,000 voix. C'est un homme doué d'un caractère très-indépendant. Il en a toujours donné la preuve dans l'exercice de ses fonctions municipales. Quant à ses opinions politiques, elles sont modérées. M. Morel partage la manière de voir de la plupart des représentants qui font partie de la réunion Feray. Il prend part lui-même aux délibérations de cette assemblée.

MORNAY (marquis de) — *Oise*. — Agé de 40 ans, fils du marquis Jules de Mornay, député de 1830 à 1851. Le député actuel est membre du Conseil général de l'Oise depuis 1861. Il a échoué en 1863 aux élections législatives comme candidat indépendant. Il a été nommé en février par plus de 43,000 voix. M. le marquis de Mornay siège à la droite et fait partie de la réunion des Réservoirs. Il a été choisi comme secrétaire de deux commissions très-importantes : la révision de tous les marchés passés à l'occasion de la guerre; la réorganisation de l'armée.

MORTEMART (**Anne-Victurnien-René-Roger de Rochechouart, marquis de**) — *Rhône*. — Né aux environs de Lyon, le 27 février 1806, est fils d'un pair de France, décédé en 1834. Après avoir passé par les écoles militaires de Saint-Cyr et de Saumur, il devint officier aux lanciers de la garde royale. Il donna sa démission en 1828 et se maria en février 1829 à Mademoiselle Gabrielle de Laurencin.

M. le marquis de Mortemart a déjà siégé plusieurs fois dans nos assemblées. Elu en 1847 député de Villefranche dans le Rhône, il fut réélu dans le même département aux élections pour la Constituante. Il ne fit plus partie du Corps législatif avant 1857.

C'est encore dans le Rhône que M. de Mortemart vient d'être élu en février. Il siège à la Chambre parmi les députés légitimistes et assiste à la réunion des Réservoirs.

On lui doit une brochure sur l'*Impôt des boissons*, qu'il a publiée il y a une dizaine d'années. M. le marquis de Mortemart est officier de la Légion d'honneur.

MOULIN — *Puy-de-Dôme*. — C'est un des vétérans de nos Assemblées. Avocat général à la Cour royale de Riom, il fut élu en 1845, député d'Issoire en remplacement de M. Girot de Langlade, nommé pair de France. Il se fit remarquer à cette époque par ses travaux au sein des commissions et comme rapporteur. L'appui constant qu'il offrit au cabinet fut récompensé par le poste de directeur général dans l'administration des Cultes.

M. Moulin est resté fidèle à ses principes. Toujours dévoué au parti d'Orléans, il a été un des signataires qui ont présenté le projet de loi ayant pour objet l'abrogation des lois d'exil concernant les princes de la maison de Bourbon. Il fait partie des réunions Saint-Marc-Girardin et des Réservoirs et a été élu président de cette dernière réunion la plus nombreuse qui existe à Versailles.

MURAT (**Joachim-Joseph-André comte**) — *Lot* — est né à Paris le 12 décembre 1828. Il descend d'un frère du roi de Naples, André Murat, qui reçut de l'Empereur le titre de comte. Il est fils de Pierre Gaëtan, comte Murat, ancien député du Lot.

Entré de bonne heure dans la diplomatie, M. le comte Joachim Murat fut d'abord attaché à la légation de France en Toscane, à celle de Suède, et fut chargé d'affaires par intérim à Florence en 1852 et à Stockholm en 1853. En 1860, il eut l'honneur d'accompagner en Russie M. le duc de Morny comme membre de l'ambassade extraordinaire envoyée au couronnement de l'empereur Alexandre II. Il a publié une relation intéressante des fêtes du couronnement.

En 1854 M. le comte Joachim Murat remplaça, comme député de la première circonscription du Lot, M. Lafon de Caïx, neveu du roi Murat par sa femme. Il fut réélu en 1857. Secrétaire d'âge du Corps législatif de 1854 à 1860, secrétaire élu de 1860 à 1863, secrétaire et vice-président du Conseil général du Lot, il est en outre, maire de La Bastide-Murat.

M. le comte Joachim Murat a été réélu en 1863 et en 1869. Membre du centre droit, il se joignit en juillet 1869 au tiers-parti libéral et figura parmi les cent-seize signataires de la demande d'interpellation. Il a voté contre la déchéance de l'Empereur dont il est le parent par alliance. Il vient de voter pour l'abrogation des lois d'exil et l'admission des princes d'Orléans.

M. le comte Murat est officier de la Légion d'honneur, chevalier de l'Étoile polaire de Suède, commandeur des ordres de Saint-Joseph de Toscane et de Sainte-Anne de Russie.

MURAT-SISTRIÈRE — *Cantal.* — Il est fils du général de ce nom et naquit en 1800. Entré à l'École polytechnique, il en sortit comme officier d'artillerie. Parvenu au grade de capitaine il se retira du service en 1838. Il a été membre du Conseil général du Cantal et député à l'Assemblée constituante de 1848. Homme éclairé et libéral, il fit prévaloir à la Chambre ses principes républicains. M. Murat-Sistrière vote généralement avec la gauche dans l'Assemblée actuelle. Il a voté pour la paix et s'est abstenu au scrutin relatif à l'admission des princes d'Orléans.

N.

NOAILHAN (**Amédée, comte de**) — *Ariége.* — Riche propriétaire à Prat canton de Saint-Lizier, arrondissement de Saint-Girons, M. le comte de Noailhan est un agriculteur distingué.

Il vote avec la majorité.

O

OSMOY (**comte d'**) — *Eure.* — M. le comte d'Osmoy habite, croyons-nous, le canton d'Ouillebœuf et le représentait au Conseil général de l'Eure avant le décret de la délégation de Bordeaux. Il faisait partie durant le siége de

Paris du premier régiment d'éclaireurs (colonel Lafon). Il a été chargé de prononcer quelques paroles sur la tombe du commandant Paulizac tombé sous les balles des insurgés.

M. le comte d'Osmoy a obtenu plus de 48,000 suffrages aux élections et a été nommé le troisième sur la liste des députés de son département. C'est un homme libéral plein de sagesse votant sans parti pris. Il assiste aux délibérations de la réunion des Réservoirs. Il a voté pour la paix, l'abrogation des lois d'exil et l'admission des princes d'Orléans.

P

PAGÈS-DUPORT — *Lot.* — Originaire d'Albas, commune située sur le Lot, près de Cahors, M. Pagès-Duport possède à Albas et à Lusech des vignobles très-importants.

Lorsqu'il eut terminé ses études de droit, il devint rédacteur des journaux légitimistes la *Quotidienne* et l'*Union*. Un peu plus tard, correspondant de M. le comte de Chambord et de divers journaux étrangers, il fut arrêté en 1853 et mis au secret à Mazas, pendant un mois environ.

Ces poursuites ayant brisé la plume entre ses mains, il entra dans les affaires de banque, et il s'est acquis à la Bourse une position honorable.

Il vote habituellement avec la droite dans les questions politiques et religieuses; mais indépendant avant tout et n'ayant aucun parti pris, il passe pour un esprit avancé et novateur en matière de libre-échange et de réformes financières.

La translation du Gouvernement à Versailles est due à une proposition et ensuite à un amendement formulés par lui. M. Pagès-Duport fait partie de la réunion des Réservoirs.

PAJOT — *Nord.* — Ancien notaire à Lille, homme d'une très-grande honorabilité, il appartient à la même nuance politique que M. le comte de Melun, son concitoyen et son collègue à la Chambre. M. Pajot siége sur les bancs de l'extrême droite et fait partie de la réunion des Réservoirs.

PALOTTE (Jacques) — *Creuse.* — Il habite Ahun, bourg situé à dix-neuf kilomètres de Guéret, et est directeur de la Compagnie anonyme des houilles dites d'Ahun, société dont le siége est à Paris. M. Palotte a été élu par le parti républicain de la Creuse. C'est du reste un homme très-libéral, mais dont les opinions sont modérées. Il assiste aux délibérations de la réunion Feray et vote généralement dans le même sens que les députés qui en font partie.

PARENT (Eugène) — *Savoie* — un des vétérans de la cause républicaine en Savoie et un homme dévoué à notre pays. Il a fondé, en 1848, à Chambéry, le *Patriote savoisien*, qui réclama l'annexion de la Savoie à la France.

M. Eugène Parent est né à Saillanches, village de la Haute-Savoie. Il fut reçu en 1841 docteur en droit à l'université de Turin. Il a exercé la profession d'avocat à Chambéry et s'est occupé de journalisme. Outre le *Patriote savoisien*, fondé en 1848, et qu'il fit reparaître en 1869, M. Parent a publié la *Feuille des Paysans*. Il s'était présenté aux élections de 1869 et avait échoué avec une respectable minorité. Il a été nommé, en février, le troisième sur la liste des députés du département de la Savoie.

Il va sans dire que M. Parent fait partie de la réunion de la gauche républicaine.

PARFAIT (Noël) — *Eure-et-Loir.* — Il est né à Chartres le 28 novembre 1813. N'étant encore qu'étudiant, il s'occupa de politique et prit une part active aux affaires de 1830. On le compta même sur la liste des combattants qui reçurent, à cette époque, des récompenses nationales. De 1832 à 1834, il publia une série de satires politiques qui le conduisirent trois fois devant la cour d'assises de la Seine. Il fut condamné en

14.

septembre 1833 à deux ans de prison et 1,000 francs d'amende. En novembre de la même année, on le cita devant la même cour dans le procès dit des *vingt-sept*. Mais cette fois il fut acquitté ainsi que ses co-accusés. Les élections de 1849 l'envoyèrent siéger à l'Assemblée législative où il vota constamment avec la gauche. M. Noël Parfait a été le collaborateur d'Alexandre Dumas et de Théophile Gautier. Poète il a publié de nombreuses pièces de vers, des satires politiques, parmi lesquelles on distingue les *Philippiques*; journaliste, il a prêté son concours à diverses feuilles quotidiennes et spécialement à la *Presse* et au *Siècle*. Le théâtre a en outre représenté plusieurs ouvrages dramatiques émanant de sa plume, *Fabio le novice, un Français en Sibérie*, la *Juive de Constantine*, etc.

PARIGOT (Louis-Félix) — *Aube* — né à Troyes le 25 octobre 1804. Après de solides études, il entra dans la carrière du notariat. Son honorabilité, son excellent jugement, son assiduité au travail, son dévouement aux intérêts qui lui étaient confiés lui attirèrent bientôt l'estime générale.

Ses concitoyens songèrent de bonne heure à lui conférer des fonctions publiques. Il fut élu membre du Conseil municipal en mai 1840 et réélu sans interruption depuis cette époque.

Nommé successivement adjoint au maire en décembre 1847, puis maire en août 1852, il exerça ses fonctions jusqu'en août 1859. Pendant la période si douloureuse de l'invasion, M. Parigot a fait preuve d'une grande énergie et a rendu à la ville de Troyes les plus grands services.

M. Parigot entra au Conseil général en 1861, réélu en 1870, il a été nommé chevalier de la Légion d'honneur en 1855. Il siége au centre gauche, à côté de ses collègues, députés de l'Aube, MM. Casimir Périer, Gayet, Blavoyer et Lignier; il fait partie de la réunion Feray.

PARIS — *Pas-de-Calais.* — Avocat et publiciste, docteur en droit. Il est membre de l'Académie d'Arras et a publié deux ouvrages historiques dont l'un a pour titre : *Histoire de Joseph Lebon*, et l'autre : *La jeunesse de Maximilien Robespierre*. Il fait partie de la réunion des Réservoirs.

PARTZ DE PRESSY (Adolphe-Charles-Marie, marquis de) — *Pas-de-Calais* — né à Equirre, arrondissement de Saint-Pol, le 3 juillet 1819. Il habite un château situé dans cette commune. Il a été nommé, en 1867, membre du Conseil général du Pas-de-Calais, pour y représenter le canton d'Heuchin.

M. le marquis de Partz a soutenu, en 1869, comme candidat indépendant et libéral, une lutte très-vive contre M. Mathieu, candidat patroné par l'administration. Ce dernier fut élu et réunit près de 17,000 voix, tandis que son adversaire n'en obtint qu'environ 12,000. Mais aux dernières élections, M. le marquis de Partz a été envoyé à l'Assemblée par 141,029 suffrages. Il fait partie de la réunion des Réservoirs. Son nom se trouve parmi ceux des députés qui ont signé la proposition de loi ayant pour objet l'abrogation des lois de proscription.

PASSY (Louis-Paulin) — *Eure* — né le 4 décembre 1830 à Paris. Il est le fils de M. Antoine Passy, ancien député et membre de l'Académie des sciences et le neveu de M. Hippolyte Passy, ancien ministre et membre de l'Académie des sciences morales et politiques.

Avocat, docteur en droit, il s'est occupé de travaux de finances, de législation, d'économie politique et d'histoire littéraire ; il a écrit des articles dans la *Revue des Deux-Mondes*, le *Journal des débats*, le *Journal des économistes*, les *Mémoires de la Société des antiquaires* et la *Bibliothèque de l'École des chartes*.

Il a publié un volume d'histoire administrative : *Frochot, préfet de la Seine*.

Il est administrateur du Crédit foncier de France.

Au point de vue politique, M. Passy a combattu dans le

département de l'Eure, pendant l'Empire, le système administratif et les candidatures officielles. Il était regardé comme
un des chefs de l'opposition libérale dans ce département. Il
a passé le second aux élections dernières. Il siége au centre
gauche.

PATISSIER (**Sosthène**) — *Allier*. — Avocat distingué
du barreau de Moulins, M. Patissier passe dans cette ville
pour un homme très-libéral. Il fait du reste partie de la
fraction républicaine qui délibère en dehors de l'Assemblée
sous la présidence de M. Feray. Il a voté avec elle depuis le
commencement de la session.

PAULTRE (**Émile**) — *Nièvre* — né à Sancoins (Cher) en
août 1809. Il a exercé les fonctions de notaire à Nevers de
1836 à 1853. Il fut le fondateur de la *Revue du Notariat* et
devint directeur des mines de Portes-Senechas. M. Paultre a
administré la ville de Nevers en 1854 et en 1870. On doit à sa
plume un ouvrage qui a pour titre : *Capharnaüm*, études de
mœurs contemporaines. C'est un homme très-libéral, mais
modéré, de la nuance des représentants de la réunion Feray,
à laquelle il appartient lui-même. Il n'a pas pris part au
scrutin relatif à l'abrogation des lois de proscription, ni à
celui qui a été ouvert au sujet des conclusions des neuvième
et dixième bureaux, concernant l'élection des princes d'Orléans.

PELLETAN (**Pierre-Clément-Eugène**) — *Bouches-du-
Rhône* — Littérateur et homme politique. Il est né à Royan
(Charente-Inférieure) le 29 octobre 1812. Le jeune Pelletan
fit ses études à Poitiers et alla ensuite à Paris prendre part
aux cours de l'École de droit. Son tempérament l'entraîna
dans la carrière du journalisme où il occupa pendant quelque temps une place importante dans des feuilles politiques,
telles que le *Bien public*, la *Presse*, la *Revue des Deux-Mondes*.
Il écrivit aussi dans d'autres journaux, et notâmment dans

le *Siècle*. Il a en outre publié un assez grand nombre d'ouvrages sur l'histoire, la philosophie et la politique.

Les débuts parlementaires de M. Pelletan datent de 1863. Il fut nommé à cette époque député de l'opposition dans le département de la Seine. Il se fit remarquer à la Chambre par des discours virulents qui excitèrent souvent contre lui les murmures de la Chambre.

M. Pelletan a fait à Paris des conférences politiques et littéraires. Il a contribué aussi, il y a quelques années, à la fondation de la *Tribune*, journal démocratique, dont il fut le rédacteur en chef.

M. Pelletan assiste à la réunion de la gauche républicaine.

PELLISSIER (**Victor**) — *Saône-et-Loire* — âgé de 60 ans. Sorti de l'École polytechnique, il devint officier d'artillerie et prit sa retraite en qualité de chef d'escadron. Lorsque les Prussiens eurent envahi notre territoire, M. Pellissier remit son épée au service de la France. Il devint dans l'espace de quelques mois lieutenant-colonel, colonel, général de brigade et enfin général de division et se conduisit dans plusieurs circonstances difficiles d'une façon remarquable. Pour ne citer qu'un fait, attaqué pendant trois jours dans Dijon, il défendit cette ville avec succès, n'ayant sous ses ordres que quelques brigades de mobilisés qui voyaient le feu pour la première fois.

Le général Pellissier siége à la gauche. C'est un homme très-instruit et très-expérimenté. Il fait partie de la commission chargée de la réorganisation de l'armée.

PELTEREAU - VILLENEUVE (**René-Armand**) — *Haute-Marne* — ancien député, né à Château-Renaud (Indre-et-Loire). Il choisit la carrière de la magistrature. D'abord juge auditeur à Reims, puis substitut et procureur à Châlons-sur-Marne, il se démit de ses fonctions en 1838 et s'occupa, dans la Haute-Marne, de l'industrie métallurgique. Il fut nommé député en 1842 et prit place dans les rangs des conservateurs. Il ne siégea plus dans les Assemblées après 1848, jusqu'au moment où il fut élu, en 1850, membre du Conseil général de la Haute-Marne qu'il fut appelé à présider en 1860.

M. Peltereau-Villeneuve a reçu, en 1863, la décoration de la Légion d'honneur. Réélu député en février sur la même liste que le prince de Joinville, il a pris l'initiative de la demande de validation de l'élection des princes d'Orléans, et a fait partie de la commission qui concluait à l'abrogation des lois d'expulsion contre la maison de Bourbon. M. Peltereau-Villeneuve vote avec la droite et fait partie de la réunion des Réservoirs.

PÉRIER (Auguste-Casimir-Victor-Laurent) — *Aube.* — Fils aîné du célèbre ministre à qui la ville de Paris a élevé par souscription un monument funéraire au Père-Lachaise, M. Périer, après avoir été pendant plusieurs années secrétaire d'ambassade, fut nommé ministre plénipotentiaire dans un État de l'Allemagne. Élu député à Paris, en 1846, il fit pourvoir à son remplacement dans ses fonctions d'ambassadeur. Les élections de 1849 l'envoyèrent siéger à l'Assemblée législative. Le coup d'État trouva en lui un adversaire. Son attitude le fit enfermer au Mont-Valérien. Mis en liberté, il continua, sous l'Empire, à affirmer ses convictions.

M. Casimir Périer s'associe par ses votes aux opinions de la majorité. Il émit un bulletin négatif quand il fut question de transférer l'Assemblée à Versailles, estimant qu'il valait mieux la transférer à Paris. Il a voté pour la paix et pour l'adoption de la loi municipale.

Membre de l'Académie des sciences morales et politiques, où il a remplacé M. le duc de Broglie, l'honorable député a été, à différentes reprises, appelé à faire partie du Conseil général de l'Aube. Il est grand officier de la Légion d'honneur depuis 1846. Directeur d'une importante exploitation agricole dans son département, il a publié comme économiste une dizaine d'ouvrages fort appréciés : *Traité avec l'Angle-*

terre; les Finances de l'Empire; les Financés et la République; les Sociétés de coopération, etc.

PERRET (Jean-Baptiste) — *Rhône.* — M. Perret est un de ces industriels qu'un passé honorable et une grande compétence en matières commerciales désignent au choix des électeurs. Il fait partie de la Chambre de commerce de Lyon. Il a obtenu dans cette cité un très-grand nombre de voix. Son rôle à l'Assemblée s'est trouvé borné, jusqu'à présent, aux travaux élaborés au sein des commissions, où il peut rendre de très-grands services. M. Perret n'appartient à aucune réunion parlementaire. Il vote généralement avec la droite. Homme libéral, il s'est montré favorable à l'abrogation des lois d'exil et à l'admission des princes d'Orléans.

PERRIER (Eugène) — *Marne* — né à Châlons en 1810. M. Perrier est un des chefs d'une des principales maisons de commerce de vins de Champagne. Président du tribunal de commerce en 1859, maire de Châlons depuis 1868, il a fait preuve de dévouement patriotique durant l'invasion.

Au mois d'août 1870, on le dénonça au Corps Législatif et au Sénat, et on l'accusa de n'avoir pas résisté aux Prussiens lorsqu'ils se présentèrent à Châlons pour la première fois. Mais pour ceux qui ont vu les choses de près et qui les apprécient sainement, il est certain que la conduite de M. Perrier a été digne et exempte de faiblesse.

M. Perrier est un conservateur libéral. Il fait partie de la réunion Feray, qui forme à la Chambre, avec la réunion Saint-Marc-Girardin, ce qu'on est convenu d'appeler *le centre.*

PERROT (Ulrich) — *Oise* — né en 1801. Ce représentant n'a pas encore fait partie d'une Assemblée politique. Élu par 35,636 votants, il a pris place parmi les députés qui assistent à la réunion Feray, et qui appuient de leurs votes la politique du Gouvernement.

PETAU (G.) — *Loiret* — né en 1810. M. Petau est originaire d'Orléans, qu'il habite et où il a exercé les fonctions de notaire de 1837 à 1852. Membre du Conseil municipal de cette ville depuis 1848. Il représente au Conseil général du Loiret le canton de Patay depuis la session de 1858. M. Petau vote avec les membres de la réunion Feray dont il fait partie.

PEULVÉ — *Seine-Inférieure* — est un avocat distingué du barreau du Havre, connu par ses opinions démocratiques. Membre du Conseil municipal de cette ville, il aborda pour la première fois le terrain politique en posant, en 1869, sa candidature au Corps législatif. Malgré l'appui du *Journal du Havre*, il échoua. Après le 4 septembre, il fut nommé procureur général à Rouen, et au mois de février dernier, représentant de la Seine-Inférieure.

A la Chambre, il a été chargé, entr'autres, de présider le dixième bureau de la commission chargée d'examiner les marchés passés avec les administrations publiques. M. Peulvé ne fait partie d'aucune réunion parlementaire. Il vient de voter avec la gauche républicaine contre l'admission des princes d'Orléans et contre l'abrogation des lois d'expulsion.

PEYRAMONT (de) — *Haute-Vienne* — conseiller à la Cour de Cassation et ancien conseiller général de la Haute-Vienne, dont il est originaire.

M. de Peyramont s'est brouillé avec le *Gaulois* le jour où par voie d'huissier, il a sommé M. Francisque Sarcey d'insérer *in extenso* un discours prononcé par lui devant l'Assemblée et critiqué, paraît-il, par ce dernier.

« M. de Peyramont argue de son droit de réponse, s'écrie alors le rédacteur du *Gaulois*; M. de Peyramont se trompe. Il est sans droit. Homme public, il appartient au public qui le juge. »

Ajoutons que M. de Peyramont ne figure sur aucune liste des membres des réunions extra-parlementaires de Versailles.

PEYRAT (**Alphonse**) — *Seine* — publiciste français et journaliste, né à Toulouse le 21 juin 1812. Il fit ses études classiques au séminaire de cette ville. Il partit pour Paris après la révolution de 1830 et débuta dans le journalisme avec beaucoup de succès. Il écrivit d'abord dans la *Tribune,* dirigée par M. Armand Marrast, puis dans le *National,* et enfin dans la *Presse,* où il resta longtemps. Il s'occupa tour à tour dans cette feuille de politique, de questions religieuses et de critique littéraire. M. Peyrat se mit en 1865 à la tête de l'*Avenir national.* C'est lui qui prit en 1868 l'initiative de la souscription Baudin.

Outre ses nombreux articles dans les journaux que nous avons cités, il a publié diverses œuvres qui traitent surtout de questions historiques et religieuses : *Réponse à l'Instruction synodale de l'évêque de Poitiers; Un nouveau Dogme; l'Empire jugé avec indépendance; Histoire et religion; Histoire élémentaire et critique de Jésus; La Révolution et le livre de M. Quinet,* etc., etc.

M. Peyrat siége pour la première fois à la Chambre. Il compte parmi les membres de la gauche radicale.

PHILIPPOTEAUX (**Auguste**) — *Ardennes* — né à Sedan le 17 avril 1821, avocat et juge suppléant au tribunal de cette ville. Il fut nommé adjoint au maire de Sedan en 1852, puis maire en 1855. Il a toujours été réélu membre du Conseil municipal depuis cette époque et a été confirmé dans ses fonctions par l'unanimité du Conseil au mois d'octobre 1870. Constamment à son poste pendant l'invasion prussienne, il ne l'a quitté que pour aller siéger à l'Assemblée nationale.

M. Philippoteaux n'a pas d'antécédents politiques. Il est connu pour un esprit juste et libéral qui veut l'ordre, mais avec la liberté. Il siége parmi les députés du centre gauche.

Cet honorable représentant est chevalier de la Légion d'honneur et de Saint-Grégoire-le-Grand. Il a été en outre nommé officier d'Académie pour les services qu'il n'a cessé de rendre à l'instruction publique.

PICARD (**Louis-Joseph-Ernest**) — *Meuse.* — Il est né
à Paris le 24 décembre 1821. Il fut reçu docteur en droit au
mois de juillet 1846. Son nom fut alors inscrit sur la liste des
avocats du barreau de Paris, où il débuta sous les auspices
de M. Liouville, bâtonnier de l'ordre, dont il devint le gendre
par la suite. On le vit au palais prendre en main la défense
de nombreux accusés politiques. Ses plaidoiries pleines d'esprit et d'entrain établirent rapidement sa réputation. Les
opinions républicaines qu'il manifesta d'un autre côté lui
conquirent la faveur populaire, et il n'eut point de peine à
se faire élire lorsqu'il se présenta comme candidat à la députation. C'est en 1858 qu il débuta dans la carrière parlementaire en qualité de représentant de Paris. Il siégea avec
les *Cinq* et fit, avec ses quatre autres collègues de Paris, une
très-vive opposition au Gouvernement. Prompt à saisir toutes
les occasions où il y avait lieu de combattre sa politique,
doué d'une verve mordante, il causa bien des embarras aux
ministres du gouvernement impérial.

C'est principalement contre l'administration du préfet de
la Seine qu'il prit constamment une attitude hostile. Ses
demandes d'interpellation pour défendre les intérêts de la
capitale et les discours qu'il prononça troublèrent souvent la
tranquillité dont M. Haussmann avait besoin pour mener à
bonne fin ses immenses entreprises.

En 1868, M. Picard, qui avait été autrefois membre du
conseil de surveillance du *Siècle* , fonda, avec MM. Hérold et
Jules Favre, un journal démocratique intitulé l'*Electeur.*
Plus heureux que celui-ci, il conserva sa popularité dans
Paris aux élections de 1869 et fut réélu député avec 23,000
voix sur 33,000. Porté en même temps dans la première circonscription de l'Hérault, il triompha au deuxième tour de
scrutin du candidat officiel et opta, par raison politique,
pour ce département.

M. Picard est devenu, le 4 septembre, l'un des membres
du gouvernement de la Défense nationale. Il est resté dans
Paris durant le siége comme ministre des finances.

Dans le cabinet présidé par M. Thiers, M. Picard reçut le

portefeuille de l'intérieur. Il a donné récemment sa démission, et fut nommé directeur de la Banque de France, mais les critiques que souleva cette nomination le déterminèrent à refuser ce poste.

PICCON — *Alpes-Maritimes*. — Avocat à Nice. Il a été élu cinq fois bâtonnier de l'ordre depuis l'annexion de Nice à la France. Avant la guerre d'Italie, M. Piccon avait professé le droit pendant trente ans dans les écoles qui ont existé à Nice jusqu'à cette époque. Ancien député au parlement de Turin, membre du Conseil général depuis fort longtemps, membre de la Légion d'honneur et de l'ordre des Saint-Maurice et Lazare, M. Piccon, jouit à Nice de la plus grande considération. Il appartient à l'Assemblée, à la fraction républicaine modérée.

PIOGER (**Frédéric-Armand-Alexandre de**) — *Morbihan*. — Il est né le 2 août 1816, d'une famille noble trèsancienne, à Saint-Vincent, dans l'arrondissement de Vannes.

M. de Pioger a été représentant du peuple en 1848 et en 1849. Voici le jugement porté sur lui à cette époque :

« Il fit ses études au collége de Pont-Levoy, qu'il quitta en 1834 pour aller faire son droit à la Faculté de Rennes. Il y fut reçu licencié en 1838.

« Quelques articles qu'il publia dans les journaux et dans des revues le signalèrent à une certaine classe de lecteurs comme un jeune homme de talent et d'avenir, remarquable surtout par ses tendances honnêtes et ses convictions religieuses franchement avouées.

« M. de Pioger, fixé très-jeune à la campagne, s'y est occupé, avec beaucoup de persistance et de fruit, d'études philosophiques, historiques et politiques. Il doit ses suffrages électoraux à la réputation que lui a faite son instruction, au renom de sa famille et à l'estime qu'inspire son caractère personnel. »

M. de Pioger est resté fidèle aux opinions légitimistes et religieuses qu'il a professées dès 1848. Il fait partie de la réunion des Réservoirs.

PIOU — *Haute-Garonne* — premier président honoraire de la Cour d'appel de Toulouse. M. Piou est originaire de la Bretagne. C'est un homme très-dévoué à la religion, un magistrat intègre, un digne représentant de la justice. M. Piou a obtenu aux élections 80,716 voix. Ce contingent, accordé à un conservateur dans un pays célèbre par ses démonstrations républicaines, prouve que l'honorable président de la cour de Toulouse jouit d'une grande considération dans la Haute-Garonne.

PLICHON (**Charles-Ignace**) — *Nord.* — Il est né dans l'arrondissement de Dunkerque, le 28 juin 1814. Sa position de riche propriétaire et la couleur de ses opinions, en ajoutant à cela son mérite intellectuel, lui ont concilié toutes les sympathies des populations de sa circonscription. Il a été élu membre du Conseil général et est toujours arrivé à la Chambre avec un grand nombre de voix. Député sous Louis-Philippe, il le redevint en 1857. Il est de la même nuance que son collègue du Nord, M. Kolb-Bernard, profondément dévoué comme lui au catholicisme, et comme lui aussi ennemi du libre-échange.

En 1869, il apposa sa signature au bas de la demande d'interpellation dite des *116*, et vers la fin de l'Empire, il fut nommé ministre.

PONTOI CAMUS DE PONTCARRÉ (**Alexis, marquis de**) — *Eure-et-Loir* — officier de la Légion d'honneur. Il est né à Paris le 28 décembre 1817 et appartient à une ancienne famille originaire de Bourgogne, qui a donné trois premiers présidents au parlement de Normandie, des conseillers d'État, un membre du conseil de Régence de Louis XIII, etc.

Maire de Villebon (Eure-et-Loir) depuis 1843, membre du Conseil d'arrondissement en 1846, élu en 1848 membre du Conseil général pour le canton de la Loupe, qu'il n'a jamais cessé de représenter depuis cette époque, il a été secrétaire de ce Conseil général pendant dix-huit ans. Il en a été élu le président aux dernières élections.

M. de Pontcarré habite le château de Villebon, dans Eure-et-Loir. Président de la Société hippique de ce département, il s'est mêlé à toutes les questions importantes relatives à l'agriculture. — Cet honorable représentant fait partie de la réunion des Réservoirs.

POTHUAU — *Seine.* — Tandis que l'amiral Saisset commandait les forts de l'Est, l'amiral Pothuau commandait héroïquement les forts du Sud. Leur conduite honorable pendant le siége de Paris leur a valu l'honneur d'être élus à l'Assemblée nationale par le département de la Seine. Lorsque M. Thiers nomma des ministres à Bordeaux, il mit l'amiral Pothuau à la tête du département de la marine. L'amiral Pothuau crut qu'il était de son devoir, après la reddition de Paris, de voter pour la paix. Esprit libéral, il a voté aussi pour l'abrogation des lois d'exil et l'admission des princes d'Orléans.

POUYER-QUERTIER (**Augustin-Thomas**) — *Seine-Inférieure.* — Né le 3 septembre 1820, à Etoutteville ·en Caux (Seine-Inférieure). Grand manufacturier, il fut tour à tour maire de Fleury-sur-Andelle, conseiller général de la Seine-Inférieure, membre de la Chambre de commerce de Rouen et administrateur de la Succursale de la Banque de France dans le chef-lieu de la Seine-Inférieure.

M. Pouyer-Quertier fut élu député au Corps législatif en 1857, puis en 1863, comme candidat du gouvernement. Lorsque le traité de commerce eut été signé entre la France et l'Angleterre, M. Pouyer-Quertier devint l'adversaire déclaré de notre régime économique et ne laissa échapper aucune occasion, soit dans ses discours à la Chambre, soit dans les réunions publiques, de défendre avec véhémence et avec talent les idées protectionnistes.

M. Pouyer-Quertier a reparu sur la scène politique en ces derniers temps, d'abord comme député, ensuite comme ministre des Finances. Il a joué un rôle fort important dans les négociations entamées à propos du traité de paix. Il a accompagné M. Jules Favre à Francfort et a résolu avec lui et de concert avec le chancelier de l'empire germanique les dernières questions pendantes entre la France et la Prusse. M. Pouyer-Quertier vient d'élaborer et de fixer les bases de l'emprunt de deux milliards destiné à faire face à nos engagements et le succès immense de l'emprunt a justifié les sages et habiles combinaisons du ministre des Finances.

PRADIÉ (**Pierre**) — *Aveyron*. — Fils de notaire, il a rempli lui-même avant 1848 des fonctions ministérielles. C'est à Marcillac (Aveyron), qu'il naquit le 19 mai 1816. M. Pradié fut élu pour la première fois représentant du peuple après la révolution de février. Il figura à cette époque parmi les députés modérés qui approuvèrent la politique du général Cavaignac. Appelé à faire partie du Comité des cultes, dont il fut le secrétaire, il s'y distingua par ses travaux. Il a publié les délibérations qui furent prises au sein de ce Comité, ainsi que les projets de loi et de concordat qui y furent proposés.

L'honorable député de l'Aveyron compte au nombre des représentants qui ont appuyé M. Thiers en ces derniers temps. Il a voté avec les catholiques et les conservateurs lorsque l'on a fait des propositions relatives à des questions religieuses et sociales.

Lorsqu'après le coup d'État M. Pradié rentra dans la vie privée, il continua à s'occuper de travaux ayant trait à la philosophie religieuse. Il avait fait paraître en 1844 ses *Essais sur l'Être divin* et en 1847 sa *Défense des ordres religieux*. Il publia, en 1854, le *Philosophe devant le Cosmos*, puis successivement divers autres ouvrages où il a développé avec talent des questions relatives à la religion et à la société. La presse catholique a aussi accueilli des articles dus à sa plume et dans lesquels il a traité quelques points importants de la politique moderne. Enfin il a fait distribuer à ses collègues de l'Assemblée nationale des notes écrites en 1871 sur le même sujet.

PRAX-PARIS (Adrien) — *Tarn-et-Garonne.* — Agé de 40 ans. Il est le fils d'un ancien négociant de Montauban et se trouve aujourd'hui à la tête d'une très-belle fortune. Après avoir terminé ses études, M. Prax-Paris s'occupa exclusivement d'économie politique. Le 11 août 1860, il fut nommé maire de Montauban, et il a exercé ces fonctions sans interruption jusqu'au 4 septembre. N'oublions pas de dire que deux ans auparavant, en 1858, il avait été élu, membre du Conseil général pour le canton de Caussade, et réélu en 1867 malgré l'opposition du préfet. M. Prax-Paris a fait pendant le cours de son administration, opérer de grands travaux dans le chef-lieu du Tarn-et-Garonne. On lui doit les fontaines publiques, l'abattoir, la halle au blé, le boulevard qui y aboutit, le Lycée, etc. Ses services administratifs furent récompensés par la décoration de la Légion d'honneur. Lors des élections de 1869, le Gouvernement se montra sympathique à sa candidature au Corps législatif.

M. Prax-Paris s'est trouvé en face d'une très-vive opposition aux dernières élections. Mais grâce à l'appui des amis de l'ordre, il a réussi à obtenir facilement le mandat de député. Il ne fait partie d'aucune réunion parlementaire.

PRÉTAVOINE (André-Germain-Casimir) — *Eure.* — Né à Lauriers, le 29 juin 1822. Il entra au Conseil municipal de cette ville le 2 août 1848, fut nommé adjoint le 25 novembre suivant et maire le 6 janvier 1855. C'est un républicain modéré qui porte en lui l'étoffe d'un patriote sincère et libéral. M. Prétavoine fait partie de la réunion des Réservoirs. Il est chevalier de la Légion d'honneur.

PRINCETEAU — *Gironde.* — Agé de 57 ans. Il possède de grandes propriétés et exerce la profession d'avocat à Bordeaux. Il appartient au parti légitimiste.

M. Princeteau jouit à Bordeaux d'une très-grande considération. Il a obtenu en février 98,278 voix. Il a été bâtonnier de l'ordre des avocats et conseiller général.

PUIBERNEAU (**Henri Levesque de**) — *Vendée.* — Il est né le 2 janvier 1811. Après avoir terminé ses études classiques à Pont-Levoy, il fit son droit à Paris, voyagea deux ans et entra au célèbre institut agronomique de Grignon. M. de Puiberneau s'est depuis cette époque toujours livré aux travaux agricoles et en particulier à des travaux de reboisement fort remarquables. Il est président du Comice agricole et de la société d'Émulation de la Vendée. Maire de la commune de Fougères depuis 1848, M. de Puiberneau a en outre fait partie du Conseil général de la Vendée. On le compte parmi les membres de la réunion des Réservoirs.

Q

QUINET (**Edgard**) — *Seine.* — Il est né à Bourg (Ain), le 17 février 1803. Ses voyages en Allemagne, dans sa jeunesse, exercèrent une grande influence sur son esprit. Il en rapporta des idées et des doctrines qui contribuèrent sans doute à le rendre plus tard un des plus fervents adeptes du rationalisme. C'est un libre penseur dans toute l'acception du mot et un ardent révolutionnaire. Lorsqu'il eut été nommé professeur de langue et de littérature méridionales au collége de France, il travailla à y propager ses principes, mais le Gouvernement suspendit ses cours.

M. Quinet a publié de nombreux ouvrages et inséré beaucoup d'articles dans les journaux quotidiens et dans les revues.

Il fut nommé député pour la première fois en 1848. Il siégea successivement à la Constituante et à la Législative sur les bancs de l'extrême gauche, au milieu de laquelle nous le retrouvons aujourd'hui. Il a donc voté avec elle en ces derniers temps contre le projet de loi relatif aux préliminaires de paix. Quant au projet de loi présenté à l'occasion des élections municipales, il l'a accueilli par une abstention.

Il n'a pas voté non plus au sujet de la proposition du mois de mars dernier tendant à déplacer le siége de l'Assemblée.

QUINSONAS (**Octavien, marquis de**) — *Isère* — âgé de cinquante-huit ans. M. le marquis de Quinsonas appartient à l'une des familles les plus honorables de l'Isère. Il a fait acte du plus grand patriotisme durant les événements douloureux que nous avons eu à traverser. Il a marché contre les Prussiens comme commandant du sixième bataillon des mobiles de l'Isère. Ses services lui ont valu la croix de chevalier de la Légion d'honneur. Il a pris part ensuite aux combats livrés contre les émeutiers de Paris, en qualité d'officier d'ordonnance du général de Cissey, commandant le 2e corps d'armée.

M. de Quinsonas a obtenu 59,166 voix. Il ne fait partie d'aucune réunion et vote de la manière la plus indépendante.

R

RAINNEVILLE (**Joseph, vicomte de**) — *Somme* — grand propriétaire de la Somme et administrateur du chemin de fer de Lyon. Il a figuré comme aide de camp du général de Pimodan à la bataille de Castelfidardo et a commandé un des bataillons des mobiles de la Somme durant le siége de Paris. Qu'on nous permette d'emprunter à un de nos correspondants les lignes suivantes qui font d'autant plus d'honneur à celui qui en est l'objet qu'elles sont écrites par une plume impartiale : « M. de Rainneville croit fermement qu'il ne suffit pas d'apprendre au peuple à lire et à écrire, mais qu'il faut aussi lui enseigner l'économie, l'ordre et les autres vertus domestiques, qui font les bons citoyens. Doué d'une nature ardente pour le bien, il voulait que sa théorie fût mise en pratique à Allonville dont il habite le château;

n'épargnant ni ses peines ni son argent pour atteindre ce but, c'est-à-dire pour rendre les habitants de cette commune meilleurs et par conséquent plus heureux. »

Est-il nécessaire de qualifier les opinions de l'honorable député de la Somme ? La notice qui précède les faits suffisamment connaître.

M. le vicomte de Rainneville est l'auteur de diverses brochures politiques et de deux livres qui ont pour titre : *Catholiques tolérants et légitimistes libéraux* et *La femme dans l'antiquité et d'après la morale naturelle.*

RAMBURES (Adalbert-Alexandre Roger de) — *Somme.* — Né à Abbeville le 26 mai 1811. Il ne faut pas confondre cet honorable député, dont le nom patronymique est de Fontenilles, avec M. Charles de Fontenilles. M. Adalbert de Rambures est le propriétaire du château de Rambures, construction remarquable, classée parmi les monuments historiques de la Picardie.

Après avoir terminé ses études classiques, il étudia le droit et se fit recevoir licencié. Conseiller municipal de Vaudricourt dès 1835, il devint maire de cette commune en 1847 et continua à l'administrer jusqu'à ce jour.

M. de Rambures a été en outre conseiller d'arrondissement en 1848, puis conseiller général en 1855. Elu député par plus de 92,000 suffrages, il siége à l'Assemblée parmi les conservateurs libéraux et fait partie de la réunion Saint-Marc-Girardin.

RAMEAU — *Seine-et-Oise* — né en 1809. Il exerce la profession d'avoué près le Tribunal civil de Versailles. Maire de cette cité durant l'occupation prussienne, il a défendu énergiquement, au péril de sa vie, les intérêts de ses administrés. Aussi a-t-il passé à une grande majorité sur la liste du Conseil municipal aux dernières élections. Il a été en outre nommé sur la liste électorale de Seine-et-Oise, après M. Barthélemy Saint-Hilaire élu le premier. M. Rameau est président de la réunion de la gauche républicaine.

RAMPON (Joachim-Achille comte de) — *Ardèche.* — C'est le fils du général de ce nom si connu, commandant la trente-deuxième demi-brigade. Il est né à Paris en 1806. D'abord officier dans la cavalerie, il fut nommé général de la garde nationale de Paris sous Louis-Philippe. Le collège électoral de Privas le nomma député en 1836. Il siégea à la Chambre sur les bancs de l'opposition. M. le comte de Rampon se tint à l'écart sous l'Empire. Un arrêté du 30 novembre 1870 le nomma colonel de la troisième légion des mobilisés de l'Ardèche.

Il a représenté le canton de Tournon au Conseil général de l'Ardèche depuis 1867. Il préside à Versailles la réunion des Républicains conservateurs.

RAMPONT (Germain) — *Yonne* — né à Chablis (Yonne) le 29 novembre 1809. Il étudiait la médecine quand survint la révolution de 1830 et il fit partie des combattants de juillet qui renversèrent le trône des Bourbons. A partir de 1834, M. Rampont, reçu docteur en médecine, s'établit dans l'Yonne où il fut jusqu'en 1848 à la tête de la fraction libérale du département.

Il fut nommé représentant à la Constituante et siégea dans cette Assemblée parmi les républicains modérés. Il fut élu membre du Conseil général en 1861. Il combattit vigoureusement et à plusieurs reprises l'élection de M. Frémy, sur lequel il l'emporta en 1869. Au Corps législatif, il fit partie du groupe de la gauche.

A la suite de la révolution du 4 septembre, M. Rampont fut nommé par le gouvernement de la Défense nationale directeur général des postes. Lorsque Paris investi fut privé de tout moyen de communication, et qu'il fut démontré qu'il n'en pourrait être directement rétabli ni par terre, ni par eau, il imagina d'employer la voie de l'air, et créa ce service de ballons qui, pendant cinq mois, porta dans les départements et dans l'Europe entière les nouvelles de Paris assiégé. On lui doit encore : le service des pigeons-voyageurs ; la translation par ballons, de Paris en province, des premiers artistes en photographie microscopique, chargés de reproduire à milliers sur une seule dépêche, confiée à l'aile d'un pigeon, les correspondances des départements avec Paris; enfin les tentatives ingénieuses ou hardies de communications avec Paris par la haute Seine.

Lors de l'insurrection communale, M. Rampont maintint l'administration des Postes à Paris, du 18 au 30 mars, malgré les injonctions et les menaces de la Commune; il ne se décida à transporter l'administration des Postes de Paris à Versailles qu'au moment où la Commune, usurpant le pouvoir, lui signifia qu'il eût à obéir à ses ordres et à cesser toute relation avec le gouvernement établi à Versailles.

Arrivé à Versailles, il lui fallut remplacer instantanément le service centralisé à Paris par une installation équivalente à Versailles : ce qui ne put se faire que par la création autour de Paris d'un service, par chevaux et voitures, reliant tous les chemins de fer, de façon à ramener rapidement à Versailles les correspondances antérieurement centralisées à Paris.

Au plus fort de la bataille dans Paris, alors que l'insurrection tenait encore autour de l'hôtel des Postes, M. Rampont rentra dans l'hôtel le mercredi 24 mai, y saisit lui-même tous les papiers administratifs et politiques importants laissés par les insurgés, fit mettre les scellés sur tous les lieux qui pouvaient contenir des documents intéressants, prit les mesures pour préparer la réinstallation aussi prochaine que possible du service actif des Postes à Paris et accomplit cette réinstallation aussitôt que les circonstances le permirent.

A Versailles, comme à Bordeaux, M. Rampont a pris place au sein de la gauche républicaine.

RATHIER (Jules) — *Yonne.* — Il est né le 7 septembre 1828 à Chablis, dans l'Yonne, et il habite cette commune où il possède des propriétés. Avant de siéger à l'Assemblée nationale, M. Rathier avait fait partie du Conseil général de

l'Yonne. Il a obtenu aux élections 35,501 voix. Il a pris place
à la Chambre parmi les membres de la gauche républicaine.

RAUDOT (Claude-Marie) — *Yonne* — né le 25 décembre
1801, à Saulieu (Côte-d'Or). Il entra dans la magistrature en
1825 et fut attaché à divers parquets comme substitut. Il
était à Versailles en cette qualité lors des événements de
1830. Il donna sa démission. Membre du Conseil général de
l'Yonne de 1842 à 1852, il siégea à la Constituante en 1848.
Il fut réélu à la Législative et fit partie dans ces deux assemblées de la droite monarchique.

M. Raudot a écrit dans des journaux importants tels que
le *Journal des économistes* et le *Correspondant*. Il a en outre
publié : *De la décadence de la France* ; *de la Grandeur possible
de la France* ; *la France avant la Révolution* ; *la Décentralisation* ; etc....

Il compte à Versailles parmi les membres de la réunion
des Réservoirs.

RAVINEL (Charles, baron de) — *Vosges.* — Fils
d'un ancien député, il est né en 1839. Fixé dans le département des Vosges, membre du Conseil général de ce département, il se présenta en 1867 et 1869 aux élections de
l'Assemblée législative ; il échoua faute de quelques voix.

M. de Ravinel, qui était inspecteur des finances, avait posé
sa candidature contre celle du candidat officiel. Il fut, pour
ce fait, révoqué de ses fonctions administratives.

M. de Ravinel habite un château situé à Nossoncourt
(Vosges) et il y remplit depuis quelques années les fonctions
de maire. Cet honorable député a été nommé en février le
second sur la liste des Vosges. M. le baron de Ravinel prend
une part active aux travaux de la Chambre, soit dans les
discussions, soit au sein des commissions.

REHM — *Moselle.* — Voici les détails que nous transmet
sur ce député une de nos correspondances :

« M. Rehm, né en 1814, à Mayence, département de Mont-

Tonnerre, agronome à Basse-Yatz, qui vient ici le dernier par ordre alphabétique, est sorti le premier des députés de la liste républicaine de la Moselle, avec 59,000 voix. Il a été pendant près de vingt ans vice-président du comice agricole de l'arrondissement de Thionville, et il a fortement contribué à introduire parmi des populations arriérées les meilleures méthodes de culture des céréales et de la betterave ; avec le concours de son fils, ingénieur distingué, il a créé à Basse-Yatz une distillerie et une filature. Connu par ses opinions républicaines, M. Rehm est resté jusqu'à ce jour éloigné des affaires publiques, et ce fut en vain que le sous-préfet de son arrondissement lui offrit de le mettre à la tête de sa commune. Il siége avec la gauche républicaine. »

RÉMUSAT (Paul-Louis-Étienne de) — *Haute-Garonne* — fils de M. le comte de Rémusat, ancien ministre et membre de l'Institut. M. Paul de Rémusat est né à Paris le 17 novembre 1831. Après avoir terminé ses études de droit il se voua à celles des sciences et publia des articles très-remarquables dans plusieurs des organes les plus considérables de la presse parisienne. Il a été élu en 1865 conseiller municipal de Toulouse. Il se présenta aux élections de 1869 pour l'Assemblée législative. Les 12,434 voix qu'il obtint alors ne furent pas suffisantes pour le faire nommer.

M. Paul de Rémusat est l'un des secrétaires élus de l'Assemblée de Versailles. On se rappelle qu'il a accompagné M. Thiers dans la mission diplomatique entreprise par cet homme d'État, auprès des cours étrangères, au lendemain du 4 septembre.

RENAUD (Félix) — *Saône-et-Loire* — né à Laguiche, Saône-et-Loire, le 29 octobre 1832. Homme de talent, avocat distingué de Châlons-sur-Saône et bâtonnier de l'ordre, M. Renaud est un des députés qui ont obtenu le plus de suffrages dans le département de Saône-et-Loire. Il vote avec la gauche républicaine et compte parmi les membres de la réunion du Jeu de Paume.

RENAUD (**Michel**) — *Basses-Pyrénées* — né à Saint-Jean Pied-de-Port (Basses-Pyrénées). Il fit d'excellentes études au collége Henri IV, puis étudia le droit à Paris. En 1848, nommé représentant du peuple, il fit partie de l'Assemblée constituante et de l'Assemblée législative dans les rangs de la démocratie avancée.

Il se battit à l'épée, dans un duel qui fit grand bruit, avec M. de Montalembert, chef d'escadron de cuirassiers, et mort colonel d'un régiment de chasseurs d'Afrique dans la campagne de Maroc. M. de Montalembert fut très-grièvement blessé.

Arrêté au coup d'Etat du 2 décembre 1851, prisonnier pendant deux mois au Mont-Valérien et à Sainte-Pélagie, il fut compris le quatrième sur la liste de proscription et conduit à la frontière belge.

Il resta dix ans à l'étranger.

En vertu de l'amnistie qui eut lieu en 1860, il rentra en France et vécut auprès de sa vieille mère.

Son séjour en Espagne fut signalé par deux faits auxquels les journaux français et étrangers ont donné un grand retentissement.

Dans une traversée entre le port Santa-Maria et Cadix, par une violente tempête, il sauva au péril de sa vie une toute jeune fille américaine qu'un coup de vent avait précipitée à la mer où il se jeta tout habillé. Le père de cette jeune fille chercha en vain le libérateur de son enfant dans les hôtels de Cadix, il ne parvint à connaître le nom et l'adresse qu'il cherchait qu'après le départ de l'exilé français, lequel s'était embarqué pour Barcelone où il était interné par ordre du gouvernement.

Plus tard et sur une provocation que lui adressa par écrit à Saragosse un officier supérieur, en garnison à Lyon, rendez-vous fut donné, à Lérida, en Catalogne. M. Michel Renaud, blessé tout d'abord à la poitrine et à la cuisse, abattit d'un coup de sabre à la tête, son adversaire qui mourut, dit-on, à Igualada.

Au lendemain de la proclamation de la République, il s'engagea dans le bataillon de mobiles de Bayonne et servit, comme simple soldat et sac au dos, refusant le grade de capitaine et le commandement supérieur des bataillons mobilisés des arrondissement de Bayonne et de Mauléon.

Il se trouvait à l'hôpital de Besançon, quand le département des Basses-Pyrénées lui confia pour la troisième fois l'honneur de le représenter à l'Assemblée nationale, où il siége au milieu des membres de la gauche républicaine.

RESSÉGUIER (**Albert, comte de**) — *Gers* — né en 1816, n'est pas un nouveau venu dans le sein de l'Assemblée nationale ; il a déjà fait partie de la représentation des Basses-Pyrénées, en 1849, à l'Assemblée législative où il siégea jusqu'au coup d'État du 2 décembre. Un des acteurs les plus actifs de la résistance opposée par les députés réunis à la mairie du dixième arrondissement, il fut arrêté et transporté au Mont-Valérien.

Enfermé dans Paris, où les soins des ambulances l'avaient retenu durant le siége, M. de Rességuier n'a pu savoir qu'à son retour, le 9 février, que des électeurs du Gers l'avaient élu à l'Assemblée nationale. Il vote avec la droite et fait partie de la réunion des Réservoirs.

REVERCHON (**Honoré**) — *Jura* — né le 13 novembre 1821. M. Reverchon est un ancien élève de l'Ecole polytechnique. Licencié en droit, il a été conseiller de préfecture dans le Jura de 1847 à 1855. Il a donné sa démission pour rentrer dans la carrière industrielle à laquelle appartenait sa famille. Il est actuellement directeur de la compagnie des forges d'Audincourt (Doubs) et dépendances.

M. Reverchon est membre du Conseil général du Jura, sans interruption depuis 1860. Il a pris une part sérieuse et dévouée aux efforts de son département et de son industrie pour le développement des chemins de fer en Franche-Comté. Il était donc plutôt connu de ses compatriotes comme homme d'affaires que comme homme politique. Cependant il appartenait naturellement sous l'Empire à la nuance, dite du centre gauche. Il a soutenu en 1869, très-activement un candidat très-libéral, combattu par l'administration. Il fait partie de la réunion libérale qui a pour président M. Feray, et aussi de celle dite des Conservateurs républicains, présidée par M. le comte de Rampon. Ses votes le classent au nombre des députés qui soutiennent fermement la politique de M. Thiers et il est de ceux qui ont le désir de voir adopter par le pays la forme républicaine, dans la pensée qu'elle peut concilier à la fois l'ordre et la liberté.

REYMOND (**Ferdinand**) — *Isère*. — M. Reymond jouit dans l'Isère d'une grande considération comme homme public. Il a fait partie du Conseil général de l'Isère et a administré pendant longtemps la commune de La Mure. Il est chevalier de la Légion d'honneur.

M. Reymond ne nous paraît pas encore occuper à la Chambre de position bien définie. Il vote sans parti pris avec la pensée de faire de bonne politique sans suivre l'impulsion de telle ou telle catégorie.

RIANT (**Léon**) — *Allier* — né en 1828, a obtenu 50,985 voix. Il fait partie de la réunion des Réservoirs. M. Riant n'a pas, jusqu'à ce jour, pris la parole à la tribune, mais il s'est distingué par ses travaux au sein des commissions. Nous venons encore de lire son nom sur le *Journal officiel* parmi ceux des députés chargés d'examiner les marchés passés avec les administrations depuis le 18 juillet 1870. On le désigna pour présider le douzième bureau.

RICARD (**Amable**) — *Deux-Sèvres* — né le 12 juin 1828 à Charenton, département du Cher. Républicain convaincu, avocat, il habite Niort, où son père a exercé les fonctions de directeur des contributions directes à partir de 1844.

En 1851, M. Ricard qui venait d'être reçu avocat, protesta

hautement contre le coup d'État du 2 décembre, et son nom fut inscrit sur les listes de proscription des commissions mixtes. Il dut néanmoins à de hautes influences de famille de ne pas être frappé.

Le jeune avocat resta attaché au barreau de Niort, où il ne tarda pas à acquérir un rang honorable.

Au 4 septembre 1870, M. Ricard a été nommé préfet des Deux-Sèvres. Il a donné sa démission le 18 du même mois, et a été nommé quelques jours plus tard commissaire extraordinaire de la défense pour les trois départements des Deux-Sèvres, de la Vendée et de la Charente-Inférieure.

Au mois de février, il fut nommé représentant à l'Assemblée nationale.

RICHARD (**Max**) — *Maine-et-Loire* — né à Paris le 30 avril 1818, manufacturier à Angers. L'un des chefs et fondateurs de la plus ancienne filature mécanique de chanvre, et la première qui ait été créée et ait fonctionné dans l'ouest de la France, contrée où cette industrie spéciale a pris naissance. Président du tribunal de commerce de l'arrondissement d'Angers, membre de la chambre de commerce du département de Maine-et-Loire, M. Max Richard a été conseiller municipal de la ville d'Angers, secrétaire de la Société fondatrice des écoles laïques d'enseignement primaire de cette cité, etc. Il a été en outre nommé délégué cantonal pour l'instruction primaire.

On doit à cet honorable industriel de nombreux rapports de commissions importantes et plusieurs rapports du budget au Conseil municipal d'Angers; des articles de journaux sur des matières économiques et commerciales; des discours prononcés et rapports publiés, comme secrétaire de la Société des écoles mutuelles d'Angers, ainsi que des discours comme président du tribunal de commerce.

M. Max Richard a été nommé chevalier de la Légion d'honneur à la suite de l'Exposition de 1867. Il fait partie de la réunion libérale conservatrice Feray.

RICHIER (**Marcel**) — *Gironde* — agriculteur distingué, vice-président de l'association du libre-échange de Bordeaux, né le 8 août 1805. Il a pendant longtemps présidé la Société d'agriculture de la Gironde, dont il est un des principaux fondateurs, et donné, en cette qualité, une impulsion rapide et progressive à l'agriculture dans ce département qu'il habite et où il possède le domaine de Château-Ludon, l'une des plus importantes et des plus belles propriétés du Médoc.

Pour les progrès agricoles qu'il a réalisés et propagés, M. Richier a reçu les plus hautes récompenses qu'il soit donné à un agriculteur d'ambitionner : la prime d'honneur lui a été décernée en 1860. En 1867, ses vins ont obtenu la médaille d'or.

M. Richier a été élu en 1848 par 115,733 voix à la Constituante, où il faisait partie du comité de l'agriculture et du Crédit foncier; il a voté contre le droit au travail, pour le vote à la commune, pour la proposition Rateau, pour la suppression des clubs. Il a montré le plus grand courage aux journées de juin. Il a fait partie de la commission chargée d'inspecter les centres agricoles de l'Algérie et a été réélu le premier à la Législative. Après le coup d'État du 2 décembre, il s'est tenu éloigné de toute participation aux affaires publiques, jusqu'au jour de sa nomination à l'Assemblée nationale de 1871.

M. Richier siége sur les bancs des conservateurs libéraux et fait partie de la réunion Feray.

RICOT — *Haute-Saône* — né en 1822, maître de forges à Varigney, dans le canton de Vauvilliers, qu'il a représenté au Conseil général. C'est un ancien élève de l'École polytechnique. Il a obtenu un peu plus de 17,000 voix aux élections. Libéral conservateur, M. Ricot compte parmi les membres de la réunion Feray.

RINCQUESEN (**de**) — *Pas-de-Calais.* — Propriétaire, homme nouveau dans nos Assemblées, M. de Rincquesen a pris place à la Chambre sur les bancs de la droite. Il a obtenu aux élections un peu plus de 133,000 voix. Il compte parmi les membres de la réunion des Réseivoirs.

RIONDEL — *Isère* — né en 1819. C'est l'un des hommes les plus populaires de son département. Aussi a-t-il eu l'honneur de passer le premier sur la liste de la députation de l'Isère. Il siége au centre gauche de l'Assemblée et fait partie de la réunion du Jeu de Paume.

RIVAILLE (Arthur) — *Charente-Inférieure* — âgé de cinquante-neuf ans. Il a représenté au Conseil général de la Charente-Inférieure le canton de La Rochelle, où son père lui-même avait été élu précédemment. M. Rivaille désire l'ordre avec la liberté. Nous le croyons assez partisan d'une monarchie constitutionnelle.

RIVE (Francisque) — *Ain* — jeune avocat du barreau de Bourg, chef-lieu de l'Ain, né à Belley, dans le même département. Placé au 4 septembre à la tête du parquet de Bourg, il a donné sa démission au mois d'octobre suivant.

M. Rive passe aux yeux de ses concitoyens pour un homme de beaucoup de talent. Il n'a pas encore, sans doute, trouvé une occasion favorable de se faire un nom à la Chambre, mais il a conquis un rang distingué au tribunal de Bourg, par sa facilité d'élocution et son entente des affaires.

C'est un républicain de la nuance de MM. Grévy et Victor Lefranc. Il assiste, du reste, avec l'honorable député des Landes aux réunions de la gauche républicaine, autrement dite du Jeu de Paume, par allusion au lieu où elles se tiennent. Il a fait partie de plusieurs commissions importantes, notamment de celle des échéances à Paris dont il vient d'être nommé rapporteur.

RIVET — *Corrèze* — M. Rivet était connu dans la sphère administrative avant d'être nommé député. Il a rempli sous l'Empire les fonctions de conseiller d'État. C'est un des membres les plus assidus de la réunion Feray. C'est en outre un des députés les plus dévoués au chef du pouvoir exécutif. Il a donné son nom à la proposition, qui a dû être déposée plusieurs fois sur le bureau de l'Assemblée, tendant à assurer pour deux ans, au moyen d'un vote, la direction des affaires entre les mains de M. Thiers.

ROBERT DE MASSY — *Loiret* — né en 1810, avocat au barreau d'Orléans. Le nom de M. de Massy est sorti le deuxième de l'urne électorale. — Il fait partie de la réunion Feray.

ROCHETHULON (**Emmanuel-Marie-Stanislas-Thibaud, comte de la**) — *Vienne* — fils du marquis de la Rochethulon et de Mme Olivier de Durfort de Civrac de Lorge. Il est né à Orléans le 17 janvier 1832 et demeure à Brandinant (Vienne).

Propriétaire et agriculteur, il n'avait jamais exercé jusqu'à la guerre d'autres fonctions que celles de vice-président du comice agricole de Châtellerault et de conseiller municipal de sa commune.

Il avait pourtant sollicité sous l'Empire, un grade dans la garde mobile de la Vienne; mais ce grade lui avait été refusé par deux fois. Dès le début du siége de Paris, il y vint avec l'intention de s'engager parmi ses compatriotes

Lorsque le gouvernement de la Défense nationale eut la faiblesse de soumettre les officiers à l'élection, il ne voulut pas briguer des suffrages au grade d'officier, estimant que les chefs étaient aussi légalement nommés que le général Trochu lui-même.

Il entra donc dans les mobiles de la Loire, qui dès le 19 septembre étaient à la garnison du Mont-Valérien.

Là, nommé capitaine d'une compagnie de volontaires, il fit le service des avant-postes, occupant successivement Rueil, la Fouilleuse et la Maison-Crochard, jusqu'à la reddition de Paris.

Sa conduite lui valut la décoration de la Légion d'honneur pendant le siége.

M. le comte de la Rochethulon descend d'une famille légitimiste très-libérale.

RODEZ-BENAVENT (vicomte de) — *Hérault.* — Avant de faire partie de l'Assemblée nationale, M. de Rodez-Benavent avait représenté le canton de Ganges au Conseil général de l'Hérault. Son nom a passé sur la liste conservatrice de ce département où il a obtenu près de 50,000 voix. Il assiste aux séances de la réunion des Réservoirs.

ROGER DU NORD (Édouard, comte) — *Nord* — né en 1802. Il a appartenu au corps diplomatique comme secrétaire d'ambassade et a résidé en cette qualité, à Constantinople. M. Roger du Nord a constamment siégé à la Chambre comme député de Dunkerque, sous la monarchie de Juillet. Il partage les idées politiques de M. Thiers. Lorsque la révolution éclata, il se mit dans les rangs du parti de l'ordre et fit preuve de beaucoup de courage et de patriotisme. La Seine et le Nord l'envoyèrent siéger à la Législative. Il rentra dans la vie privée après le coup d'État, et ne reparut sur la scène politique qu'aux dernières élections.

Lors de la promotion du général d'Aurelles de Paladines au commandement en chef des gardes nationales de Paris, le comte Roger fut investi des hautes fonctions de chef d'état-major.

ROLLAND (Pierre-Charles-Antoine) — *Saône-et-Loire* — né le 4 novembre 1818, à Mâcon. Licencié en droit, avocat, il n'a jamais professé. Il s'est occupé très-jeune de politique, et fut, en 1842, l'un des fondateurs du *Progrès de Saône-et-Loire*, à Mâcon, journal d'opposition libérale; en 1843, il se joignit au groupe qui, sous la direction de M. de Lamartine, rédigea le *Bien public*. Il fut dès lors un des disciples les plus fervents et l'un des amis les plus dévoués de M. de Lamartine, avec lequel il resta intimement lié jusqu'à la mort de ce grand citoyen.

Devenu maire de Mâcon, en 1846, M. Rolland présida en cette qualité le banquet donné, le 11 juillet 1847, à l'auteur des *Girondins*, à Mâcon, avec le concours alors inouï de six mille souscripteurs, venus de toute la région de l'Est et du Sud; ce banquet fut le premier de tous ceux qui aboutirent à la révolution de février.

En 1848, M. Charles Rolland fut envoyé à la Constituante par 118,000 suffrages. Dans cette assemblée, il fit constamment partie de la majorité républicaine modérée et prit une part active aux travaux des commissions et des bureaux.

Il ne fut pas réélu à l'Assemblée législative, et collabora, jusqu'au 2 décembre 1851, au *Pays*, placé alors sous la direction de M. de Lamartine, de concert avec MM. de la Guéronnière, Ducuing, l'Héritier, Paul de Saint-Victor, etc.

Après le 2 décembre, il voyagea en Suisse, en Italie, en Grèce, en Turquie et fut l'intermédiaire entre Réchid-Pacha et M. de Lamartine au sujet de la concession territoriale que le Sultan avait faite, près de Smyrne, au poëte et à l'homme d'État malheureux.

Il publia, au retour de ce voyage, un volume intitulé : *La Turquie contemporaine, études sur l'Orient*, qui eut un succès mérité. Il écrivit dans les journaux et revues différentes études d'art, de politique, d'histoire; donna une *Histoire de la maison d'Autriche* à la publication populaire dirigée par M. Leneveu avec le concours de MM. Carnot, Bastide, Cruveilher, etc., et devint président de l'Académie de Mâcon, dont il avait été précédemment secrétaire.

En 1863, il entreprit d'élever une candidature indépendante contre la candidature officielle de Saône-et-Loire, mais il échoua.

Pendant l'invasion, M. Rolland qui, depuis quelques années, paraissait avoir renoncé à la vie publique, y reprit une part active et devint le principal rédacteur du *Journal de Saône-et-Loire*.

Aux élections du 8 février, son nom sortit le premier de l'urne avec plus de 71,000 suffrages. M. Charles Rolland appartient à la gauche républicaine, qui l'a choisi comme l'un des membres de son comité de direction et l'a porté, comme son secrétaire, lors de la première formation des bureaux de la Chambre, sans réussir à le faire nommer.

ROLLAND — *Lot* — ancien maire de Cazare, s'est occupé avec succès d'agriculture et a rempli dans son canton les fonctions de juge de paix, de 1852 à 1871.

M. Rolland a siégé, en 1848, à l'Assemblée constituante. Il s'est fait remarquer à cette époque par ses opinions libérales et par un certain talent dans la discussion à la tribune et au sein des commissions. Il ne fait partie à Versailles d'aucune des réunions parlementaires.

ROQUEMAUREL SAINT-CERNIN (Ernest de) — *Ariége* — né à Oust, le 15 juin 1814. Il avait suivi la carrière militaire et était arrivé au grade de lieutenant-colonel dans l'infanterie lorsqu'il fut mis à la retraite; mais lorsque la guerre éclata entre la Prusse et la France et qu'on organisa le corps des mobilisés de l'Ariége, on le désigna comme colonel chargé du commandement en chef de ce corps.

M. le colonel de Roquemaurel s'est associé à la majorité dans la plupart de ses votes. Il s'est opposé à l'article 2 du projet de loi portant ratification du traité de paix.

ROTOURS (des) — *Nord* — fils de M. des Rotours, ancien maire d'Avelin, entre Lille et Douai, ancien député au Corps législatif, mort en janvier 1868.

M. des Rotours, le représentant actuel, est né vers 1834. Il succéda à son père comme député du Nord. Aux élections générales de 1869, sa candidature, soutenue à la fois par l'administration et le clergé, triompha de celle de M. Thiers. Il a signé en juillet 1869 la demande d'interpellation des *116*.

Dans la Chambre actuelle, M. des Rotours siége comme sous l'Empire sur les bancs de la droite. Il fait partie de la réunion des Réservoirs.

ROUSSEL (Théophile) — *Lozère* — né à Saint-Chély (Lozère) le 27 juillet 1816; docteur en médecine en 1845, après avoir été interne et lauréat des hôpitaux de Paris.

Il publia, en 1846, un premier ouvrage sur une question d'hygiène publique et de médecine, aussi neuve que grave et dont il a poursuivi l'étude pendant plus de vingt ans en France, en Espagne et en Italie. Cet ouvrage, intitulé : *De la Pellagre, de son origine, de ses causes, de son existence en France* etc. (1 vol. in-8°) fut couronné par l'Académie des sciences, et son auteur reçut la mission d'aller étudier suivant un programme tracé par l'Académie de médecine, les ravages de cette maladie dans les contrées de France et d'Espagne où elle avait signalé son existence endémique parmi les populations rurales qui font du maïs la base de leur alimentation. Nommé en 1849 membre de l'Assemblée législative, il siégea parmi les républicains modérés, se préoccupant surtout des questions d'assistance et de réformes économiques.

Il prit une grande part à la discussion sur les logements insalubres et il s'occupait activement de la réforme du code forestier, comme membre de la commission, lorsque le coup d'État du 2 décembre 1851 le rejeta dans la vie privée.

Rentré dans le département de la Lozère, il partagea son temps entre la science, l'agriculture pratique, l'étude de toutes les questions concernant les intérêts généraux et l'histoire de son pays natal. Comme membre président de la *Société d'agriculture de la Lozère*, il a contribué à beaucoup d'améliorations et publié dans le *Bulletin* de cette Société un grand nombre d'écrits sur ces questions. Ses compatriotes reconnaissent notamment l'influence de son initiative et de son intervention dans les questions de chemins de fer et en particulier dans l'adoption d'un tracé lozérien par Lungogne et Villefort, pour la ligne de Brioude à Relais, et récemment dans l'adoption d'une ligne suivant le tracé de la route impériale de Paris à Perpignan par Marvejols, avec embranchement sur Mende.

En 1866, l'Académie des sciences décernait un grand prix de 5,000 fr. à un ouvrage de M. Roussel, intitulé : *Traité de la Pellagre et des pseudopellagres*. Dans cet ouvrage semblent avoir été définitivement résolues des questions scientifiques très-vivement controversées et que M. Roussel avait soulevées vingt ans auparavant.

Parmi les nombreux écrits de M. Théophile Roussel sur des sujets neufs ou très-peu explorés, on doit mentionner encore ses *Lettres médicales sur les départements pyrénéens et sur l'Espagne*, publiées en 1848 et 1849 dans l'*Union médicale*, et notamment sur *diverses maladies endémiques*, et sur *les maladies des mineurs d'Almadero*. Il avait publié précédemment, sur de nombreuses observations originales, un *Mémoire sur les maladies des ouvriers employés à la fabrication des allumettes chimiques*.

Au nombre des travaux historiques de M. Roussel, on doit rappeler ses *Recherches sur la vie et le pontificat d'Urbain V*, travail original et considérable sur un sujet que beaucoup d'écrivains ont repris depuis, et qui fut couronné en 1841 par l'Académie des inscriptions et belles lettres. Une grande partie de ce travail est restée inédite. M. Roussel en a publié certains extraits relatifs surtout aux œuvres et établissements divers fondés par ce pontife, dans le but qu'il poursuivait, et qui a été atteint, d'amener ses compatriotes à élever une statue de bronze à ce grand homme, qui fut leur bienfaiteur, et qui est resté une des figures les plus pures du XIVe siècle.

M. Roussel a été membre du Conseil général de la Lozère, pour le canton de Mende. Il siége à l'Assemblée nationale parmi les membres de la gauche républicaine.

ROUVEURE (**Marcelin**) — *Ardèche* — né le 27 avril 1807. Vers les premières années de la Restauration, il se fixa

à Annonay, et, par son travail et son intelligence, il s'est
créé dans l'industrie de la mégisserie une fortune considérable. Il a siégé à diverses reprises au tribunal de commerce
de cette ville. En 1848, il fut nommé représentant à l'Assemblée nationale constituante par le département de l'Ardèche,
et plus tard à l'Assemblée législative.

M. Rouveure est un républicain conservateur. Il fait partie
de la réunion Feray.

ROUX (Honoré). — *Puy-de-Dôme* — âgé de cinquante-
cinq ans. Avocat général en 1848, il donna sa démission lors
du coup d'État et se fit inscrire au barreau de Riom. Il y
occupa promptement une place marquante.

M. Honoré Roux partage les opinions de MM. Magnin et
Emmanuel Arago. Il fait partie avec eux de la réunion du
Jeu de Paume. Aux élections de février, dans le Puy-de-
Dôme, son nom est sorti le second de l'urne électorale.

ROY DE LOULAY (Pierre-Auguste) — *Charente-Inférieure* — est né à Asnières (Charente-Inférieure) le 16 août
1818. Avocat et maire de Loulay, à quelques kilomètres de
Saint-Jean-d'Angély, il remplaça, comme député au Corps
législatif, M. Anatole Lemercier, représentant la quatrième
circonscription de la Charente-Inférieure. Il a montré à la
Chambre qu'il était familiarisé avec toutes les questions qui
intéressent l'agriculture et le district vinicole qu'il représente. Aussi le voit-on à l'Assemblée nationale où il vient
d'être envoyé par 41,000 suffrages, figurer parmi les membres
qui ont formé un groupe sous le titre de *Réunion des députés
partisans de la liberté commerciale*, et qui s'occupent d'une
manière spéciale de la question des traités de commerce.
M. Roy de Loulay vote avec la majorité.

ROYS (Ernest-Gabriel, marquis des) — *Seine-Inférieure*
— propriétaire, né à Paris le 4 avril 1836. Il est le plus
jeune enfant et aujourd'hui le seul survivant du comte des

Roys, qui fut pair de France jusqu'en 1848. Sa mère était fille unique du général Hoche... Il est à la fois le dernier représentant de ce grand souvenir et d'une des vieilles familles d'Auvergne.

M. le marquis des Roys représente à la Chambre le département de la Seine-Inférieure et plus particulièrement l'arrondissement de Neufchâtel-en-Bray, où il réside la plus grande partie de l'année. Il siége à la Chambre sur les bancs du centre droit et compte parmi les membres de la réunion Saint-Marc-Girardin.

S

SACASE (**François**) — *Haute-Garonne* — âgé de 63 ans, né à Saint-Béat dans ce département. Juge au Tribunal civil de Bordeaux, conseiller aux cours d'Amiens et de Toulouse, M. Sacase est devenu président de chambre à la Cour d'appel de Toulouse. C'est dans ces honorables fonctions que M. Sacase a obtenu le mandat de député à l'Assemblée nationale où il siége sur les bancs de la droite. Il fait partie de la réunion des Réservoirs.

Avant d'être appelé à la députation, M. Sacase avait été conseiller général de la Haute-Garonne. Chevalier de la Légion d'honneur, il est membre de l'académie des Jeux Floraux et de l'académie de législation de Toulouse. On lui doit une brochure intitulée : *De la folie considérée dans ses rapports avec la capacité civile*, de nombreux rapports à l'académie de législation de Toulouse en qualité de secrétaire perpétuel, des notices biographiques sur Cujas, Loyseau, le cardinal d'Ossat, des travaux historiques sur le parlement de Toulouse, etc.

M. le Président Sacase a obtenu aux élections 68,546 voix. Il a été nommé membre de la commission chargée de donner son avis sur le recours en grâce.

SAINCTHORENT (**Théophile de**) — *Creuse* — né le 7 juin 1820. Maire de la commune de la Cillette, il a été élu membre du Conseil général de la Creuse en 1870. M. de Saincthorent a fait preuve de beaucoup de patriotisme pendant la guerre. Nommé commandant, il a marché à la tête du premier bataillon des gardes nationaux mobilisés appartenant au département de la Creuse.

Son nom est sorti le deuxième de l'urne électorale. M. de Saincthorent ne paraît pas avoir encore pris de position bien tranchée à la Chambre. Il a soutenu le gouvernement dans toutes les questions importantes proposées depuis l'ouverture de la session.

SAINTENAC (**Henri vicomte de Falentin**) — *Ariége.* — Engagé volontaire dans un régiment de chasseurs à cheval, il passa ensuite dans les guides. Plus tard, il donna sa démission pour se dévouer à la défense du Saint-Père et habita Rome pendant plusieurs années, comme capitaine de dragons. Il était de retour dans ses foyers, lorsque la guerre avec la Prusse éclata. Il n'hésita pas à mettre son épée au service de sa patrie et s'est battu bravement comme commandant de mobiles de l'Ariège.

Possesseur d'une grande fortune, M. de Saintenac a dans sa générosité, fourni gratuitement durant la guerre aux soldats de son bataillon, divers objets de campement et des effets pour les garantir des intempéries de la saison rigoureuse qui a sévi pendant plusieurs mois. Il leur a aussi distribué des sommes d'argent. Il est chevalier de la Légion d'honneur.

Il fait partie de la réunion des Réservoirs.

SAINT-GERMAIN (**François-Charles-Hervé de**) — *Manche.* — Ancien député, né à Avranches, le 16 février 1803. Il possède dans ce pays de grandes propriétés. Maire de Saint-Senier et membre de la société d'Agriculture d'Avranches et président de la société des Courses, il a la réputation d'être

16.

un agronome distingué. Il débuta dans nos assemblées politiques en 1848. Membre du Conseil général, il fut élu en 1849 à l'Assemblée législative, le sixième sur treize, et fit partie de la fraction conservatrice. En 1852, il fut appelé à siéger au Corps législatif, où il a été envoyé de nouveau en 1857 et en 1863. Dans ces élections il a obtenu l'unanimité des suffrages à quelques voix près (27,024 suffrages sur 27,032 votants). M. de Saint-Germain, par sa compétence dans les questions agricoles, prend une part utile aux travaux des commissions et de la Chambre. Il a été en 1861, secrétaire élu du Corps législatif.

Dans l'Assemblée actuelle, il vote avec la majorité dans les questions importantes mais sans trop laisser percer de préférence pour telle ou telle forme gouvernementale. M. de Saint-Germain est officier de la Légion d'honneur.

SAINT-MALO (**Renard de**) — *Pas-de-Calais* — avocat à la Cour de cassation. Il a obtenu aux élections 129,996 voix. Il vote constamment avec la droite. C'est un homme très-dévoué au parti légitimiste. On le compte parmi les membres de la réunion des Réservoirs.

SAINT-MARC-GIRARDIN — *Haute-Vienne.* — L'éminent professeur de la Sorbonne, aujourd'hui député, est né à Paris, le 12 février 1801. Après de brillantes études classiques et de droit et sa nomination à l'agrégation des classes supérieures, il entra comme professeur de seconde au collége Louis-le-Grand. Il devint après 1830 professeur de littérature à la Sorbonne, poste qu'il a occupé jusqu'aujourd'hui avec distinction. C'est un homme de goût et d'imagination qui a su constamment intéresser ses auditeurs par la finesse de ses aperçus et le cachet d'actualité qu'il parvient à leur donner.

M. Saint-Marc-Girardin est membre de l'Académie française. Les ouvrages estimés qu'il a publiés lui ont valu l'honneur d'être élu dans cet illustre corps. Il a été l'un des principaux collaborateurs des *Débats*, et a remplacé M. Sainte-Beuve comme rédacteur au *Journal des savants.*

La carrière politique de M. Saint-Marc-Girardin commence en 1834. Il fut élu à cette époque député dans la Haute-Vienne et il y resta, sauf une période de dix-huit mois, jusqu'en 1848. On le croyait disparu pour toujours de la scène politique lorsqu'il fut élu en février par ses anciens mandataires. C'est un conservateur libéral. Il a voté pour le transfert de l'Assemblée, pour le traité de paix et le projet de loi relatif aux élections municipales.

M. Saint-Marc-Girardin fait partie depuis longtemps du Conseil de l'instruction publique.

Il préside une réunion composée de conservateurs libéraux appartenant au parti orléaniste.

SAINT-PIERRE (Louis de) — *Manche* — né à Dôle (Jura), le 4 février 1825. Ancien conseiller général et maire de cette commune, il a été élu député à l'Assemblée nationale par 73,743 suffrages sur un peu plus de cent mille votants. Il a obtenu ainsi le troisième rang sur la liste des onze candidats nommés dans son département.

M. Louis de Saint-Pierre appartient à une ancienne, noble et riche famille de l'arrondissement d'Avranches, justement influente par ses alliances et l'importance de ses propriétés territoriales dans le pays.

Son père a eu l'honneur de siéger deux fois comme député, d'abord en 1832 pour le département du Jura qu'il habitait à cette époque, puis, en 1848 pour le département de la Manche, sa patrie d'origine.

L'indépendance et la loyauté de son caractère, son libéralisme éclairé uni à de profondes convictions religieuses, l'usage généreux qu'il n'a cessé de faire de sa fortune, ont laissé sa mémoire entourée du respect et de la reconnaissance de tous.

Ses fils se sont efforcés de demeurer fidèles à ces traditions de famille qu'ils considèrent comme leur meilleur titre à l'estime et à la confiance publiques.

L'aîné, après une longue carrière administrative très-honorablement parcourue, était en dernier lieu préfet du Morbihan, au 4 septembre 1870. Démissionnaire aussitôt, il a montré ainsi, qu'il savait comprendre l'*otium cum dignitate*, exemple trop rarement suivi de nos jours!....

Le plus jeune, M. Louis de Saint-Pierre, apporte à la Chambre la force et la maturité nécessaires à un homme politique. Après d'excellentes études au collége, il se fit recevoir avocat avec distinction. Président du Comice agricole de son canton, il s'est montré constamment préoccupé de ses intérêts au Conseil général où ses rapports sur les questions d'assistance publique ont été marqués au coin d'un esprit chrétien, juste et élevé.

Ses opinions sont monarchiques, forme de gouvernement qu'il croit convenir à la France mieux que toute autre. Mais il voudrait une monarchie entourée d'institutions constitutionnelles et libérales sur le modèle de la Belgique.

Voilà pourquoi M. de Saint-Pierre siége à la droite. Du reste, ennemi de toute solution violente ou arbitraire, il attend *avec patience le dernier mot du suffrage universel.*

Conciliant, sans rien sacrifier de ses principes, M. de Saint-Pierre, par sa loyauté et l'affabilité de ses manières, a su mériter l'estime et les sympathies de ses collègues à l'Assemblée.

SAINT-PIERRE (de) — *Calvados.* — Propriétaire, né en 1810, maire de Saint-Pierre du Fresne. M. de Saint-Pierre n'a pas encore, croyons-nous, fait partie de nos assemblées. Homme nouveau, il cherche à s'éclairer pour occuper dans la Chambre une place conforme à ses opinions. En attendant, il vote généralement avec la droite. Il a obtenu un peu plus de 60,000 voix aux élections.

SAINT-VICTOR (Gabriel de) — *Rhône* — né à Lyon, le 27 mars 1824, demeure au château de Ronno dans le canton d'Amplepuise. Président du Comice agricole du canton de Tarare, M. de Saint-Victor est membre fondateur de la Société des agriculteurs de France. Il s'occupe avec distinction des questions agronomiques et, joignant la pratique à la théorie, il a établi dans le voisinage d'Alger, au milieu des propriétés qu'il y possède, une ferme modèle. Lauréat de la prime d'honneur dans le département du Rhône, en 1869, M. de Saint-Victor est chevalier de l'ordre religieux et militaire du Saint-Sépulcre et de l'ordre royal de François Iᵉʳ, des Deux-Siciles. Il vote avec la droite et fait partie de la réunion des Réservoirs.

SAISSET — *Seine.* — L'amiral Saisset s'est rendu populaire durant le siége de Paris. Nul chef n'était plus estimé de ses soldats. Il y a longtemps que l'amiral Saisset est l'idole des marins. Tous l'aime comme un père et pourtant il est sévère sur la discipline. Il remplaça le général d'Aurelles de Paladines comme commandant en chef des gardes nationales de la Seine. On sait que son commandement ne fut pas de plu longue durée que celui de son prédécesseur. La fin de la proclamation qu'il adressa à cette époque à ses subordonnés, mérite d'être citée :

« M'appuyant, » disait-il « sur les chefs élus des municipalités, j'espère arriver par la persuasion et de sages avis à opérer la conciliation de tous sur le terrain de la république; mais je suis fermement résolu à donner ma vie, s'il le faut, pour la défense de l'ordre, le respect des personnes et de la propriété, comme mon fils unique a donné la sienne pour la défense de la patrie. Groupez-vous autour de moi, accordez-moi votre confiance, et la patrie sera sauvée. Ma devise reste celle des marins : « Honneur et patrie. »

Comme le général d'Aurelles de Paladines, l'amiral Saisset a fait partie du groupe de représentants désignés pour accompagner à Versailles M. Thiers et Jules Favre, lorsqu'ils s'y rendirent pour traiter des préliminaires de paix avec M. de Bismark. L'amiral Saisset n'assiste à aucune réunion parlementaire.

SAISY (Hervé de) — *Côtes-du-Nord* — né en 1833. Il a fait, si nous ne nous trompons pas, quelques campagnes en Italie, au Mexique. Il a commandé pendant le siége de Paris, le bataillon des mobiles de Loudéac. C'est sa conduite patriotique durant la guerre qui lui a sans doute valu l'honneur d'être élu député par ses concitoyens. Nommé le troisième sur la liste des représentants des Côtes-du-Nord, il vote avec la majorité. M. de Saisy ne fait partie d'aucune réunion parlementaire.

SALVANDY (Paul comte de) — *Eure* — né à Paris vers 1830. Il est le fils de M. de Salvandy, écrivain, ministre et membre de l'Institut, mort en 1856. M. de Salvandy habite le château paternel situé près la Commanderie dans le département de l'Eure. Il a été élu par 41,655 voix. Il fait partie de la réunion Feray.

SALVY — *Cantal.* — Avocat à la Cour d'appel de Riom, né à Mauriac en septembre 1815. Il débuta dans sa carrière au barreau de Mauriac qu'il quitta en 1849 pour aller se fixer à Riom. M. Salvy était bâtonnier de l'ordre des avocats de cette ville quand les électeurs du Cantal l'ont nommé député à l'Assemblée nationale. M. Salvy est un républicain conservateur. « Favoriser le développement de toutes nos libertés raisonnables, rendre les charges et les emplois publics accessibles à tous, répandre comme une pluie bienfaisante le don de l'instruction gratuite dans toutes les classes de la société, faire pénétrer une sage économie dans la gestion des revenus publics, répartir plus équitablement les impôts, satisfaire largement aux lois de la fraternité et de la bienfaisance vis-à-vis des classes laborieuses et pauvres, n'est-ce pas là un séduisant programme ? J'y adhère sans le moindre effort, et je ne demande au Gouvernement Républicain, pour être un de ses fervents adeptes, que de marcher dans cette voie, d'assurer en outre le maintien de l'ordre, le respect de la propriété et la sécurité des personnes, de se tenir en garde enfin contre les théories dangereuses qui, sous prétexte de progrès, sont la négation de la Propriété, de la Morale et de la Religion. »

Ces quelques lignes extraites de la profession de foi de l'honorable député du Cantal, font connaître d'une manière suffisante son caractère et ses opinions.

M. Salvy assiste aux deux réunions Feray et Saint-Marc-Girardin.

SARRETTE — *Lot-et-Garonne* — né en 1822. Il habite le canton de Monflanquin dans l'arrondissement de Villeneuve d'Agen et y possède un grand nombre de propriétés. En 1870, il représentait ce canton au Conseil général de Lot-et-Garonne. M. Sarrette n'appartient à aucune réunion parlementaire. Il vote avec la majorité.

SAUVAGE (**François-Clément**) — *Seine*. — Il est né à Sedan (Ardennes) le 4 avril 1814. En 1833, il sortit de l'École polytechnique le premier de sa promotion. Il fut envoyé à Mézières en qualité d'ingénieur des mines. Il quitta ce corps en 1846 pour entrer au service de la Compagnie du chemin de fer de Strasbourg, dont il devint directeur en 1861.

M. Sauvage a été chargé à diverses époques d'importantes commissions, soit comme ingénieur, soit comme administrateur. Il fut choisi en 1838 et en 1842 pour aller explorer le bassin houiller des Asturies et les gîtes métallifères de la province de Carthagène. Le gouvernement de 1848 le chargea en qualité de commissaire extraordinaire, d'aller mettre le bon ordre au Creuzot, parmi les ouvriers révoltés. Il lui confia, au mois d'avril suivant, l'administration du séquestre du chemin de fer d'Orléans. Enfin, il devint directeur du chemin de fer de l'Est.

Ces diverses fonctions lui fournirent l'occasion de faire preuve d'un grand zèle et de hautes capacités administratives. Durant le siége de Paris, il s'est encore distigué par sa valeur personnelle et son patriotisme. Il n'a point pris part au vote lors de l'adoption des préliminaires de paix et du transfert de l'Assemblée. Il a émis un bulletin affirmatif au scrutin relatif à la loi municipale.

M. Sauvage a été créé chevalier de la Légion d'honneur en 1846, officier au mois de mars 1851 et commandeur le 20 septembre 1868.

SAVARY (Charles) — *Manche* — né à Coutances le 21 septembre 1845, docteur en droit. M. Savary n'a que 25 ans, et il est maire de Cerisy-la-Salle, chef-lieu de canton, et député à l'Assemblée nationale. Il appartient au barreau de Paris, était secrétaire général de la Conférence des avocats en 1869. — Secrétaire de la commission de décentralisation instituée sous la présidence de M. Odilon-Barrot, il fut nommé par cette commission rapporteur du projet de loi sur les Conseils généraux. Le père du jeune député de la Manche est mort dans l'exercice des hautes fonctions de conseiller à la Cour de cassation. Les débuts de son fils présagent un avenir aussi remarquable.

M. Savary appartient au parti orléaniste par son grand-père, M. Luénault, député de la Manche sous le gouvernement de 1830. Il a soutenu, dans la conférence de Paris, et notamment à la conférence Tocqueville, les doctrines parlementaires et orléanistes.

On lui doit entr'autres publications l'*Éloge de M. Alexis de Tocqueville* (Paris, 1867); des rapports sur les Conseils généraux; des articles insérés dans le *Journal de Paris*; un *Projet de loi sur la décentralisation*, paru en 1870, etc., etc.

M. Savary compte parmi les membres de la réunion des Réservoirs. Ses souvenirs de famille font pencher ses opinions politiques vers la maison d'Orléans. Mais il est avant tout un patriote sincère ; qu'on en juge par cet extrait de sa profession de foi :

« Je suis et je resterai le ferme défenseur de l'ordre, de la propriété, de la religion, de la famille, de tous les grands principes sur lesquels repose la société.

« Je crois que, seul, le suffrage universel a le droit de déterminer la forme du gouvernement. Quelles que soient mes sympathies personnelles, je suis déterminé à me soumettre à sa sentence et à accepter ce que le peuple français aura résolu. »

SAVOYE (Louis) — *Seine-Inférieure* — né à Saint-Valery-en-Caux (Seine-Inférieure) le 7 avril 1836. Après avoir fait son stage au barreau de la cour d'appel de Paris, M. Savoye entra au Conseil d'État, en qualité d'auditeur, au commencement de 1860, à la suite d'un concours dans lequel il obtint l'un des premiers rangs. Il fit partie pendant trois ans de la section du contentieux. M. Boudet, président de cette section, ayant été appelé en 1863, au département de l'intérieur, M. Savoye fut attaché, par le nouveau ministre, à la direction générale de l'administration communale et départementale. Il resta dans ce poste jusqu'en 1868. Il a pris une part particulière aux travaux qui ont précédé et suivi la loi sur l'achèvement des chemins vicinaux.

Depuis lors, il a rempli les fonctions de chef de cabinet, d'abord au ministère de l'agriculture, du commerce et des travaux publics, ensuite au ministère de l'intérieur. Il est rentré au Conseil d'État en 1869, en qualité de maître des requêtes.

M. Savoye vote généralement avec la majorité. Il fait partie de la réunion libérale conservatrice Feray. Il a été nommé chevalier de la Légion d'honneur en 1855.

SAY (Jean-Baptiste-Léon) — *Seine.* — C'est le fils d'Horace-Émile Say, économiste distingué et qui est mort en 1860, membre de l'Institut. M. Léon Say est né en 1826. A l'exemple de son père et du célèbre Jean-Baptiste Say, son grand-père, il se livra à l'étude de l'économie politique. On a beaucoup remarqué les articles qu'il a publiés au *Journal des Débats* et dans le *Journal des Économistes*. Il a en outre fait paraître, en 1848, un livre intitulé : *Histoire de la Caisse d'escompte.*

M. Léon Say avait échoué en 1869 comme candidat aux élections pour le Corps législatif dans le département de la Seine. Il appartient, dans l'Assemblée de Versailles, à la fraction libérale Feray. Il a voté pour la paix, pour le transfert de la Chambre et la loi municipale.

M. Léon Say vient d'être nommé préfet de la Seine.

SÉGUR (**Louis-Philippe-Charles-Antoine de**) — *Seine-et-Marne* — est fils de M. Charles-Louis-Philippe, comte de Ségur, député de Fontainebleau de 1842 à 1846, et de Mlle Amélie Greffulhe; petit-fils du général comte Philippe de Ségur, membre de l'Académie française, auteur de l'ouvrage bien connu qui a pour titre : *Histoire de la campagne de Russie.*

M. de Ségur fils, conseiller général de Seine-et-Marne, est né à Paris, le 22 décembre 1838. C'est un homme instruit, studieux, et qui est appelé à tenir une place honorable dans le monde politique. Il a épousé, le 7 mars 1866, Mlle Thérèse Casimir-Périer.

M. de Ségur fait partie de la réunion Saint-Marc-Girardin.

SEIGNOBOS (**Charles-André**) — *Ardèche* — est né le 28 août 1822, à Lamastre (Ardèche). Après ses études littéraires, il suivit des cours de droit, et il ne se sert de son titre d'avocat que pour donner, depuis plus de vingt ans, des consultations gratuites et des conseils d'affaires à tous ses compatriotes.

En 1848, M. Seignobos voyageait en Europe pour s'instruire et se trouvait à Rome, lorsqu'aux élections pour la Constituante, ses compatriotes reconnaissants lui donnèrent 20,000 suffrages, sans qu'il fût porté sur aucune liste. En même temps, toujours pendant son absence, toujours sans s'être présenté à leurs suffrages, il fut nommé par les électeurs de son canton membre du Conseil général de l'Ardèche, aux travaux duquel il prit toujours une grande part.

Après 1852, il se tint un peu en dehors de la politique,

pour se donner tout entier aux questions locales et aux fonctions administratives que l'élection lui avait conférées; il fonda un orphelinat agricole, une Société de secours mutuels, une Société philharmonique, une Société pour l'encouragement de l'instruction primaire, et il fut nommé président de ces diverses sociétés.

Puis, lorsque les Conseils généraux eurent recouvré le droit de nommer leur bureau, il fut élu secrétaire de celui de l'Ardèche; il en était d'ailleurs le membre le plus ancien, ayant toujours été renommé à chaque nouvelle élection. Ses services lui obtinrent la décoration de la Légion d'honneur, et le pays accueillit cette distinction par des manifestations sympathiques.

Appartenant à l'opinion républicaine modérée, il fut porté aux dernières élections sur la liste libérale modérée du *Comité national républicain*, en opposition avec la liste radicale; et, bien que sa qualité de protestant lui enlevât les voix de cinq à six mille catholiques, il fut élu.

Dans le vote sur le traité de paix, il a voté *pour*.

SERPH (**Marc-Gusman**) — *Vienne* — né à Civray, le 12 juillet 1820. Cet honorable représentant, à l'exemple de son père, ancien préfet, et de son frère, ancien secrétaire général de la Vienne, embrassa la carrière administrative. Il devint à vingt-quatre ans chef de cabinet dans une préfecture. Après avoir fait partie, de 1849 à 1851, de l'administration départementale de la Corse, il rentra dans la vie privée et se livra à l'agriculture. Il s'y distingua par ses capacités et ses travaux. Huit ans durant, M. Serph fut lauréat du prix d'honneur fondé par le célèbre agriculteur poitevin, Jacques Bujault.

Président du comice agricole du canton de Civray, vice-président de la chambre d'agriculture de cet arrondissement, il fit encore partie d'autres sociétés, soit comme simple membre, soit à titre de secrétaire ou de président. Enfin, les vingt années consacrées par M. Serph au sein des travaux agronomiques obtinrent une récompense éclatante en 1859, époque où l'honorable député reçut la prime d'honneur au concours agricole de la Vienne.

M. Serph avait fait partie du Conseil général de la Vienne avant d'arriver à la députation. S'étant présenté deux fois pour la députation, il avait subi une défaite fort honorable, comme candidat de l'opposition. — Il a obtenu en février près de 60,000 voix, comme candidat libéral conservateur.

SERS (Henri-Léopold-Charles, marquis de) — *Loir-et-Cher* — propriétaire, âgé de quarante-huit ans, né à Toulouse (Haute-Garonne). M. le marquis de Sers avait embrassé la carrière militaire. Il la quitta en 1860. Il était alors capitaine de hussards et chevalier de la Légion d'honneur. Il avait mérité cette distinction pendant la guerre de Crimée.

M. de Sers réside à quatorze kilomètres de Blois, au château de Madon, situé sur la commune de Candé. Maire de cette commune, il faisait partie du Conseil général de Loir-et-Cher, lors du décret Gambetta, prononçant arbitrairement la dissolution des Conseils généraux.

M. le marquis de Sers fait partie de la réunion parlementaire des Réservoirs.

SILVA (Clément) — *Haute-Savoie* — né à Chambéry en 1829, docteur en droit de la Faculté de Turin, avocat distingué du barreau savoisien. « M. Silva, » lisons-nous dans un journal de la Haute-Savoie, « jouit dans son pays de l'estime générale. Simple dans ses allures et dans ses paroles, d'un esprit net et incisif, il a toujours été considéré comme l'un des champions les plus dévoués et les plus influents de la cause républicaine. »

Il est presque superflu d'ajouter que M. Silva fait partie de la réunion de la gauche républicaine.

SIMON (Fidèle) — *Loire-Inférieure* — né en 1837. Il a été conseiller pour l'arrondissement de Saint-Nazaire. M. Simon a obtenu 40,632 voix aux élections. Il vote avec la droite. Est-il orléaniste, comme on le prétend? Il appartient en tout cas à la réunion républicaine conservatrice Feray.

SIMON (Jules) — *Gironde.* — Philosophe, député, ministre et membre de l'Institut, il naquit à Lorient (Morbihan) le 31 décembre 1814. Reçu agrégé de philosophie, il enseigna d'abord cette science dans les lycées, puis à l'École normale, dont il avait fait partie précédemment comme élève. Nous le voyons, en 1839, succéder à la Sorbonne à l'illustre Cousin et s'y faire rapidement une réputation. Adversaire de la politique de l'Elysée, M. Simon fut suspendu de ses fonctions en 1851.

Dès 1848, il avait aspiré à jouer un rôle politique. Envoyé à la Constituante par le département des Côtes-du-Nord, il s'y rangea du côté du parti républicain modéré. En 1849, il fut élu membre du Conseil d'État.

M. Jules Simon, éloigné de la politique après l'avénement de Louis-Napoléon, n'y rentra qu'en 1863. Il fut nommé à cette époque député de la Seine par la huitième circonscription. Membre de l'opposition libérale dont faisaient aussi partie les autres députés de Paris, il en fut un des plus ardents champions. Dans les luttes qu'il soutint et les discours qu'il prononça, les amendements relatifs à l'enseignement eurent généralement ses préférences. Les élections de 1869 lui furent favorables dans la Seine et dans la Gironde, mais il opta pour ce dernier département. Toujours prêt à prendre la parole dans les questions importantes où il espérait pouvoir se faire entendre utilement, il prononça en 1870 un discours remarquable en faveur du libre échange. En résumé, il a toujours travaillé à la Chambre, comme hors du Corps législatif, à défendre les intérêts moraux et matériels des classes populaires.

Publiciste éminent, M. Jules Simon a écrit sur la philosophie et l'économie politique un assez grand nombre d'ouvrages qui se sont vendus rapidement, non-seulement en

France, mais dans toute l'Europe. Sa plume a fourni aussi de nombreux articles à des revues importantes. Il a été élu à une très-forte majorité membre de l'Académie le 21 février 1863.

Après le 4 septembre, M. Simon a fait partie du gouvernement de la Défense nationale. Lorsqu'il fut question d'un traité de paix entre la France et la Prusse, ses collègues de Paris lui confièrent la mission d'aller s'entendre à Bordeaux avec les membres de la Délégation, au sujet des élections qui devaient avoir lieu. Il lui fut impossible de tomber d'accord avec M. Gambetta. Celui-ci, on s'en souvient, avait rendu un décret qui enlevait le droit d'être élus aux anciens fonctionnaires et députés qui avaient servi l'Empire. M. Simon protesta contre cet injuste décret, au nom de ses collègues de la capitale, et les seules incompatibilités prévues précédemment par la loi, furent admises dans les élections qui eurent lieu en février dans toute la France.

M. Jules Simon est resté membre du gouvernement en qualité de ministre de l'instruction publique.

SOURY-LAVERGNE — *Haute-Vienne* — né en 1805. Ce représentant compte parmi les nombreux propriétaires qui siègent à l'Assemblée. Il vote avec la droite légitimiste et fait partie de la réunion des Réservoirs. Il a obtenu 42,748 voix. M. Soury-Lavergne n'a pas de passé politique. Il doit son élection à une longue carrière honorablement remplie et aux circonstances qui ont déterminé un grand nombre d'électeurs à porter leur choix sur des hommes connus et expérimentés.

SOYE — *Aisne* — né en 1824. M. Soye compte parmi les députés qui représentent le corps médical à l'Assemblée. Il avait fait preuve en diverses circonstances d'un grand dévouement. Homme instruit, patriote sincère, son nom a paru recommandable. Le département de l'Aisne lui a accordé 42,000 suffrages. M. Soye vote avec la gauche et fait partie de la réunion de la salle du Jeu de Paume.

STAPLANDE (de) — *Nord* — né en 1798. M. de Staplande a fait partie de l'Assemblée législative de 1849. C'est un homme qui a le rare mérite, malgré sa position et les grands services qu'il a rendus, de savoir rester dans l'ombre. On le dit très-dévoué au parti légitimiste. M. de Staplande a aidé de ses inspirations et de ses votes toutes les propositions importantes faites depuis l'ouverture de la session. Il partage les opinions de tous ceux qui sont sincèrement amis de l'ordre, du respect de la propriété, de la famille et de la religion.

M. de Staplande est membre de la réunion parlementaire des Réservoirs.

STEINHEIL — *Vosges* — né à Strasbourg en 1818. M. Steinheil est domicilié à Rothan, commune située, avant la guerre, dans le département des Vosges et, d'après le traité, réunie au Bas-Rhin cédé à l'Allemagne. Cet honorable représentant a été maire de sa commune de 1852 à 1871.

M. Steinheil est l'un des chefs de la fameuse maison G. Steinheil, Dierterlin et Cie, qui a obtenu une mention spéciale à l'Exposition. Il a été décoré en 1868 pour services rendus aux ouvriers. Il vote avec la gauche républicaine.

M. Steinheil n'appartient pas au culte israélite, comme l'a annoncé un journal de Paris, mais bien à la religion réformée, ainsi qu'il l'a lui-même établi dans une lettre rendue publique.

SUGNY (Francisque de) — *Loire.* — Il est né en 1835. Son père était un des hommes restés fidèles au parti légitimiste. Il a hérité de ses opinions. M. de Sugny fait partie de la réunion parlementaire des Réservoirs.

T

TABERLET (**Frédéric**) — *Haute-Savoie* — né en 1836 à Evian-les-Bains, reçu docteur en médecine en 1864 à la faculté de Paris. Il a publié plusieurs articles de médecine dans les *Revues médicales* de Paris et des brochures traitant de questions d'économie politique et sociale. C'est un homme actif, intelligent et dévoué à la France. Il s'est fort intéressé aux graves événements qui ont eu nos désastres pour témoins et nous nous rappelons d'avoir entrevu un écrit émanant de la plume de M. Taberlet et qui avait pour titre : *Lettre à M. le comte de Bismark.*

M. Taberlet vote avec la gauche et fait partie de la réunion du Jeu de Paume. Il a été l'auteur de la proposition ayant pour but l'affirmation de la République par l'Assemblée nationale.

TAILHAND (**Adrien-Albert**) — *Ardèche.* — Il est né à Aubenas (Ardèche), le 1er juillet 1810. Il entra dans la magistrature et fut nommé procureur du roi à Privas en 1844. Révoqué en 1848, il fut réintégré un an ou deux après dans les mêmes fonctions au siége de Draguignan. De là il fut appelé au parquet de la Cour d'appel de Nîmes en qualité d'avocat général, puis de conseiller à la même Cour. En 1869, il fut nommé président de chambre. Depuis 1865, il a représenté le canton de Montpezat au Conseil général du département de l'Ardèche.

M. Tailhand est chevalier de la Légion d'honneur. Il a été nommé membre de la Commission chargée de donner son avis sur les recours en grâce.

TAILLEFERT (**Alcide**) — *Deux-Sèvres* — né en 1808. M. Taillefert habite Celles, chef-lieu de canton et remplit dans cette commune les fonctions de juge de paix. Il est décoré de la Légion d'honneur et a fait partie du Conseil général de son département. C'est, comme on le voit, un homme d'un certain mérite. M. Taillefert est un des députés des Deux-Sèvres qui ont obtenu le plus de suffrages. Il vote avec la droite.

TALHOUËT (**Auguste-Elisabeth-Joseph, marquis de**) — *Sarthe.* — Il est né à Paris, le 11 octobre 1819. Il fut conseiller d'État, membre du Conseil général de la Sarthe, puis député de ce département en 1849, 1852 et aux autres législatures qui ont suivi.

Comme le comte Daru dont il est devenu le collègue en 1870, en qualité de ministre des travaux publics, dans le cabinet formé par M. Ollivier, le marquis de Talhouët fut incarcéré durant plusieurs jours à Vincennes pour avoir protesté contre le coup d'État. Il a contribué puissamment en 1869 à ramener en France le régime parlementaire.

Associé autrefois par ses votes aux actes de la majorité, il conserve dans la Chambre actuelle son ancienne attitude. Il lui a paru impossible de maintenir à Bordeaux le siége de l'Assemblée. Il lui répugnait d'approuver un traité de paix qui devait amoindrir le territoire, mais la France se trouvait dans la dure nécessité d'accepter les conditions de la Prusse ou de succomber. Il a donc voté en faveur du traité de paix et dans le même sens au sujet des élections municipales.

M. le marquis de Talhouët se trouve à la tête d'une fortune considérable. C'est un des plus grands propriétaires fonciers de France et il fait un noble usage de ses richesses.

TALLON (**Eugène**) — *Puy-de-Dôme* — âgé de 34 ans. C'est l'un des avocats les plus distingués du barreau de Riom. Il engagea en 1869 une lutte à outrance contre la candidature officielle dans l'arrondissement de Riom.

M. Tallon, père, maire de Riom, donna en cette circonstance sa démission de ses fonctions pour bien marquer l'attitude indépendante qu'entendait garder son fils. Nommé aux élections du 8 février, M. Eugène Tallon s'est joint dans la nouvelle Assemblée au groupe orléaniste et siége au centre droit. Il a pris une part importante à la discussion pour la loi municipale. Il compte au nombre des hommes laborieux de l'Assemblée et a fait divers rapports notamment sur les travaux publics.

M. Eugène Tallon s'est occupé depuis longtemps déjà de travaux législatifs et économiques. Il a publié à la librairie internationale et chez Dentu plusieurs brochures sur la *Propriété littéraire*, les *Intérêts des campagnes*, l'*Assistance publique*, etc.

Homme d'avenir, M. Tallon fait partie de la réunion Feray dont il est un des secrétaires et de la réunion des Réservoirs.

TAMISIER — *Jura.* — M. Tamisier a été élu le troisième sur la liste des députés, dans le département qui a nommé l'honorable Président du Corps législatif. Il est né à Lons-le-Saulnier et compte environ 63 ans. Il fut admis à l'École polytechnique et en sortit comme officier d'artillerie. Elevé par son père dans les principes républicains, il y resta attaché et aux élections de 1848 il fut trouvé digne de défendre à l'Assemblée nationale la cause de la liberté. Il venait de prouver qu'il était doué d'assez d'énergie pour défendre la cause de l'ordre. Qu'on en juge par l'extrait suivant que nous trouvons parmi nos documents biographiques : « Au moment de la Révolution de février, M. Tamisier se trouvait à Vincennes avec son régiment. On lui confie la mission difficile de mener à Paris des caissons d'artillerie. Quelques-uns de ces caissons avaient déjà franchi le pont-levis, quand survinrent à l'improviste les héros des barricades, les mains noires de poudre, armés de différentes manières et poussant des cris confus. Cette foule, après avoir brisé un trône sur la place de la Bastille, s'imagine que toutes les barrières doivent tomber devant sa volonté, et se prépare déjà à l'attaque. M. Tamisier monte sur un des caissons, harangue cette multitude furieuse, comprime ses bruyants murmures, la subjugue par le calme et l'énergie de son attitude. Elle se rend docilement aux injonctions du capitaine, et vient sous sa conduite proclamer la République à l'Hôtel-de-Ville.

Qui devinerait sous cet homme si pratique une imagination de poëte? Cependant M. Tamisier est poëte jusqu'à faire regretter qu'en lui le nourrisson des muses soit absorbé par le guerrier et l'homme politique. Son éloquente persuasion avait arrêté une collision sanglante entre la troupe et le peuple. Il parvint à amener cette foule jusqu'à l'enthousiasme. C'est en le portant en triomphe qu'elle vint à l'Hôtel-de-Ville avec lui. Là, après l'avoir de nouveau haranguée, il voulut se soustraire aux ovations du peuple pour aller embrasser ses amis de la *démocratie pacifique;* mais il fut suivi par ce peuple avide d'émotion, au milieu de chants patriotiques et des cris mille fois répétés : Vivent les amis du peuple! vive Tamisier! etc., etc. Ce ne fut qu'à grand'peine qu'il put se séparer de ceux dont il venait d'exciter ainsi tous les généreux sentiments. »

M. Tamisier a repris sa place à la Chambre parmi les représentants de la *Démocratie modérée*. Il fait en outre partie de la réunion de la gauche républicaine.

TARGET — *Calvados* — âgé de 50 ans, né à Lisieux, fils d'un ancien préfet du Calvados et petit-fils d'un célèbre avocat qui fut en même temps président de la première Assemblée constituante.

Il s'est occupé d'agriculture pendant plusieurs années et a obtenu la prime d'honneur de l'association normande, en 1863, pour l'exploitation d'une propriété située aux environs de Lisieux.

Ancien membre du Conseil d'État et du Conseil général du Calvados, jusqu'au coup d'Etat, il a, par suite de son refus de serment à l'Empire, été éloigné de toutes fonctions publiques depuis 1852. Il prit part cependant, l'année dernière, aux travaux de la Commission de décentralisation, présidée par M. Odilon Barrot.

M. Target a collaboré à la rédaction de divers journaux notamment à celle du *Courrier du dimanche*, avec MM. Hervé, J.-J. Weiss et Prévost-Paradol; il était le directeur politique de ce journal au moment de sa suppression au commencement d'août 1866. Il a publié depuis divers articles dans le *Journal de Paris*.

M. Target appartient à la Chambre à la fraction libérale conservatrice. Il fait partie de la réunion Saint-Marc-Girardin.

TARTERON (**F. de**) — *Gard* — né à Sumène (Gard) en 1811. C'est un des avocats distingués de son département. Il a fait partie du Conseil général depuis 1848. En 1850, M. de Tarteron a été nommé membre du Conseil académique. En se présentant à la députation, il avait certainement les chances les plus favorables d'être élu. Il a obtenu près de 56,000 voix.

M. de Tarteron vote avec la droite et fait partie de la réunion des Réservoirs.

TASSIN (**Pierre**) — *Loir-et-Cher* — né à Noyers en 1837. Il fut nommé maire de sa commune dans un âge fort précoce et fut élu un an après conseiller d'arrondissement. Aux élections législatives de 1869, M. Tassin, après une lutte violente avec des concurrents de diverses nuances, fut nommé député dans le Loir-et-Cher. Dans l'exercice de son mandat, il a siégé au centre gauche et a été un des signataires de l'interpellation des 116. M. Tassin s'est occupé de journalisme à Paris pendant quelque temps; il a collaboré au journal *la Presse*. On le compte parmi les membres qui assistent à la réunion de la gauche républicaine.

TEISSERENC DE BORT (**Pierre-Edmond**) — *Haute-Vienne* — né en septembre 1814. Chargé à sa sortie de l'École polytechnique de diverses missions en Angleterre et en Allemagne, ayant pour but l'étude des questions d'économie industrielle et de travaux publics, il fut nommé en 1852, commissaire général du gouvernement près les compagnies de chemins de fer. Elu député en 1846 par le département de l'Hérault, il rentra dans la vie privée en 1848 et fut un des fondateurs du chemin de fer de Paris-Lyon-Méditerranée.

Il a été envoyé à l'Assemblée nationale par le département de la Haute-Vienne, dans lequel il a effectué de grands travaux agricoles.

M. Teisserenc de Bort a publié plusieurs ouvrages et un grand nombre d'articles de revue sur les questions économiques, les travaux publics, la statistique. Nous citerons particulièrement : *Lettre sur une mission en Angleterre*, 1839 ; *Rapport au ministre des travaux publics*, 1843 ; *Etude sur les voies de communication perfectionnées et sur les lois économiques de la production des transports*, 1847.

M. Teisserenc de Bort n'assiste à aucune des réunions parlementaires.

TEMPLE DE LA CROIX (Jean-Marie-Félix du) — *Ille-et-Vilaine* — né à Lorris (Loiret), âgé de 47 ans. Officier supérieur de la marine, M. du Temple a été placé, dans la dernière guerre, à la tête d'une colonne opérant dans l'Eure-et-Loir, puis nommé général commandant d'une brigade de la deuxième armée de la Loire.

M. du Temple est officier de la Légion d'honneur; il a obtenu cette distinction à la prise de Puébla. Il a été nommé aux élections législatives par le département d'Ille-et-Vilaine, où réside sa famille depuis deux cents ans. Il vote avec la majorité et fait partie de la réunion parlementaire des Réservoirs.

TERNAUX (Louis-Mortimer) — *Ardennes.* — Issu de parents originaires des Ardennes, il est né à Paris, le 22 novembre 1808. Après avoir terminé ses études, il entra dans la carrière administrative. De 1837 à 1848, nous le trouvons au Conseil d'État remplissant les fonctions de maître des requêtes. Il avait été nommé en 1835, membre du Conseil général de la Seine. C'est en 1842, qu'il débuta dans la carrière parlementaire. La Révolution de 1848 survint, on procéda à de nouvelles élections et il fut élu tour à tour à l'Assemblée constituante et à l'Assemblée législative. Il fit partie en même temps de la Commission municipale. L'avénement de l'Empire l'éloigna des affaires publiques.

Esprit éclairé et possédant de vastes connaissances sur les questions administratives et industrielles, M. Ternaux a rendu autrefois de précieux services à la Chambre par ses travaux dans les comités. Il a résumé quelques-uns de ces travaux dans des rapports et des brochures. En 1860, il a publié un ouvrage en sept volumes in-8°, intitulé : *Histoire de la Terreur*. Cet ouvage composé d'*aprés des documents authentiques et des pièces inédites*, a mérité à son auteur le grand prix Gobert décerné en 1869.

M. Ternaux est membre de l'Institut (Académie des sciences morales et politiques, section d'histoire). Il appartient comme député à la fraction libérale conservatrice. Il a voté pour la paix, le transfert de l'Assemblée nationale à Versailles et pour la loi municipale.

THÉRY — *Nord* — né en 1807. M. Théry exerce à Lille la profession d'avocat. Comme MM. Pajot et de Melun ses concitoyens, il appartient par ses opinions au parti légitimiste. Il vote par conséquent avec les conservateurs. M. Théry assiste à la réunion parlementaire des Réservoirs.

THIERS (Louis-Adolphe) — *Seine.* — Homme d'État, historien, membre de l'Académie française, né à Marseille, le 16 avril 1797. Il fut séparé fort jeune de sa famille paternelle et élevé dans la famille de sa mère, famille fort respectable, vouée depuis longtemps au commerce, mais dont les guerres de la Révolution avaient détruit la modeste fortune. De cette branche maternelle étaient sortis Joseph et André Chénier.

On sait que Napoléon Ier, dont la pensée regardait toujours au delà du présent, se préoccupa dès les premières années de son règne de recruter au milieu des classes les plus humbles de son empire, une jeunesse intelligente qui devait composer plus tard la France impériale. M. Thiers obtint à ce titre une bourse et fut placé au collége de Marseille. Inutile d'ajouter que ses progrès furent rapides.

Mais la Restauration avait remplacé les gloires de l'Empire, et le protégé du gouvernement impérial retomba, au sortir de ses études, dans sa modeste famille, dans l'isolement de sa ville natale. Il fallait néanmoins prendre un parti. M. Thiers se décida pour l'école de droit. Il devint avocat.

Ce fut à cette époque, sur les bancs de l'école de droit de la ville d'Aix, que M. Thiers fit connaissance d'un jeune étudiant comme lui, et dont l'esprit élevé, le cœur excellent, les habitudes simples, mais élégantes, excitèrent sa plus profonde sympathie. C'était M. Mignet.

Ici se place un événement assez curieux dans la vie du jeune Thiers; nous voulons parler du succès qu'il remporta par son *Eloge de Vauvenargues*, mis au concours de l'Académie d'Aix.

Cependant M. Thiers aspirait à venir à Paris, où son ambition précoce l'appelait. Il réalisa son désir en septembre 1821. Son ami Mignet l'avait précédé de quelques mois dans la capitale, et tous les deux, en attendant de s'installer dans les somptueux hôtels du ministère des affaires étrangères, se logèrent dans une modeste chambre d'un quatrième étage, passage Montesquieu, n'ayant pour tout mobilier qu'une commode, un lit de noyer, deux chaises et une table noire.

Au reste, cette simple demeure ne fut qu'un pied à terre. M. Mignet entra au *Courrier français* par la protection de M. Chatelain. M. Thiers avait particulièrement été recom-

mandé à Manuel. Celui-ci le prit par la main et le conduisit
dans les bureaux du *Constitutionnel,* où il fut accueilli et ne
tarda pas à prendre le premier rang.

Il commença quelques années après à écrire son *Histoire
de la Révolution,* ouvrage qui eut un grand succès. Louis-
Philippe, nomma M. Thiers secrétaire général du ministère
des finances, puis sous-secrétaire d'État au même ministère.

Il devint ministre de l'Intérieur vers la fin de 1832 et se
conduisit avec honneur dans ce poste difficile. Il passa ensuite
aux Travaux publics, puis revint à l'Intérieur. Deux hommes
éminents se trouvèrent alors en présence dans le même cabinet et agitèrent le monde politique. C'étaient MM. Guizot et
Thiers. Au mois de février 1836, ce dernier devint ministre
des affaires étrangères et président du Conseil. Il fut remplacé dans ce poste au bout de six mois. Il y retourna en
1840. C'est alors que la question d'Orient commença à troubler l'Europe. On s'attendait à une guerre générale. M. Thiers
réussit, après d'énergiques efforts, à faire élever les fortifications de Paris, qui devaient sauver la France dans la
dernière guerre, si nos armées de province avaient eu plus
de solidité.

La politique belliqueuse de M. Thiers engagea Louis-
Philippe à donner ses préférences à M. Guizot animé d'inten-
tions toutes pacifiques. M. Thiers quitta le cabinet et
débarrassé de la lourde charge du gouvernement, il commença
son grand ouvrage intitulé : *Histoire du Consulat et de l'Empire.* Nous n'avons pas à l'apprécier ici. Qu'il nous suffise de
dire qu'il a été traduit dans toutes les langues de l'Europe et
qu'il est classé désormais parmi nos chefs-d'œuvre historiques.

Jusqu'à la révolution de février, M. Thiers prit encore une
part active aux travaux de la Chambre et siégea parmi les
représentants qui formaient le centre gauche. A la nouvelle
de la révolution, le roi le manda pour former un cabinet.
Il était trop tard.

M. Thiers fit partie de la Constituante et de la Législative. Adversaire de la politique ambitieuse de Louis-Napoléon, il fut arrêté lors du coup d'Etat, enfermé à Mazas, puis conduit en Allemagne. Rentré en France en 1852, il se tint éloigné de la politique pendant une dizaine d'années.

Aux élections générales de 1863, M. Thiers se présenta comme candidat de l'opposition dans la deuxième circonscription de la Seine. Il fut élu et reprit à la Chambre son rang d'autrefois. Tout le monde a présents à la mémoire ses discours si éloquents et si pleins de perspicacité politique. M. Thiers avait prévu nos malheurs. Le Gouvernement y donnait tête baissée. Tout le monde regardait l'illustre homme d'État comme un homme habile, mais on se disait que c'était un faux prophète. Nous nous rappelons encore les invectives de toute nature adressées par quelques journaux à M. Thiers luttant presque seul contre le courant qui entraînait la France vers la guerre. Des bandes hostiles firent même des manifestations bruyantes devant cet hôtel qui devait être démoli plus tard par la commune. Mais les événements se précipitèrent terribles, désastreux jusqu'à la bataille de Sedan, non moins épouvantable. La foule dut penser ce jour là que M. Thiers avait eu raison.

Sans rancune comme tous les grands esprits, ne rêvant que le bien de son pays, M. Thiers resta à son poste le 4 septembre. Il fut l'auteur d'une proposition tendant à instituer une commission de gouvernement et de défense nationale nommée par la Chambre, avec la condition qu'une assemblée constituante serait convoquée aussitôt que possible. Cette proposition sage, loyale et patriotique, n'eut pas le temps d'être votée par le Corps législatif dissous brusquement par les députés de Paris (excepté M. Thiers), lesquels s'étaient constitués en gouvernement à l'Hôtel-de-Ville.

La dissolution du Corps législatif fut l'objet d'une protestation vers huit heures du soir de cette journée du 4 septembre, de la part de quelques députés réunis au palais Bourbon. Une réunion eut lieu ; en l'absence du président et du vice-président, M. Thiers fut prié de la présider. Il y eut des délibérations dont procès-verbal existe aux archives. Il se terminait ainsi :

« MM. Buquet, Pinard, de Saint-Germain et quelques autres déclarent qu'ils protestent.

« M. Thiers. — De grâce, ne rentrons pas dans la voie des récriminations; cela nous mènerait trop loin, et vous devriez ne pas oublier que vous parlez devant un prisonnier de Mazas. (Mouvement.)

« J'espérais que nous nous séparerions profondément affligés mais unis. Je vous en supplie, ne nous laissons pas aller à des paroles irritantes; suivez mon exemple. Je réprouve l'acte qui s'est accompli aujourd'hui, je ne peux approuver aucune violence; mais je songe que nous sommes en présence de l'ennemi, qui est près de Paris.

« M. Girault. — Je partage l'opinion de M. Buffet quand il a protesté dans la séance de quatre heures. Nous ne devons pas faire de politique, ni nous diviser. Amenons le gouvernement à s'entendre avec la Chambre. De cette façon, nous serons d'accord avec les départements. Soutenons-nous et soutenons la France. Je vais aller le dire à l'Hôtel-de-Ville. Si on ne veut pas m'y écouter, je protesterai.

« M. Thiers. — Voulez-vous renouveler toutes les discussions des dernières années? Je ne crois pas que ce soit convenable.

« Je proteste contre la violence que nous avons subie aujourd'hui, et contre les violences de tous les temps dirigées contre nos assemblées; mais ce n'est pas le moment de donner cours aux ressentiments. Est-il possible de nous mettre en hostilité avec le gouvernement provisoire en ce moment suprême?

« En présence de l'ennemi qui sera bientôt sous Paris, je crois que nous n'avons qu'une chose à faire : nous retirer avec dignité. (L'émotion profonde de M. Thiers se communique à toute l'Assemblée.) »

Nous avons cru utile de donner cet extrait qui résume

l'attitude du chef du pouvoir exécutif, lors du coup d'État accompli par les hommes qui formèrent le gouvernement de la Défense nationale.

Si M. Thiers s'en sépara par principe, il ne se sépara pas des intérêts de la France. On le vit voyager à travers l'Europe, rendre visite aux souverains des grandes puissances pour tâcher d'obtenir leur intervention en notre faveur. Malheureusement ses efforts et son habileté ne triomphèrent pas de l'indifférence de l'Europe. Mais la France a su gré à M. Thiers de sa noble conduite et de son dévouement, elle lui a en outre prouvé toute sa confiance en le nommant député dans vingt-cinq départements. M. Thiers a été en effet envoyé à la Chambre par les Basses-Alpes, l'Aude, les Bouches-du-Rhône, la Charente-Inférieure, le Cher, la Dordogne, le Doubs, la Drôme, le Finistère, le Gard, la Gironde, l'Hérault, l'Ille-et-Vilaine, les Landes, le Loir-et-Cher, la Loire, le Loiret, le Lot-et-Garonne, le Nord, le Pas-de-Calais, Saône-et-Loire, la Seine, la Seine-Inférieure, Seine-et-Oise et la Vienne. Il a opté pour la Seine.

C'est le plus beau succès électoral obtenu jusqu'à ce jour. Nommé par le vœu de ses collègues chef du pouvoir exécutif de la République, M. Thiers s'est réservé par sa conduite dans ce poste éminent et au milieu de circonstances très-difficiles, une belle page dans l'histoire. On dira qu'il a su vaincre la démagogie la plus formidable qui ait jamais existé; assurer l'autorité du gouvernement devant l'Assemblée; rétablir sur ses bases aux yeux de l'Europe le crédit de la France si profondément ébranlé. En un mot, si notre pays a produit des émules ou des hommes plus illustres que M. Thiers comme historien, comme orateur, comme diplomate, comme ministre, il a produit fort peu de natures d'élite réunissant à la fois et à un degré aussi éminent toutes les qualités qui distinguent le Chef du Pouvoir exécutif.

THOMAS (Le docteur) — *Marne.* — Professeur de clinique à l'École préparatoire de médecine de Reims,

M. Thomas est, quoique encore jeune, un des meilleurs médecins de cette ville. C'est un républicain avancé. Aux plus mauvais jours de l'occupation prussienne, il avait établi à Reims et dans les principales villes de la Marne, des relations entre les hommes attachés au parti démocratique. Il paraît avoir été le principal intermédiaire entre la délégation de Tours et les comités d'arrondissement qui se sont appliqués à faire connaître et exécuter dans la Marne envahie les prescriptions militaires du Gouvernement français. L'autorité prussienne eut connaissance des intelligences entretenues par le docteur Thomas avec l'autorité française, elle le fit arrêter et conduire dans la forteresse de Magdebourg, où il était encore prisonnier quand il fut nommé représentant. Ce zélé patriote a obtenu près de 35,000 voix aux élections. Il fait partie de la réunion de la gauche républicaine.

THUREL (**Hermann**) — *Jura* — né en 1818. Il exerce la profession d'ingénieur civil. C'est un homme de sens et d'énergie que l'honnêteté de son caractère a désigné au choix de ses concitoyens. M. Thurel a obtenu près de 26,000 voix. Il siége sur les bancs de la gauche. Il ne fait partie d'aucune réunion. N'oublions pas de mentionner que M. Thurel a été investi des fonctions de maire de Lons-le-Saulnier, le 4 septembre dernier. Il avait été élu le premier comme membre du Conseil municipal, le 7 août 1870.

TILLANCOURT (**Edouard de**) — *Aisne* — est né le 14 octobre 1809, au château de Ladoultre, près de Château-Thierry (Aisne.) C'est un des hommes d'esprit de la Chambre, un vrai représentant du vieil esprit gaulois, une des figures les plus sympathiques et les plus populaires de l'Assemblée.

Jeune homme, il vint faire ses classes à Paris, au collége Charlemagne, puis, ses études littéraires terminées, il étudia le droit; en 1830, il fut reçu avocat et se fit inscrire au barreau de la Cour d'appel de Paris ; il y resta pendant

cinq ans et plaida avec succès plusieurs causes politiques.
En 1836, il renonça à la carrière du barreau, abandonna le
palais et la capitale et se retira dans ses domaines près de
Château-Thierry, pour se livrer à l'exploitation de ses propriétés. Là, il se donna tout entier à l'agriculture et il y réussit,
car il apportait dans cette nouvelle vie, cette volonté tenace,
ce jugement sûr, cette finesse d'observation qui constituent
l'agronome éminent.

Ses efforts et ses soins intelligents le firent connaître et
apprécier, comme il devait l'être, dans son département.
Dès 1838, M. Edouard de Tillancourt fut nommé président
du Comice agricole de Château-Thierry, il était déjà membre
de la Société centrale d'agriculture de France.

En 1844, ses compatriotes le choisirent pour les représenter
au Conseil général de l'Aisne; en 1845, il se porta comme
candidat à la députation au collège de Château-Thierry;
mais son concurrent, M. Guillet, avocat, passa avec trois
voix de majorité. Dès 1848, il se releva de cet échec, il fut
élu à l'Assemblée constituante par 80,420 suffrages, et là
il commença à se faire connaître. Il figura à la Constituante
avec la nuance républicaine Cavaignac et s'y fit remarquer
par un sens droit et pratique; presque toutes ses propositions furent adoptées ou au moins prises en considération
sérieuse par la Chambre. Il prit l'initiative d'une proposition
sur l'incompatibilité des fonctions publiques avec le mandat
législatif; il s'occupa de la liberté du commerce de la bou-
cherie, de l'enseignement agricole, d'un projet de code rural,
d'une caisse de retraite pour la vieillesse, des conseils des
prudhommes, etc.

En 1849, il ne put être élu à l'Assemblée législative, il ne
le fut pas non plus en 1852 au Conseil général, mais en 1865,
en dépit de tous les efforts de l'administration préfectorale
qui combattit fortement son élection, il fut nommé député
au Corps législatif par la quatrième circonscription électorale
du département de l'Aisne. Il fut l'un des fondateurs du
centre gauche.

. En 1870 et 1871, il fut aussi réélu ; l'administration ne le combattit plus, soit qu'elle eût conscience de l'inutilité de ses efforts, soit qu'elle comprît que dans une Chambre française des hommes comme M. de Tillancourt, sont une valeur, non un danger ; d'ailleurs son influence est assez bien assise dans son département pour braver à l'avance les efforts de tout concurrent ; en 1870, il réunit 21,000 voix sur 32,000 votants, et au 8 février 1871, il fut élu le cinquième sur onze députés avec 57,166 voix.

M. de Tillancourt tient à la Chambre une place tout à fait originale ; il fait des mots qui sont célèbres, il a le coup d'œil juste et le trait fin sans être mordant, il caractérise vite un homme ou une situation, il marque tout au coin du bon sens et de la bonne humeur, il est en un mot le type de la rondeur et de la gaieté française.

Cela ne l'empêche pas de se livrer à des travaux très-sérieux ; ainsi dans la session de 1865 à 1870, il a porté à la tribune divers amendements qui ont été présentés et adoptés, entre autres sur les postes, les télégraphes, la réduction de la taille des soldats, la simplification des uniformes militaires, la suppression du timbre des journaux ; il a prononcé des discours sur l'agriculture, les traités de commerce, etc. En 1871, il a été désigné pour présenter des rapports sur différentes élections, il a voté pour le traité de paix avec la Prusse ; il a été nommé président de la Commission des postes et des télégraphes, et membre de la commission des comptes de l'Assemblée nationale.

Avec tant de mérites et de talents divers, M. de Tillancourt est encore un homme modeste, sans ambition et sans orgueil ; il a refusé la croix d'honneur et toute distinction honorifique ; les seules décorations qu'il ait voulu accepter, sont des médailles obtenues aux expositions agricoles et aux expositions universelles, pour ses produits agricoles et forestiers.

TIRARD — *Seine* — âgé de trente-cinq ans, négociant à Paris. Il a été chargé le 4 septembre, d'administrer le deuxième arrondissement. A-t-il une valeur politique ?... Quant à la nuance de ses opinions, elle est connue. Tout le monde sait que M. Tirard siége sur les bancs de la gauche et prend part aux délibérations de la salle du Jeu de Paume.

TOLAIN — *Seine.* — Député de l'extrème gauche. D'après des notes biographiques dont la source nous permet de croire qu'elles sont authentiques, « M. Tolain est né en 1828, et a commencé fort jeune l'apprentissage de son état de ciseleur. En 1861, il a été nommé secrétaire adjoint de la commission ouvrière pour l'exposition de Londres, et en 1863, année où il se présenta à la députation comme candidat ouvrier, il a été l'un des signataires du manifeste des soixante.

« L'année suivante, il fut un de ceux que jetèrent les bases de l'*Association internationale des travailleurs* au meeting de Saint-Martin's Hall à Londres; et il fut délégué aux divers congrès qui se tinrent à Genève, à Lausanne, à Bruxelles et à Bâle. En 1868, il fut condamné avec plusieurs de ses co-associés pour délit d'association illicite, par le tribunal de police correctionnelle.

« Après avoir collaboré au *Courrier français* que venait de fonder M. Vermorel, il entra comme employé chargé de la correspondance chez un grand industriel parisien.

« Il fut de nouveau poursuivi pour l'*Internationale* en 1870, mais les événements du 4 septembre empêchèrent le procès d'avoir cours; nommé adjoint au 11e arrondissement après le 31 octobre, il a été, en dernier lieu, nommé représentant du département de la Seine et a voté contre les préliminaires du traité de paix.

M. Tolain fait partie de la réunion républicaine qui a pour président M. Louis Blanc.

TOUPET DES VIGNES (**Edmond-Edouard-Ernest-Victoire**) — *Ardennes.* — Ancien représentant du peuple

pour les Ardennes à la Constituante de 1848 et à l'Assemblée
législative de 1849, il est né à Gives, le 6 septembre 1816. Après
avoir fait de brillantes études au collége Charlemagne, il
songea un instant à entrer à l'École polytechnique, mais il
abandonna ce projet au moment où il allait atteindre le but.
Rentré dans sa ville natale vers 1837, il vécut modestement
au milieu de quelques amis intimes.

En 1848, il fut élu à la Constituante et plus tard à la Législative. Après le 2 décembre il se tint à l'écart de toute fonction administrative, se borna à consacrer son temps et ses
lumières aux affaires de sa ville et de son canton qu'il a
représenté de 1848 jusqu'en ces derniers temps, au Conseil
général du département.

Aux élections du 9 février dernier, ses concitoyens se sont
empressés de lui confier à l'unanimité un mandat qu'il
n'avait pas sollicité. Nommé le premier sur dix, M. Toupet
des Vignes a été élu député par 44,711 voix.

TRÉVENEUC (**Henri-Louis-Marie, comte de**) — *Côtes-
du-Nord* — né le 13 septembre 1815, à Saint-Brieuc, d'une
ancienne famille légitimiste. Cet honorable représentant a
fait partie de la Constituante de 1848. On a publié sur son
compte à cette époque des détails qui méritent d'être rap-
portés.

« M. Henri de Tréveneuc entra à Saint-Cyr en 1832, se
destinant à la profession des armes, vers laquelle il se sentait entraîné par une vocation irrésistible.

« La conspiration d'avril se forma ; elle eut d'assez vastes
ramifications à l'École, grâce aux efforts de Guinard, délégué
par la Société des *Droits de l'Homme*. C'est M. de Tréveneuc
qui dirigeait le complot dans l'intérieur de l'École.

« M. de Tréveneuc, sur qui pesait le plus de responsabilité,
devint naturellement l'objet de la malveillance du pouvoir. Il
fut d'abord soldat au 5e de ligne, puis sous-officier au 11e lé-
ger ; et les persécutions, comme il le dit lui-même dans sa
profession de foi à ses commettants, auxquelles il se trouva en

butte, pour cause de ses antécédents, le forcèrent bientôt, à son grand regret, de donner sa démission.

« Sa carrière ainsi brisée, il dut se tourner d'un autre côté : il étudia l'architecture à l'École des Beaux-Arts (1836-1837), puis il suivit les cours de droit à la Faculté de Paris et obtint le diplôme de licencié.

« Bientôt il s'initia à la vie pratique par des études sérieuses et approfondies au point de vue de l'économie politique, agricole et industrielle; de sorte que, parvenu à l'âge de vingt-cinq ans, il n'ignorait rien de ce que doit savoir de nos jours un citoyen jaloux de ses droits politiques, pénétré de l'importance des devoirs qu'ils imposent, et résolu à exercer les uns ainsi qu'à accomplir les autres dans toute leur étendue.

« On devine dans quels sentiments le trouva la révolution de février.

« Nul n'apporta à l'Assemblée nationale plus de fermeté, de conviction, d'indépendance, de courage et d'énergie;

« Dans la déplorable échauffourée du 15 mai, où l'on a vu une horde de factieux violer le sanctuaire de l'Assemblée nationale, au lieu de céder à la violence, il est un de ceux qui sont restés au poste du péril et de l'honneur, se défendant de la voix et du geste contre les brutalités d'une foule insensée. C'est lui qui a amené les tambours de la garde mobile au pied de la tribune, en leur faisant battre le rappel et charger les intrus à coups de baïonnettes. Dans un des couloirs sombres qui aboutissent à la Chambre, quand il faisait appel à ces tambours, en criant que l'Assemblée nationale n'était pas dissoute, il a été dirigé contre lui un coup de fusil, qui ne l'a pas atteint fort heureusement.

« A cinq heures, les représentants étant revenus siéger, M. de Tréveneuc a, le premier, fait une double motion, tendant à ce que l'Assemblée se déclarât en permanence et qu'un mandat d'amener fût lancé immédiatement contre Barbès. »

M. de Tréveneuc fut réélu à la Législative. Il rentra dans la vie privée après le coup d'État. Les anciens mandataires du représentant légitimiste se sont souvenus de lui aux dernières élections. Ils l'ont nommé le second sur la liste des députés des Côtes-du-Nord. Il fait partie de la réunion des Réservoirs.

TRÉVENEUC (vicomte de) — *Finistère* — frère du précédent, homme également honorable et fort estimé dans son département, mais moins connu. M. le vicomte de Tréveneuc n'avait jamais siégé dans une assemblée. Il a obtenu 55,215 voix. Il partage les opinions des membres du parti conservateur légitimiste et assiste à la réunion des Réservoirs.

TRÉVILLE (Herman, comte de) — *Aude* — né en 1803. La généalogie de sa famille, dressée par le Parlement de Toulouse, lui donne pour aïeule, dans la lignée paternelle, la célèbre Mme de Sévigné.

M. le comte de Tréville a des qualités peu communes. Grand, svelte, sa physionomie est des plus sympathiques. La distinction de ses manières, l'urbanité de son langage lui ont attiré l'affection de ses concitoyens, comme la rigidité de ses principes lui a donné la confiance de ses coreligionnaires politiques.

Notons à l'éloge de ce caractère que sa charité n'a jamais fait de distinction entre les infortunes, et qu'il accorde volontiers son estime à ses adversaires politiques, si toutefois il sent en eux une sincère conviction.

Le comte H. de Tréville, comme beaucoup de jeunes gens nobles de la Restauration, embrassa de bonne heure la carrière des armes; à seize ans il entrait au 7e dragons. Il prit part à la guerre d'Espagne, et 1830 le trouva lieutenant dans ce régiment.

Le culte qu'il portait à la branche aînée ne lui permit pas de servir la branche cadette. Il remit son épée d'officier et rentra dans son château de Tréville, où vinrent l'assiéger les offres et les promesses du gouvernement de Louis-Philippe. On ne parvint jamais à le faire capituler.

Sous cette dernière royauté comme sous l'Empire, il n'a jamais voulu remplir une fonction publique.

Nombre de fois les électeurs de la commune de Tréville l'ont envoyé siéger dans le Conseil municipal, il a toujours donné sa démission après l'élection.

Nombre de fois, des amis l'ont prié d'accepter le mandat de conseiller général ou de député, les refus ont été aussi constants que les prières.

Dans la dure épreuve que subit la France en ce moment, il a cru devoir accepter la pénible responsabilité de représentant de la nation ; mais nous sommes certain qu'on n'a obtenu son adhésion qu'en faisant appel à son patiotisme et à son courage.

M. H. de Tréville est un de ces hommes si clair-semés dans notre société contemporaine, qui possèdent une fidélité de principes inébranlable. Nous croyons qu'il appartient à cette fraction du parti légitimiste, dite libérale.

TRIBERT (Louis) — *Deux-Sèvres* — né à Paris le 29 juin 1819, fils aîné de M. Tribert, député des Deux-Sèvres de 1839 à 1848.

M. Louis Tribert habite dans sa propriété de Puysareau, située dans les Deux-Sèvres. Il a fait partie du Conseil général de son département. Il s'était déjà présenté aux élections législatives, comme candidat indépendant.

Le 15 août 1870, M. Tribert s'est engagé comme volontaire au 95e de ligne, appartenant au 13e corps d'armée, sous les ordres du général Vinoy. Il a fait partie du douzième régiment de marche, devenu le cent douzième de ligne. Il a pris part au combat de Chevilly, le 30 septembre et au combat de l'House, le 21 décembre ; fait prisonnier à la Ville-Evrard, il fut transporté à Neisse, en Silésie, où il reçut, le 12 février, la nouvelle de sa nomination à l'Assemblée.

Ancien élève du collége Bourbon, étudiant à l'Université de Berlin, M. Tribert a voyagé pour son instruction en Allemagne, en Italie, en Égypte, en Angleterre, en Espagne, en

Russie, au Canada et aux États-Unis. Il a assisté en 1860, au siége et au bombardement de Vera-Cruz par Miramon.

L'honorable représentant des Deux-Sèvres ne fait partie d'aucune des réunions politiques de Versailles.

TROCHU (**Louis-Jules**) — *Morbihan* — Le rôle considérable que le général Trochu a joué pendant l'année douloureuse que nous venons de traverser, relève plus de la politique que de la biographie. Nous ne pouvons cependant nous dispenser de consacrer une notice, sinon complète du moins exacte, à l'ex-gouverneur de Paris, devenu au 4 septembre le président du gouvernement de la Défense nationale. Une étude d'ailleurs très-bienveillante, publiée à Marseille sous ce titre : *Le général Trochu et la défense de Paris,* nous fournira d'intéressants détails.

Le général Trochu est le fils d'un officier comptable des vivres de la place de Lyon, fort estimé, qui avait acquis honorablement une certaine fortune, à l'époque où les comptables étaient chargés d'effectuer tous les achats de blé et de farines pour le compte de l'administration de la guerre, avec une commission de 2 0/0. Il avait deux frères et quatre sœurs.

Plus tard, le père de cette nombreuse famille vint créer à Belle-Isle-en-Mer une propriété agricole fort bien conduite, qui est encore aujourd'hui le patrimoine indivis de toute la famille.

Pour conserver, dans l'intérêt de tous, ce centre commun, chacun a fait quelques sacrifices, et le général, qui n'a pas d'enfants, a donné l'exemple en faisant libéralement l'abandon de sa part d'héritage.

Les débuts de la carrière militaire de Jules Trochu furent rapides. Aide de camp en Afrique du général de Lamoricière, il fut distingué par le général Bugeaud qui le demanda à son brillant lieutenant, et le jeune officier d'état-major demeura depuis lors attaché au vainqueur d'Abd-el-Kader jusqu'à sa mort. Le maréchal exerça certainement sur son esprit une heureuse influence.

Quelques années après, le colonel Trochu était directeur adjoint du personnel au ministère de la guerre.

Au début de la guerre de Crimée, le colonel Trochu partait comme premier aide de camp du maréchal Saint-Arnaud. Il prit une grande part à l'organisation de l'armée. Nommé général de brigade après l'expédition de Kerpsch, il conserva pendant tout le siége le commandement d'une brigade d'infanterie, à la tête de laquelle il fut gravement blessé le jour de l'assaut du 8 septembre 1855.

Quand, en 1859, l'armée française franchit les Alpes, le général Trochu reçut le commandement d'une division laissée vacante par la mort du général Bouat. Il parvint bientôt à y introduire une discipline sévère, à la faire marcher en ordre, alors que les autres divisions étaient suivies par cinq ou six cents *fricotteurs*, et le jour de la bataille de Solférino, envoyé par le maréchal Canrobert au secours du général Niel, il arrivait, dit le bulletin de la bataille, à la tête de sa première brigade, manœuvrant dans la plaine de Guidizzolo sous un feu épouvantable, avec la même précision que sur un terrain de manœuvre. Au retour, l'Empereur le présentait à l'Impératrice comme l'un des officiers généraux qui l'avaient le mieux servi.

Depuis lors, et jusqu'à l'époque où il publia la fameuse brochure : l'*Armée française en* 1867, le général Trochu resta un peu effacé. A la fin de 1866 il fut chargé de préparer les études relatives à la réorganisation de l'armée. Cependant en cherchant bien on trouverait dans son attitude plus d'un fait où perçait un grand esprit d'indépendance. Sa brochure, très-remarquable au point de vue militaire, et qui atteignit promptement dix-huit éditions, eut peut-être le tort de paraître à un moment où la question du Luxembourg semblait mettre aux prises la France avec la Prusse. Les sages conseils qu'elle renfermait auraient pu être bien accueillis sous la forme d'un mémoire au ministre de la guerre ou au chef de l'Etat. Livré à la publicité, cet écrit avait le tort de révéler à nos ennemis les défauts de notre organisation militaire.

Survint le funeste conflit de 1870. On sait le rôle politique et militaire que le général Trochu y a joué. Nous n'entreprendrons donc pas de tracer cette page d'histoire contemporaine, sur laquelle du reste une enquête parlementaire se poursuit. Récemment, le général Trochu qui possède toutes les qualités du véritable orateur, a porté à la tribune une éloquente défense de sa conduite avant et après le 4 septembre. Si habile qu'ait été ce panégyrique, il est un point délicat qui reste acquis à l'histoire, à savoir que le 4 septembre, le gouverneur de Paris, nommé par l'Empereur, et qui avait juré de défendre l'Impératrice régente, est devenu en moins de quelques heures président du gouvernement qui venait de renverser l'Empire.

Elu par les Bouches-du-Rhône, le Finistère, l'Ille-et-Vilaine, la Loire, le Morbihan, le Rhône, la Seine-Inférieure, le Tarn et la Vendée, le général Trochu a opté pour le Morbihan. Homme dévoué à la religion, il siége parmi les conservateurs catholiques.

TURQUET (**Edmond-Henri**) — *Aisne* — né à Senlis (Oise) le 31 mai 1836. Il est le petit-fils du conventionnel Le Carlier de l'Aisne. Après avoir obtenu le dipôme d'avocat, il fut attaché à divers parquets, à Clermont (Oise), à Saint-Quentin, à Beauvais. Il était procureur impérial à Vervins quand il donna sa démission, le 16 décembre 1868, à la suite de difficultés suscitées par M. Ferrand, préfet de l'Aisne, à l'occasion de la fondation de l'école dans la prison de Vervins. Candidat de l'opposition dans la troisième circonscription de l'Aisne, aux élections générales de 1869, il obtint 12,283 voix contre le candidat officiel qui en obtint 18,000.

M. Turquet est officier d'académie. Décoré de la médaille d'honneur de la Société d'encouragement au bien, il a été, pendant le siége de Paris, cité à l'ordre de l'armée et créé chevalier de la Légion d'honneur, comme sergent-major aux tirailleurs de la Seine, à la suite de trois blessures reçues le

12 octobre au combat de la Malmaison. M. Turquet fait partie de la gauche républicaine et assiste à la réunion du Jeu de Paume.

V

VACHEROT (Étienne) — *Seine* — né à Langres, le 29 juillet 1809, docteur ès-lettres. Ancien élève de l'École normale, il en devint le directeur.

Parmi ses écrits, son ouvrage intitulé : *La Démocratie*, le fit priver de ses droits politiques. Cette privation fut maintenue pendant dix ans et ne fut levée qu'en 1870, à la suite de son refus de faire partie de la haute commission de l'enseignement supérieur. M. Vacherot est célèbre par de nombreux ouvrages remarquables ayant trait à l'histoire et à la philosophie. On doit citer surtout son *Histoire de l'Ecole d'Alexandrie*.

L'ancien directeur de l'École normale a été pendant le siége, maire du cinquième arrondissement, si éprouvé par le bombardement. Il a fait preuve de beaucoup de patriotisme dans l'exercice de ses fonctions administratives.

M. Vacherot fait partie de la réunion de la gauche républicaine. Il vient d'être nommé par le Chef du pouvoir exécutif, maire du cinquième arrondissement (Panthéon) qu'il a déjà administré. Il est chevalier de la Légion d'honneur et membre de l'Institut (Académie des sciences morales et politiques.)

VALADY (Henri, comte de) — *Aveyron*. — Cinquante-huit ans, né à Rodez. Il s'est fait recevoir licencié en droit et s'est consacré à l'agriculture. Propriétaire et agronome distingué, M. le comte de Valady sut conquérir une grande influence au milieu de ses concitoyens. D'abord membre du Conseil municipal, il fut nommé ensuite au Conseil général.

Il fait partie du Comité permanent de la Société centrale d'agriculture de l'Aveyron. Candidat indépendant aux élections de 1863, M. le comte de Valady, malgré les efforts multipliés de l'administration, obtint près de 11,000 suffrages contre 17,000 obtenus par le candidat officiel.

C'est un homme d'une grande indépendance et d'une grande loyauté de caractère.

M. le comte de Valady compte parmi les membres de la réunion des Réservoirs.

VALFONS (Marquis de la Calmette, Camille de) — *Gard* — né le 11 juin 1837, petit-fils et petit-neveu de maréchaux de camp et de lieutenants généraux cordons rouges.

M. de Valfons est un des gentilshommes qui ont autrefois marché à la défense du Saint-Siège, sous les ordres du général de Lamoricière. Il a reçu en 1861 la décoration de Saint-Grégoire-le-Grand.

Rentré en France, M. de Valfons exerça pendant neuf ans des fonctions municipales, tantôt comme maire d'une des communes du Gard, tantôt comme membre du Conseil municipal de la ville de Nîmes. Nommé au mois de septembre dernier, commandant d'un bataillon de la garde nationale sédentaire de Nîmes, il fut le mois suivant placé, en la même qualité, à la tête d'un bataillon de mobiles, sous les ordres du colonel Claris.

M. de Valfons a épousé en 1862, Mlle Marie Girond-Périer, petite-nièce de l'illustre Casimir Périer. Heureux d'employer utilement les loisirs que lui laissait une position indépendante, cet honorable député a publié en 1860 *Les souvenirs du marquis de Valfons*, lieutenant-général, commandeur de l'ordre de Saint-Louis, 1710-1786. Cet ouvrage, qui forme un petit livre in-12, est un tableau charmant du règne de Louis XV.

M. de Valfons était à plus de deux cents lieues de son département, quand il reçut la nouvelle de sa nomination à l'Assemblée nationale. Il a dû être d'autant plus sensible à la confiance et à l'estime que venaient de lui témoigner ses concitoyens, qu'il n'avait point brigné leurs suffrages. Il fait partie de la réunion des Réservoirs.

VALON (Arthur de) — *Lot.* — Il appartient à une ancienne famille du Quercy, et il est né le 15 octobre 1835. Son élection à l'Assemblée nationale est un début dans la vie politique. Il avait été auparavant conseiller de préfecture. Appelé à ces fonctions à Cahors en 1866, il en a été relevé par un décret de la délégation de Bordeaux.

A la Chambre, M. de Valon a pris plusieurs fois la parole avec succès. C'est lui, on le sait, qui interpella M. Jules Favre au sujet d'une parole, dite par M. de Bismark au ministre des affaires étrangères et qui laissait pressentir qu'à l'époque de l'entrevue de Ferrières, la Prusse se serait contentée de la cession de Strasbourg et de sa banlieue.

VANDIER (Marie-Edmond-Benjamin) — *Vendée* — né le 9 mars 1835 à Bellême (Orne). Sorti de l'École navale en 1853, il assista au siége de Sébastopol et mérita à la fin de 1855 la décoration de la Légion d'honneur. Il avait alors vingt ans. Il prit part plus tard à l'expédition du Mexique et fit le tour du monde sur les vaisseaux de l'État.

M. Vandier a quitté la marine en 1869. Il était alors lieutenant de vaisseau. Il a été élu en 1870, conseiller général de la Vendée et en 1871 député à l'Assemblée nationale, avec un contingent de plus de 61,000 voix. Lors de la guerre contre la Prusse, l'ancien officier de marine a repris son épée pour aller combattre nos ennemis. C'est un homme qui a autant de résolution que d'intelligence. Ses opinions autorisent à le placer dans les rangs de la droite modérée.

VARROY (H.) — *Meurthe* — né à Vittel (Vosges). Ingénieur des Ponts-et-Chaussées à Nancy, faisant fonctions d'ingénieur en chef. Sorti le premier de l'École polytechnique en 1846 et premier de l'École des Ponts-et-Chaussées en 1849,

M. Varroy s'est beaucoup occupé de la question des chemins de fer d'intérêt local. Il a publié diverses brochures sur cette question, a pris une part active à l'organisation et à la construction d'un réseau de chemin de fer dans la Meurthe, ce qui explique les sympathies que les populations lui ont témoignées aux dernières élections, tout étranger à la politique qu'il fût resté jusqu'à présent. M. Varroy, professe des opinions républicaines très-accusées. Il vote avec la gauche modérée.

L'honorable ingénieur des ponts-et-chaussées est chevalier de la Légion d'honneur.

VAST-VIMEUX (**Baron**) — *Charente-Inférieure* — est le fils du général Vast-Vimeux, député de la Charente-Inférieure et questeur du Corps législatif. Marchant sur les traces de son père, il suivit la carrière militaire, et en 1854 il était nommé officier d'ordonnance de S. A. I. le prince Jérôme Napoléon.

M. Vast-Vimeux a obtenu aux élections pour l'Assemblée nationale 46,737 voix. Il siége à la droite.

VAULCHIER (**De**) — *Doubs* — ancien officier du génie, né en 1812. M. de Vaulchier a obtenu plus de 26,000 voix aux élections. Ce n'est pas en qualité d'homme politique que cet honorable représentant a été élu. Il doit plutôt sa nomination à ses opinions et à la droiture de son caractère. Ses électeurs ont cru rendre service à la France en l'envoyant siéger à l'Assemblée.

M. de Vaulchier est attaché au parti légitimiste ; il compte parmi les membres de la réunion des Réservoirs.

VENTAVON (**De**) — *Hautes-Alpes* — né en 1806. M. de Ventavon est un des quelques avocats qui représentent à la Chambre l'opinion légitimiste. Il n'a point de passé politique, ce sont ses convictions religieuses et son attachement à la branche aînée qui l'ont désigné au choix de ses électeurs.

M. de Ventavon assiste à la réunion des Réservoirs.

VENTE — *Nord* — ancien magistrat. M. Vente est un homme d'honneur et d'énergie comme le prouve une lettre qu'il a livrée à la publicité, pour relever une erreur propagée par les journaux, et dont nous nous contenterons de reproduire quelques extraits. Il est question dans cette lettre du vote relatif à la déchéance de l'Empereur :

Voter *contre* l'ordre du jour proposé, dit M. Vente, « c'eût été déclarer que, dans ma conviction, l'Empire n'était point responsable de la guerre qui a ruiné et démembré la France. Or, j'ai la conviction contraire.

« Voter pour, c'eût été m'associer à la proclamation de la déchéance, et comme vous le dites, la raison, la morale, un sentiment de convenance instinctif, s'opposent à ce qu'un homme d'honneur renverse de ses propres mains le gouvernement qu'il a servi.

« C'eût été de plus donner à nos ennemis sous les yeux de qui nous délibérions alors, le spectacle de divisions que l'intérêt de la France nous commande d'oublier à toujours.

« *S'abstenir* était donc le seul parti qui nous restât à prendre, et je l'ai pris. »

M. Vente fait partie de la réunion Saint-Marc-Girardin.

VÉTILLART (**Michel-Marcellin**) — *Sarthe* — âgé de cinquante ans, né à Pontlieue, maire de cette commune de 1860 à 1865, époque à laquelle elle fut réunie à la ville du Mans.

M. Vétillart appartient depuis au Conseil municipal du Mans et il a été nommé adjoint en 1870. Il a en outre été appelé à siéger au Conseil général en 1863.

M. Vétillart se trouve à Pontlieue à la tête d'une usine très-importante. En 1838 et en 1839, il alla en Angleterre pour y étudier la manière de blanchir les fils et les toiles, usitée en ce pays. Revenu en France, il la mit en pratique dans son usine. C'est un homme très-dévoué aux intérêts commerciaux et il a fait partie, comme juge, du Tribunal de commerce. Lorsque le conseil de prudhommes fut créé au

Mans en 1862, il fut chargé de l'organiser et en devint le président. Très-dévoué aux intérêts locaux de sa cité, son nom est devenu fort populaire et figure sur presque toutes les listes dès qu'll s'agit de procéder à une élection. On ne sera pas étonné après cela de savoir que cet honorable représentant a obtenu le plus grand nombre de voix lorsqu'on nomma la députation de la Sarthe.

M. Vétillart est un partisan de la décentralisation. Il vote avec les républicains conservateurs et compte parmi les membres de la réunion Feray.

VIALLET (Antide-Constantin) — *Savoie* — né à Beaufort en 1820. Il y exerce la profession de notaire. Maire de ce chef-lieu de canton, président du Comice agricole, M. Viallet appartient en outre depuis quinze ans, au Conseil d'arrondissement d'Albertville. Il est l'auteur de chants patriotiques et de diverses poésies.

Il fait partie à Versailles de la réunion de la gauche républicaine.

VIDAL (Saturnin) — *Ariège.* — Après de brillantes études, il obtint à l'âge de vingt ans, la grande médaille d'or au concours des docteurs de Paris, pour un travail bien connu des jurisconsultes sous le titre : *De l'obligation naturelle.* A la suite de ce succès en 1840, il vint exercer la profession d'avocat, à Foix sa ville natale. En 1857, il quitta le barreau de Foix pour aller s'établir à celui de la Cour de Toulouse, où il ne tarda pas à prendre une position considérable. Rentré depuis trois ans dans ses foyers, par suite d'événements survenus dans sa famille, il fut élu député aux élections du 8 février 1871. M. Vidal fait partie de la réunion des Réservoirs.

VIENNET — *Hérault.* — Quelques personnes ont confondu le député actuel avec M. Viennet de l'Institut. Mais celui-ci est mort il y a deux ans au Val-Saint-Germain, dans un âge fort avancé. M. Viennet n'a point de passé politique. Ses opinions sont celles que partagent un grand nombre de représentants de la réunion des Réservoirs dont il fait partie lui-même. Il a obtenu un peu plus de 50,000 voix aux élections.

VILFEU (Edouard) — *Mayenne* — né le 10 juin 1810, à Laval, où il exerce la profession d'avoué. M. Vilfeu n'a pas de passé politique. Il fut adjoint au maire de Laval dans les dernières années du règne de Louis-Philippe, mais il rentra dans la vie privée en 1848. Il était résolu à ne plus en sortir. Les circonstances seules l'ont déterminé à accepter le mandat de député qu'il n'avait ni ambitionné ni sollicité.

M. Vilfeu vote avec la majorité et fait partie de la réunion des Réservoirs.

VILLAIN — *Aisne* — né en 1819. M. Villain a passé une grande partie de sa vie dans la carrière de l'industrie. Il y a acquis une assez belle fortune et une grande popularité. Dévoué aux classes laborieuses et aux idées démocratiques, il a pu obtenir facilement le mandat de député dans un département dont la majorité des électeurs est républicaine. M. Villain vote avec la gauche et fait partie de la réunion du Jeu de Paume.

VIMAL-DESSAIGNES (Léon) — *Puy-de-Dôme* — né en 1813. M. Vimal-Dessaignes habite la ville d'Ambert. Négociant honorable, il y jouit de l'estime de ses compatriotes. C'est la première fois que M. Vimal-Dessaignes fait partie de nos assemblées politiques. Esprit conservateur, il vote avec la droite et compte parmi les membres de la réunion des Réservoirs.

VINAY (Pierre-Marie-Henri) — *Haute-Loire* — âgé de quarante-neuf ans. Docteur en droit, M. Vinay exerce au Puy la profession d'avocat et fait partie du Conseil de l'ordre. Il s'est trouvé à la tête du Conseil municipal du Puy, de 1865 à 1870 et a été réélu en mai 1871. Conseiller général de la Haute-Loire depuis 1863, il a été désigné comme secrétaire pendant toutes les sessions qui ont eu lieu depuis cette époque en y comprenant celle de septembre 1870.

On doit à la plume de M. Vinay un mémoire important sur les chemins de fer de la Haute-Loire et une notice géologique sur des fossiles de ce département. Il a en outre publié divers discours. M. Vinay a déjà joué à la Chambre un rôle assez marquant. Rapporteur des élections du Var, il a pris part ensuite à la discussion sur la loi municipale et a fait partie de la commission chargée d'examiner les marchés passés par les administrations publiques depuis le 18 juillet 1870. Il est l'auteur de l'amendement sur l'incompatibilité des magistrats de première instance et des juges de paix, dans le ressort de l'arrondissement ou du canton, avec les fonctions de conseiller général. M. Vinay compte parmi les membres de la réunion des Réservoirs. Il est chevalier de la Légion d'honneur.

VINGTAIN (**Léon**) — *Eure-et-Loir* — né le 5 octobre 1828. Il réside à Mareunville, près Vitray-sous-Brezolles, et a représenté ce canton au Conseil général d'Eure-et-Loir. M. Vingtain s'est occupé utilement et avec ardeur de travaux agronomiques. C'est un protectionniste très-déclaré. Il a écrit plusieurs ouvrages, dont le plus estimé est une biographie de Royer-Collard. Très-dévoué à la branche cadette, M. Vingtain assiste à la réunion orléaniste Saint-Marc-Girardin.

VINOLS DE MONTFLEURY (**Jules-Gabriel, baron de**) — *Haute-Loire* — est né à Craponne (Haute-Loire), le 30 juin 1820, d'une famille ancienne et distinguée, originaire de Vinols près Montbrison en Foretz.

Les ancêtres de M. le baron de Vinols prirent une part active aux guerres religieuses de la fin du xvie siècle ; l'un d'eux se distingua particulièrement au siége de Saint-Bonnet en Foretz, défendit cette ville avec un courage héroïque contre les prétendus réformés (protestants), et y fut grièvement blessé. Son aïeul paternel, Caprais de Vinols, sous la République de 1791, prit part au siége mémorable que soutint la ville de Lyon contre les armées de la Convention, et quand la ville capitula, fut indignement fusillé comme ci-devant noble.

En 1838, M. de Vinols fut admis à l'École militaire de Saint-Cyr, mais bientôt des raisons de famille l'obligèrent à quitter la carrière militaire. Il entra dans l'administration de l'enregistrement et des domaines et y remplit un emploi important près de son père directeur de cette administration dans le département de la Haute-Loire.

Rentré dans la vie privée en 1851, il y conserva la popularité et l'estime dont avait toujours joui sa famille.

En 1863, il fut nommé conseiller municipal de la ville du Puy et sortit le troisième sur une liste de vingt-quatre candidats. Depuis plusieurs années déjà il était membre du Conseil de fabrique de l'église cathédrale; il était en outre président de la commission de surveillance de l'École départementale. A la même époque il devint administrateur des hôpitaux du Puy-Notre-Dame; et en 1867, il fut nommé membre du Conseil général de la Haute-Loire pour le canton de Craponne.

Enfin aux élections de février 1871, il fut nommé représentant à l'Assemblée nationale par le département de la Haute-Loire.

M. le baron de Vinols que son goût naturel portait tout à la fois aux beaux-arts, qu'il cultiva pendant deux ans dans l'atelier de Paul Delaroche, et aux études sérieuses et positives qui l'avaient fait entrer à l'École militaire, fut détourné des uns et des autres par la nécessité de veiller sur une fortune territoriale considérable, propriété de sa famille dont il devint de bonne heure le seul protecteur.

Toutefois, outre les travaux de la Société académique du Puy, auxquels il prit une large part depuis 1852, il consacra beaucoup de temps à revoir, corriger et livrer à la publicité une *Histoire des guerres religieuses dans le Velay*, dont son frère aîné lui avait laissé le manuscrit à son lit de mort, et dont il se fit l'éditeur en 1861, avec le soin le plus scrupuleux.

VIOX (**Antoine-Joseph**) — *Meurthe* — propriétaire, né à Lunéville, le 16 mars 1803. Ancien sous-commissaire du gouvernement provisoire dans son arrondissement, ancien député à la Constituante, M. Viox passe dans son pays pour un républicain doué d'opinions modérées. Sa constante ambition n'est point de rechercher des fonctions salariées, mais au contraire d'appliquer ses efforts à des travaux aussi utiles au point de vue moral, qu'improductifs au point de vue matériel. Cet honnête citoyen s'est occupé pendant longtemps, dans son pays, de la direction de l'instruction populaire. Il a rempli autrefois, gratuitement, l'emploi de secrétaire du comité supérieur d'instruction primaire dans son arrondissement. M. Viox fait partie de la réunion de la gauche républicaine.

VITALIS (**Léon**) — *Hérault* — né en 1826. Dans l'Assemblée de Versailles, où toutes les nuances et toutes les professions sont représentées, M. Vitalis est arrivé comme conservateur et comme fabricant de draps. Il a obtenu plus de 51,000 voix ; il siége à la droite et fait partie de la réunion des Réservoirs. Nous l'attendons à l'œuvre pour apprécier sa valeur politique, qu'il ne nous a été permis jusqu'à présent de juger que par ses votes.

VITET (**Louis**) — *Seine-Inférieure* — il est né à Paris le 18 octobre 1802. Élève de l'École normale, il ne suivit que pendant quelque temps la carrière de l'enseignement et s'adonna à la littérature. C'est dans le *Globe* qu'il commença à se faire connaître. Il aborda ensuite le domaine de l'histoire et y occupa bientôt une place remarquable. On s'intéressa vivement à des ouvrages tels que les *Barricades*, les *États de Blois*, la *Mort de Henri III*, la *Ligue*.

Après 1830, M. Vitet fut appelé à remplir divers postes importants : ceux d'inspecteur des monuments historiques, de secrétaire général du Commerce et de conseiller d'État.

Sa carrière parlementaire date de 1834. Il appartint alors comme député au parti conservateur. Après la révolution de février, il réussit encore à se faire élire député à la Législative pour la Seine-Inférieure : l'honorable représentant fut l'adversaire de la gauche révolutionnaire, il protesta contre ses tendances; il protesta aussi plus tard contre le coup d'État.

Rentré dans la retraite, M. Vitet continua ses travaux littéraires, qu'il n'avait du reste pas interrompus lorsqu'il s'était occupé de politique. L'histoire lui fournit encore la matière d'ouvrages intéressants. Il publia, en outre, des articles de critique littéraire, d'archéologie, etc., dans la *Revue des Deux-Mondes*, le *Journal des Savants* et la *Revue contemporaine*. Il est membre de l'Institut depuis 1845.

L'illustre académicien fait partie, dans la Chambre actuelle, du groupe conservateur-libéral Feray.

VOGUÉ (**Léonce-Melchior de**) — *Cher* — né à Paris en 1805. Il fut officier de cavalerie de 1823 à 1830. Décoré après les combats de Llers et de Llado, en Espagne, il a pris part à l'expédition d'Alger, en 1830, comme officier d'ordonnance du général de Damremont.

Rentré en France après la prise d'Alger pour rejoindre son régiment des hussards de la garde, il le trouva licencié par le gouvernement nouveau, qu'il ne voulut pas servir. Il donna sa démission et se consacra aux intérêts de son département, à l'agriculture et à l'industrie.

En 1834, il reconstruisit et exploita les usines d'Ivoy, dans le Cher. En 1848, malgré la difficulté des temps, il fonda, aux portes de Bourges, les grandes usines de Mazières, dont les ateliers de fonderie et de construction ont pris part aux plus importants travaux de l'époque. Il reçut, en 1846, une médaille d'or pour son dévouement pendant l'inondation du val de la Loire. En 1850, il se mit à la tête d'importantes exploitations agricoles par métayage, qui lui valurent la grande médaille d'or au concours régional de Bourges en 1862, et la coupe d'honneur au concours de 1870.

Vice-président du congrès agricole de Paris, de 1845 à 1850, président de la Société d'agriculture du Cher, etc., il a été mêlé pendant vingt-cinq ans, par ses travaux et ses écrits, à tout le mouvement agricole de notre époque.

En 1838, il fut appelé à faire partie du Conseil général du Cher et le quitta en 1851. Il y rentra en 1864. Il fut nommé, en 1848, représentant du peuple à l'Assemblée constituante, malgré la vive opposition que fit à sa candidature M. Félix Pyat, commissaire de M. Ledru-Rollin. Aux élections pour l'Assemblée législative, la liste socialiste fut nommée tout entière ; mais, après l'échauffourée des Arts et Métiers, M. de Vogué reprit la place que venait de perdre M. Félix Pyat. Au 2 décembre, il fit partie de la réunion du 10e arrondissement et fut détenu à Mazas.

Lorsque l'Empire fut proclamé, M. de Vogué fit distribuer, dans le département du Cher, la protestation de M. le comte de Chambord. Traduit pour ce fait devant le tribunal de police correctionnelle de Cosne, il fut acquitté, après avoir été éloquemment défendu par M. Berryer.

Il a été nommé membre de l'Assemblée nationale de 1871, battant, par 52,000 suffrages contre 16,000, la liste de M. Félix Pyat.

En 1828, sous la Restauration, M. de Vogué fut l'un des fondateurs de la revue périodique le *Correspondant* ; il continue de faire partie du conseil de cette Revue.

VOISIN (Félix) — *Seine-et-Marne* — docteur en droit, né à Paris le 3 décembre 1832. Substitut à Melun en 1868, il passa ensuite avec le même titre à Versailles. Il fut nommé, en 1870, procureur impérial dans la première de ces deux villes, où il est connu pour sa bienveillance et sa fermeté dans l'exercice de ses difficiles fonctions. M. Voisin s'est vu emmené de vive force, à la fin de l'année 1870, pour s'être opposé aux délations incessantes faites auprès des autorités prussiennes par des misérables de la ville et des environs, qui se livraient à un espionnage éhonté envers leurs concitoyens.

M. Voisin, voulant mettre un terme à ces infamies, fit emprisonner plusieurs de ces espions; il fut, pour cette raison, poursuivi par la police du comte de Furstenstein, remplissant les fonctions de préfet du département, au nom du roi de Prusse, qui prit prétexte de prétendues correspondances entre l'honorable procureur de la République et la délégation du gouvernement, à Tours, pour faire envahir son domicile et forcer ses meubles. Ce qui fit que les habitants de Seine-et-Marne, tant pour prouver leurs vives sympathies au digne magistrat qui ne perdait pas une occasion de leur venir en aide, que pour le tirer des mains de l'ennemi qui le retenait prisonnier en Allemagne, s'empressèrent de le nommer l'un de leurs représentants.

M. Voisin est un républicain conservateur. Il compte parmi les membres de la réunion Feray.

W

WADDINGTON (**William-Henry**) — *Aisne* — helléniste et numismate, né à Paris, d'une famille anglaise, en 1826. Il fit de brillantes études à l'Université de Cambridge. Rentré en France au sein de sa famille, il opta comme elle pour la nationalité française, se fit naturaliser, et, se trouvant à la tête d'une fortune considérable, il se consacra à l'étude de la numismatique. M. Waddington a été élu, en 1869, membre de l'Académie des inscriptions et belles-lettres. Cette Académie avait couronné précédemment deux mémoires

publiés par lui et qui étaient le résumé des observations re-
cueillies par l'honorable savant dans un de ses voyages en
Asie-Mineure.

M. Waddington a été élu le troisième sur la liste de l'Aisne,
avec 70,000 suffrages. Il ne fait partie d'aucune réunion
parlementaire.

WALLON (Henri-Alexandre) — *Nord* — historien distingué et membre de l'Institut, il est né à Valenciennes le
23 décembre 1812. Ancien élève de l'École normale et agrégé
d'histoire, il fut tour à tour maître de conférences à cette
même école et professeur suppléant à la Sorbonne ; il devint
plus tard professeur titulaire et fut élu membre de l'Académie
des inscriptions et belles-lettres. Les élections de 1849 le
firent arriver à l'Assemblée législative. Il appartint à la majorité anti-révolutionnaire. Sa place est encore, à l'heure
qu'il est, au sein de cette majorité ; mais il conserve des aspirations libérales bien prononcées et se montrera, en toute
occasion, l'ami du progrès, sans restriction, quand ce progrès aura pour base le culte des vrais principes.

M. Wallon est l'auteur d'ouvrages historiques remarquables. Celui qui est intitulé *Jeanne d'Arc* a obtenu le grand
prix Gobert à l'Académie française.. L'Institut a couronné
aussi son *Histoire de l'esclavage dans l'antiquité*.

WARNIER (Jules) — *Marne* — âgé d'environ cinquante
ans. Adonné aux études ou plutôt aux expériences économiques, M. Warnier est un des manufacturiers les plus considérables de Reims. Il est président de la Société industrielle
de cette ville et occupe là un poste d'honneur, car cette
société, qui lui doit en partie sa fondation et ses progrès,
passe pour avoir arraché l'industrie rémoise à la routine des
vieux procédés et aux dangers qu'a fait naître le traité de
commerce. On attribue à M. Warnier de grands perfectionnements dans la fabrication, une transformation heureuse
dans l'outillage. La Société dont notre honorable député est

le président, fut fondée en 1857 et décrétée d'utilité publique en 1861. Elle a établi une école professionnelle florissante pour le commerce, l'industrie et l'agriculture, et des cours publics et gratuits sur les diverses branches de la science économique.

En politique, M. Warnier partage les opinions de MM. Arago, Magnien, Flye-Sainte-Marie, son collègue de la Marne. Il compte parmi les membres de la réunion de la gauche républicaine.

WARTELLE DE RETZ — *Pas-de-Calais*. — Si nos souvenirs sont exacts, M. Wartelle de Retz a été représentant du peuple en 1849. Il n'a plus fait partie d'aucune Assemblée législative depuis cette époque. Il a été membre du Conseil général du Pas-de-Calais, adjoint au maire d'Arras et administrateur des hospices. Aux élections de février, M. Wartelle de Retz a passé un des premiers sur la liste de son département, avec 139,356 voix. Il vote avec la majorité.

WILSON (**Daniel**) — *Indre-et-Loire* — né à Paris le 6 mars 1840. Il est propriétaire au château de Chenonceau, situé dans la Touraine. Il avait déjà été élu député en 1869. Son âge le fit siéger à cette époque comme secrétaire au bureau de la Chambre. Il figura parmi les membres de l'opposition modérée.

Après le 4 septembre, M. Wilson ne prit aucune part aux affaires publiques, se contentant de se rallier au petit groupe de députés de la gauche, à la tête duquel se trouvait M. Grévy, et qui a constamment protesté contre l'ajournement des élections et les agissements dictatoriaux de la délégation de Tours et de Bordeaux.

M. Wilson a pris place dans la Chambre actuelle parmi les députés décidés à maintenir au gouvernement la forme républicaine. Il fait partie des réunions du Jeu de Paume, Feray et Saint-Marc-Girardin.

WITT (**Cornélis-Henry de**) — *Calvados* — né à Paris le 20 novembre 1828. Il a été administrateur de la Compagnie des mines de la Grand'Combe, de la Société générale algérienne, de la Compagnie du chemin de fer du Sud de l'Autriche et de la haute Italie. M. de Witt est connu dans le monde des lettres par quelques ouvrages estimés. Il a publié, en 1855, l'*Histoire de Washington et de la fondation de la république des États-Unis*; six ans plus tard, *Thomas Jefferson*, étude historique sur la démocratie américaine. Il fit paraître, en 1864, la *Société anglaise et la Société française au* XVIIIe *siècle*, et un an après une traduction de l'*Histoire constitutionnelle de l'Angleterre*, par M. May. On doit encore à la plume de l'honorable écrivain divers articles insérés dans la *Revue des Deux-Mondes*.

Avant d'arriver à la députation, M. de Witt s'était présenté, en 1863 et en 1869, comme candidat indépendant devant les électeurs du Calvados. Il ne fait partie, à Versailles, d'aucune réunion politique. Il vote généralement avec la majorité de l'Assemblée.

COLONIES.

BASSYNS DE RICHEMONT (**Vicomte des**) — *Inde-Française.* — M. le vicomte des Bassyns de Richemont a vingt-neuf ans. Il est le parent de l'ex-sénateur et de l'ancien député du même nom. Il a été élu comme secrétaire de la commission d'enquête sur l'insurrection du 18 mars.

BLONCOURT — *Guadeloupe.* — Le nom de M. Bloncourt n'est pas encore fort connu à la Chambre. Il passe pour avoir des opinions assez modérées et pour être un ami éclairé de la liberté et du progrès qui ne sont ni la licence ni la désorganisation sociale.

COLAS — *Constantine*. — M. Colas est un des hommes les plus considérables de la province de Constantine. Il fait partie du Conseil d'administration de cette province. Nommé député par environ 4,000 voix, il a pris place à l'Assemblée nationale parmi les représentants de la gauche. Il a voté contre le traité de paix.

LAFON DE FONGAUFIER — *Sénégal*. — Ce représentant jouit d'une grande considération au Sénégal. Elle lui a valu l'honneur d'être nommé député de cette colonie à l'Assemblée. M. Lafon de Fongaufier n'a point de passé politique. Il semble appartenir à l'opinion modérée.

LUCET — *Constantine* — compatriote de M. Colas et son collègue à l'Assemblée, il siège comme lui sur les bancs de la gauche. Il est, du reste, à remarquer que les représentants de nos colonies appartiennent, en général, à l'opinion avancée. M. Lucet compte parmi les députés qui assistent à la réunion de la salle du Jeu de Paume.

MAHY (François-Césaire de) — *Ile de la Réunion*. — La Réunion a été appelée le 20 novembre dernier à faire choix de deux représentants chargés de soutenir ses intérêts auprès de la métropole. M. de Mahy a été l'un des élus. Il est né dans cette île à Saint-Pierre le 22 juillet 1830. Il a exercé douze ans la médecine dans sa ville natale et a collaboré au *Courrier de Saint-Pierre*, journal républicain de l'île. « L'existence politique de M. de Mahy, nous écrit-on, est un plaidoyer incessant en faveur des droits de la colonie. Sa devise consiste dans ces trois mots : *Union, Ordre, Liberté.* » L'honorable député de la Réunion a été élu à une majorité de 12,109 voix sur 14,218 votants. Il assiste à Versailles aux réunions de la gauche républicaine et vote avec elle dans les questions importantes proposées à l'Assemblée.

PORY-PAPY — *Martinique*. — M. Pory-Papy a soixante-cinq ans. Il est avocat-avoué à Fort-de-France, où il est l'un des hommes d'affaires les plus considérables. Il a fait partie des assemblées délibérantes de 1848. Catholique fervent, il a pris place à la Chambre parmi les représentants modérés.

ROLLIN — *Guadeloupe.* — Ce représentant jouit d'une grande popularité à la Guadeloupe. Les habitants de cette colonie étaient bien persuadés, en nommant M. Rollin leur député, qu'il saurait défendre leurs intérêts devant l'Assemblée. M. Rollin vote généralement avec la gauche.

SCHŒLCHER (**Victor**) — *Martinique* — né à Paris le 21 juillet 1804. Il se mêla, en sortant du collége, aux adversaires du gouvernement de Louis XVIII et fit partie de plusieurs sociétés hostiles à la Restauration. Il commença sa carrière par des publications insérées dans des journaux artistiques et littéraires. Après 1830, il se distingua par sa polémique contre le gouvernement de Louis-Philippe, dans des journaux tels que la *Revue du Progrès*, la *Revue indépendante*, le *Journal du peuple*, la *Réforme*, et fit surtout sa spécialité de la question relative à l'abolition de l'esclavage des Noirs. On lui doit une brochure qui a pour titre : *De l'esclavage des Noirs et de la législation coloniale*, et une autre : l'*Abolition de l'esclavage, examen critique des préjugés contre la couleur des Africains et des sang-mêlés*. C'est après avoir voyagé en Amérique que M. Schœlcher, révolté par le spectacle de la servitude, publia ses brochures. Il écrivit d'autres ouvrages intéressants, résultat de ses observations dans diverses excursions à l'étranger : en Égypte, en Grèce, en Turquie, aux Antilles.

Voyageur infatigable, nous le voyons explorer, en 1847, la côte occidentale d'Afrique. Rentré à Paris après la Révolution de février, il fut nommé sous-secrétaire d'État à la marine et recommença, en faveur des nègres, une campagne qui aboutit aux décrets du 27 avril 1848, abolissant l'esclavage dans nos colonies.

Lors des élections à la Constituante et à la Législative, il fut nommé à ces deux Assemblées par la Martinique et la Guadeloupe. Il vota, comme aujourd'hui, avec la gauche.

Exilé après le coup d'État, il se retira en Angleterre, où il publia encore divers écrits. M. Schœlcher a été nommé aux dernières élections dans la Seine et la Martinique. Il vote, comme en 1848, avec la gauche.

APPENDICE.

NOTICES COMPLÉMENTAIRES
ET RECTIFICATIONS.

AUBERJON (Louis-Antoine, comte d') — *Haute-Garonne*. [Complément, voir page 17] — né à Gramasie (Aude), le 10 septembre 1815, grand propriétaire dans les départements de la Haute-Garonne et de l'Aude, maire de Saint-Félix de Caraman, s'est principalement occupé d'exploitations agricoles. Lauréat de la prime d'honneur en 1861, il a reçu en 1868, la décoration de la Légion d'honneur pour services publics et pour les utiles exemples de cultures intelligentes qu'il a donnés autour de lui. En le nommant à l'Assemblée, ses concitoyens ont voulu de plus honorer le père de famille, qui pendant la dernière campagne comptait ses trois fils officiers de l'armée française, devant l'ennemi. Le comte d'Auberjon siége à droite.

DUPIN (**Félix**) — *Hérault*. [Complément, voir page 124]
— Dans la notice consacrée à cet honorable député nous
avons omis de mentionner qu'il est membre du Conseil général de l'Hérault. Industriel et propriétaire, il a pris souvent
la parole, comme député, dans les bureaux sur les questions
économiques et a été nommé membre de plusieurs commissions importantes.

FLAGHAC (**Jean-Jacques-Louis-Symphorien Lenormand, baron de**) — *Haute-Loire*. [Voir page 132.] — M. le
baron de Flaghac est né le 5 novembre 1816, à Saint-Amand
Tallende (Puy-de Dôme). Après avoir terminé ses études au
collége Rollin, il passa d'une manière brillante ses examens
pour l'école Saint-Cyr. Mais il n'entra pas dans la carrière
militaire. Il devint attaché d'ambassade et fit partie de l'ambassade de Russie avec M. de Barante. Etant rentré dans la
vie privée en 1837, M. le baron de Flaghac s'adonna à l'agriculture. Il s'y voua tout entier et contribua à faire prendre à
cette science un grand essor dans son département. Président
de la Société d'agriculture de l'arrondissement de Brioude,
maire de Saint-Georges d'Aurac, où est situé le château de
Flaghac, cet honorable représentant fut révoqué en 1863,
pour s'être proposé à la députation contre le candidat officiel.
Il a été élu conseiller général en 1870 et député en 1871
avec un contingent de 36,847 voix. Il compte parmi les
députés qui siégent au centre gauche.

FLEURIOT (**de**) — *Loire-Inférieure*. [Voir à la page 132]
— Aux détails que nous avons donnés sur M. de Fleuriot,
nous devons ajouter, qu'ancien officier de cavalerie, démissionnaire en 1830, il s'est livré depuis cette époque à l'agriculture. Ses travaux lui ont mérité la décoration de la
Légion d'honneur. Maire d'Oudon et conseiller d'arrondissement, M. de Fleuriot doit sa nomination de député moins à
sa position qu'à la considération dont il jouit auprès de ses
concitoyens.

GAILLY — *Ardennes.* [Complément, voir page 139.] — Né le 25 janvier 1825 à Charleville. Maître de forges et fabricant de clous dans cette localité, il a été président du Tribunal de commerce et maire de Charleville.

JAURÉGUIBERRY — *Basses-Pyrénées.* — L'amiral Jauréguiberry est un des principaux membres du corps de la marine qui se sont distingués pendant la guerre avec la Prusse. Il a fait preuve d'habileté comme chef de corps dans l'armée de la Loire et s'est comporté avec bravoure dans les combats livrés aux environs du Mans.

L'amiral Jauréguiberry a obtenu 41,768 voix aux élections. Il a voté pour la paix. Il siége sur les bancs de la droite.

KERSAUSON DE PENNENDREFF (Victor de) — *Finistère* — né le 4 novembre 1809 à Flourin, arrondissement de Brest. Ancien capitaine de vaisseau, ancien directeur des mouvements du port de Brest, M. de Kersauson comptait quarante-trois ans de services dans la marine, lorsqu'il fut admis à la retraite. Il a pris part aux campagnes d'Alger, en 1830, au blocus du Mexique, en 1839, et à la guerre de Crimée.

Il avait déjà été nommé, en 1851, membre de l'Assemblée législative par le département qui l'a élu en février dernier. Il fut arrêté lors du coup d'État et enfermé à Vincennes. M. de Kersauson fut appelé, en 1865 et en 1870, à siéger au Conseil général du Finistère. Il apposa sa signature à la protestation contre la dissolution des Conseils généraux, décrétée par M. Gambetta.

Élu par 58,000 voix dans le Finistère, M. de Kersauson de Pennendreff avait commencé à prendre part aux travaux de la Chambre, quand la mort est venue terminer sa carrière honorable. Il était commandeur de la Légion d'honneur.

LEROUX (Aimé) — *Aisne.* — M. Leroux n'a pas d'antécédents politiques. C'est un homme libéral dont les aspirations sont en faveur d'une politique conciliatrice. Caractère énergique et plein de patriotisme, il a accordé au gouvernement l'appui de ses votes dans les circonstances difficiles que nous avons traversées. M. Leroux a obtenu aux élections 65,946 voix et a été nommé le quatrième sur la liste des onze députés de l'Aisne.

LESPÉRUT (**François, baron de**) — *Haute-Marne.* — Dans la notice biographique consacrée à M. le baron de Lespérut, page 210, au lieu de *maître de forges,* nous aurions dû écrire : *propriétaire de forges.* Et quelques lignes plus loin, la phrase commençant par ces mots : *sous l'Empire,* etc., doit être ainsi rétablie : Sous l'Empire, il fut nommé dans les diverses élections et siégea à la Chambre *sur les bancs du centre gauche.* Il vota avec lui dans la plupart des questions et se rangea du côté de MM. Pouyer-Quertier et Brame lorsqu'on entama la discussion au sujet du libre échange.

MONNERAYE (**Charles-Ange, comte de la**) — *Morbihan* — né le 3 février 1812, propriétaire à Caro, canton de Malestroit, arrondissement de Ploërmel. M. de la Monneraye a appartenu à l'armée qu'il a quittée étant capitaine d'état-major. Il a siégé au Conseil général du Morbihan depuis 1843 et a été député au Corps législatif en 1869. Il compte à Versailles parmi les représentants qui assistent à la réunion des Réservoirs. M. le comte de la Monneraye est l'auteur d'un livre intitulé : *Essai sur l'histoire de l'architecture religieuse en Bretagne pendant la durée des* XIe *et* XIIe *siècles.*

FIN.

ANGERS, IMPRIMERIE P. LACHÈSE, BELLEUVRE ET DOLBEAU.